语言学论丛

认知翻译学
Cognitive Translatology

文旭 肖开容 著

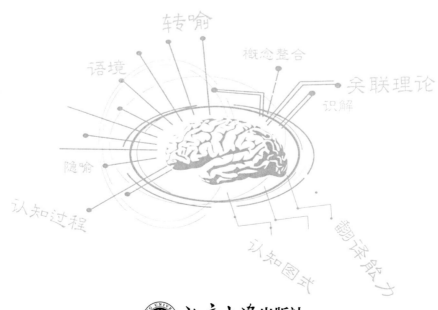

北京大学出版社
PEKING UNIVERSITY PRESS

图书在版编目（CIP）数据

认知翻译学 / 文旭，肖开容著 . — 北京：北京大学出版社，2019.6
（语言学论丛）
ISBN 978-7-301-30544-7

Ⅰ.①认⋯　Ⅱ.①文⋯②肖⋯　Ⅲ.①认知语言学—翻译学　Ⅳ.① H059

中国版本图书馆 CIP 数据核字（2019）第 103273 号

书　　　名	认知翻译学 RENZHI FANYI XUE
著作责任者	文　旭　肖开容　著
责任编辑	刘文静
标准书号	ISBN 978-7-301-30544-7
出版发行	北京大学出版社
地　　　址	北京市海淀区成府路 205 号　100871
网　　　址	http://www.pup.cn　　新浪微博：@北京大学出版社
电子信箱	liuwenjing008@163.com
电　　　话	邮购部 010-62752015　发行部 010-62750672　编辑部 010-62754382
印　刷　者	北京虎彩文化传播有限公司
经　销　者	新华书店 720 毫米 ×1020 毫米　16 开本　14.75 印张　300 千字 2019 年 6 月第 1 版　2022 年 10 月第 3 次印刷
定　　　价	58.00 元

未经许可，不得以任何方式复制或抄袭本书之部分或全部内容。
版权所有，侵权必究
举报电话：010-62752024 电子信箱：fd@pup.pku.edu.cn
图书如有印装质量问题，请与出版部联系，电话：010-62756370

目 录

序 言 ·· 1

第一章　认知翻译学：翻译研究的新范式 ·· **1**

  1.1 引言 ·· 1
  1.2 翻译：语言学的研究对象 ·· 1
  1.3 语言学范式的嬗变与翻译研究 ·· 3
  1.4 认知语言学的哲学观与翻译研究 ·· 4
    1.4.1 思维或认知是具身的 ·· 5
    1.4.2 思维是富有想象力的 ·· 6
    1.4.3 思维具有完形特征 ·· 6
  1.5 认知语言学的语言观与翻译研究 ·· 7
  1.6 认知语言学的表征方法与翻译研究 ··· 9
    1.6.1 经验观与翻译 ·· 10
    1.6.2 突显观与翻译 ·· 11
    1.6.3 注意观与翻译 ·· 11
  1.7 小结 ·· 12

第二章　范畴化与翻译 ·· **13**

  2.1 引言 ·· 13
  2.2 从经典范畴观到认知范畴观 ··· 13
  2.3 认知范畴观与翻译 ·· 15
  2.4 翻译中的范畴转换 ·· 17
    2.4.1 范畴替换 ·· 17
    2.4.2 范畴成员转换 ·· 18
    2.4.3 范畴原型转换 ·· 19

          2.4.4 范畴层次转换……………………………………………21
      2.5 小结………………………………………………………………24

第三章　概念隐喻与翻译……………………………………………**25**
　　3.1 引言………………………………………………………………25
　　3.2 隐喻研究综观……………………………………………………25
          3.2.1 替代论……………………………………………………26
          3.2.2 类比论……………………………………………………26
          3.2.3 互动论……………………………………………………27
          3.2.4 映射论……………………………………………………27
　　3.3 翻译的认知隐喻观………………………………………………28
          3.3.1 概念隐喻和语言隐喻……………………………………28
          3.3.2 概念隐喻的构成及其辩证关系…………………………29
          3.3.3 翻译的认知隐喻观………………………………………30
　　3.4 隐喻翻译策略……………………………………………………33
          3.4.1 隐喻概念域的对等映射：直译…………………………34
          3.4.2 转换喻体…………………………………………………35
          3.4.3 隐喻和喻底结合…………………………………………36
          3.4.4 舍喻体译喻义……………………………………………37
　　3.5 小结………………………………………………………………37

第四章　概念转喻与翻译……………………………………………**38**
　　4.1 引言………………………………………………………………38
　　4.2 概念转喻理论……………………………………………………38
　　4.3 翻译的概念转喻观与转喻翻译…………………………………42
          4.3.1 翻译是具有转喻性的认知活动…………………………43
          4.3.2 概念转喻是一种翻译策略………………………………44
　　4.4 转喻的翻译………………………………………………………47
          4.4.1 概念转喻理论对转喻翻译的启示………………………47
          4.4.2 转喻翻译的原则…………………………………………48
          4.4.3 转喻翻译的语境依赖性…………………………………51

  4.4.4 转喻翻译的方法 ·· 53

 4.5 小结 ··· 58

第五章　多义性与翻译·· 59

 5.1 引言 ··· 59

 5.2 多义性概念 ··· 59

 5.3 词义演变的动因 ··· 61

 5.4 多义词义项之间联系的认知理据 ································· 63

  5.4.1 隐喻与多义词 ·· 63

  5.4.2 转喻与多义词 ·· 65

  5.4.3 隐喻和转喻的合力与多义词 ································ 69

 5.5 多义词的翻译 ··· 70

  5.5.1 英语多义词汉译 ·· 70

  5.5.2 汉语多义词英译 ·· 75

 5.6 小结 ··· 76

第六章　象似性与翻译·· 77

 6.1 引言 ··· 77

 6.2 句法象似性的基本内涵 ··· 78

  6.2.1 顺序象似性 ·· 78

  6.2.2 数量象似性 ·· 78

  6.2.3 距离象似性 ·· 79

 6.3 象似性原则在翻译中的体现 ····································· 80

  6.3.1 顺序象似性与翻译 ·· 80

  6.3.2 数量象似性与翻译 ·· 87

  6.3.3 距离象似性与翻译 ·· 91

 6.4 小结 ··· 95

第七章　主观性与翻译·· 96

 7.1 引言 ··· 96

 7.2 主观性与主观化 ··· 96

  7.2.1 说话人的视角 ·· 98

7.2.2 情感 ·········· 101
7.2.3 情态 ·········· 103
7.3 翻译中的主观性与主体性 ·········· 106
7.4 翻译中的"主观化对等" ·········· 107
7.5 "主观化对等"对文本理解和翻译的制约 ·········· 109
7.6 小结 ·········· 113

第八章 框架与翻译 ·········· 114

8.1 引言 ·········· 114
8.2 框架的定义、构成及基本属性 ·········· 115
 8.2.1 框架的定义 ·········· 115
 8.2.2 框架的构成 ·········· 117
 8.2.3 框架的基本属性 ·········· 118
8.3 框架视角的翻译认知过程 ·········· 120
8.4 翻译中的框架操作 ·········· 122
 8.4.1 框架内部操作 ·········· 123
 8.4.2 框架层次调整 ·········· 124
 8.4.3 框架视角更换 ·········· 125
 8.4.4 框架移植 ·········· 126
8.5 小结 ·········· 127

第九章 认知识解与翻译 ·········· 129

9.1 引言 ·········· 129
9.2 认知识解与翻译中的意义 ·········· 129
9.3 认知识解及其维度 ·········· 130
9.4 认知识解与翻译 ·········· 132
 9.4.1 具体性与翻译 ·········· 132
 9.4.2 焦点化与翻译 ·········· 134
 9.4.3 突显与翻译 ·········· 137
 9.4.4 视角与翻译 ·········· 139
9.5 小结 ·········· 152

第十章 概念整合与翻译 **153**

- 10.1 引言 153
- 10.2 概念整合理论 153
  - 10.2.1 概念整合的基本思想 153
  - 10.2.2 概念整合网络的类型 155
  - 10.2.3 概念整合的优化原则 155
- 10.3 概念整合理论视角的翻译本质 156
- 10.4 翻译中的两种概念整合类型 159
  - 10.4.1 单域网络的概念整合 159
  - 10.4.2 双域网络的概念整合 163
- 10.5 翻译系统的八大要素 164
- 10.6 对传统译论中一些问题的再思考 166
  - 10.6.1 关于译者主体性 166
  - 10.6.2 互文性与概念整合 166
- 10.7 小结 168

第十一章 关联理论与翻译 **169**

- 11.1 引言 169
- 11.2 关联理论的基本思想 169
  - 11.2.1 交际的推理特征 169
  - 11.2.2 认知语境 170
  - 11.2.3 最佳关联 171
  - 11.2.4 语言的解释用法和描写用法 172
  - 11.2.5 解释相似与"忠实" 172
- 11.3 翻译的关联理论解释 173
  - 11.3.1 翻译的本质 173
  - 11.3.2 关联理论框架下翻译实践的可适性范围 175
- 11.4 翻译中的关联重构 182
  - 11.4.1 信息意图与交际意图的匹配 182
  - 11.4.2 语境假设的充实 183
  - 11.4.3 语境含意呈现 185

11.5 小结 · 186

第十二章 语篇认知与语篇翻译 · **188**

12.1 引言 · 188
12.2 语篇认知观 · 189
   12.2.1 语篇的文本世界理论 · 189
   12.2.2 认知语言学的语篇认知观 · 190
12.3 语篇翻译的认知视角 · 192
   12.3.1 认知语篇翻译核心思想 · 192
   12.3.2 认知语篇翻译例示 · 193
12.4 小结 · 198

第十三章 展望 · **199**

13.1 引言 · 199
13.2 作为跨学科的认知翻译学 · 199
13.3 认知翻译学主要研究领域 · 201
   13.3.1 翻译认知过程研究 · 201
   13.3.2 语言认知翻译研究 · 203
   13.3.3 社会认知翻译研究 · 203
13.4 认知翻译学研究趋势展望 · 205

参考文献 · **207**

序 言

当今人类科学研究的一个重要目标是探究人类心智的奥秘,实现人工智能的更多突破,统领这一研究目标的是认知科学。认知科学是21世纪世界科学研究的标志性学科。2001年12月,美国商务部、美国国家科学基金会和美国国家科技委员会在华盛顿联合发起了一场由顶级科学家和政府官员参加的圆桌会议,会议根据50名科学家所做的一份研究报告,提出21世纪人类四大领头科学:纳米科学与技术、生物技术、信息技术和认知科学,简称NBIC,并提出NBIC会聚技术的概念。这充分说明认知科学在人类科学研究中的重要地位和发展前景!

在认知科学推动下发展起来的认知翻译学,是认知科学研究体系的一部分,同时也是新成员,是正在形成的一种新的翻译学范式。1972年,Holmes[①]在第三届应用语言学年会上宣读了题为"翻译研究的名与实"的论文,提出了翻译学的学科架构,其中描述翻译研究下的三大分支研究之一——翻译过程研究,可以看做认知翻译研究的雏形。20世纪60—80年代,认知翻译研究逐渐兴起,法国释意派提出了翻译的释意理论,后来陆续有研究者采用有声思维法开展口笔译过程研究(如Krings, 1986等)。20世纪90年代,认知翻译研究进入理论探索时期,许多翻译理论研究者以语言学、心理学、社会学等学科理论为基础,构建了有关翻译过程的多个理论模式,如Bell(1991)的信息加工模式、Gutt(1991)的关联理论模式、Kiraly(1995)的社会—认知模式、Gile(1995)的认知努力模式以及威尔斯(Wilss, 1996)的翻译决策模式等。这些模式以与翻译相关的理论为基础提出,主要偏重于理论假设。从20世纪90年代后半期开始,随着实证研究技术的进一步发展,认知翻译研究进入快速发展时期,研究方法不断更新,研究问题进一步拓展,跨学科研究日渐深入,研究呈现规模化趋势,研究成果也非常丰硕,召开了多次认知翻译过程研究的主题会议,在重要学术期刊上有系列专题论文,如 *Meta* 2005年专刊《口笔译的过程与路径》和

---

① 本书涉及的外国人名,若在国内学界有被普遍认可的中文译名,则使用其中文译名,若无,则使用其英文原名。

Across Languages and Cultures 2009 年专刊《翻译能力研究的方法论》。有专题研究，如：PACTE（2003，2011）、Göpferich et al.（2011）等的翻译能力研究；Gerloff（1988）、Ericsson（2006）等的翻译专长研究等；有综合性论文集或专著，如 Hansen（1999）、Tirkkonen-Condit & Jäskeläinen（2000）、Alves（2003）、Göpferich et al.（2008）、Shreve & Angelone（2010）、O'Brien（2011）、Rojo & Ibarretxe-Antuñano（2013）、Schwieter & Ferreira（2017）等。

近年来，随着认知翻译学研究的快速发展，越来越多的学者提出，认知翻译学正在成为一个新的研究范式，逐渐形成系统的研究体系和研究领域，但是目前也存在一些挑战和亟待解决的问题，其中最重要的就是研究体系的确立和理论模式的构建，Shreve & Angelone（2010：12）提出，认知翻译研究"最为重要的关切就是建立一个有力而又普遍接受（或者数个可行而又彼此竞争）的翻译过程模式"。Muñoz（2017：560）认为，认知翻译研究最大的挑战就是"对其研究主张和研究目标进行提炼归纳"。

目前看来，认知翻译学研究在学科属性、理论基础、研究目标、研究领域划分方面都还存在一些亟待解决的问题。从研究领域来看，呈现实证派、理论派和综合派之别。实证派认为认知翻译学研究的核心是翻译过程研究，主要聚焦译者的心智活动和认知过程，主要研究话题包括：翻译过程、译者能力和译者能力培养。理论派专注于认知翻译理论模型的构建，特别是以认知语言学、认知心理学等学科理论为基础，构建翻译的认知理论。综合派持广义的认知翻译观，从翻译与认知的界面研究出发，研究翻译中各种译者行为与翻译活动涉及的认知诸方面，包括翻译的语言认知基础、翻译转换中的认知机制、双语认知特点、认知视角的译作研究、社会认知与译者社会行为研究以及技术条件下译者与技术的互动研究等。

综合来看，认知翻译学从研究对象、研究话题和分支领域来看，已经得到极大拓展。从上述回顾来看，较早前的认知翻译研究几乎等同于翻译过程研究，有学者称之为翻译认知过程研究。目前看来，这只是认知翻译研究的一个分支领域。广义的认知翻译学可以这样来界定：以认知科学的理论和方法，探索口笔译转换过程、译者行为、译者能力及其相关问题，聚焦译者心智、行为与活动中的认知特点，主要目标在于揭示翻译这一特殊双语活动的本质、内在机制以及外部因素的影响。这一界定可简要概括为翻译与认知的界面研究，即探索翻译与认知的互动关系以及翻译中的认知机制。

从这一界定出发，认知翻译学主要有三大研究领域：语言认知视角的翻译研究、翻译认知过程研究和社会认知视角的翻译研究。语言认知视角的翻译研究把翻译看成一种跨语言认知活动，以认知语言学、双语理论、心理语言学、认知心理学和神经科学为基础，探讨语言的认知基础和翻译中的认知转换，其主要目标有二：一是构建翻译过程理论模型，二是对不同文体、不同语言现象的翻译转换做出认知阐释。研究内容包括：翻译的认知原则、翻译中的语言认知机制、原文理解的认知机制、译文生成的认知机制以及翻译中的认知转换。翻译认知过程研究旨在以实证研究方法，探究译者心智活动的特点、译者能力的基本构成以及译者能力培养，聚焦译者认知和译者能力。译者认知研究包括：翻译认知加工模式、加工策略、加工单位、记忆与认知资源、认知负担、认知努力、选择与决策、问题解决、意识与控制、翻译单位等。译者能力研究包括：译者能力构成、专长、职业与非职业译者比较、口笔译能力比较、译员培训、译员资格认定等。社会认知视角的翻译研究旨在将译者行为放在更大的社会语境下，关注社会语境与工作场所中的译者群体行为与活动。研究内容包括：译者工作方式、译者态度、社会评价等。译者工作方式包括：工作条件、组织形式、群体构成、参与角色、权力关系、译者习惯、译者与技术的互动等。译者态度包括：工作态度、翻译动机、翻译观、职业道德、意识形态、价值观等。社会评价包括：评价方式、翻译回报、职业认证、职业发展路径等。特别值得提出的是，随着技术的不断发展和深入运用，技术条件下的译者工作方式和译者与技术的互动成为越来越重要的研究课题，由此衍生出机器翻译与认知、翻译中的人机互动、翻译的人体工程学等新话题。

  认知翻译学如今已经发展成为一个研究领域较为庞大的跨学科研究体系，其中的语言认知翻译研究起着重要的理论建构和理论阐释作用。House（2015：49—62）强烈呼吁构建翻译的语言—认知理论，研究译者在双语心智活动中如何实现对语言和文本的理解、问题的解决和决策的选择。语言认知翻译研究的一个取向是以认知语言学的理论为基础，探索翻译转换中的语言认知机制。其基本假设是，语言结构反映人的一般认知机制，而翻译作为一种涉及理解与表达的双语活动，必然涉及人理解语言时的认知、使用语言表达的认知以及从一种语言转换到另外一种语言的认知操作。基于这样一种思路，本书从语言的认知理论出发，对翻译涉及的语义、语法、转换机制等问题展开分析，主要包括范畴化、概念隐喻、概念转喻、多义性、象似性、主观性、框架、认知识解、概念整合、关联理论、语篇认知等十一个话题，这些话题分别涉及语言认知的不同侧面，有的旨在以语言认知理论对翻译现象背后的认知机制做出解释，有的旨在构建翻译的认知模型，反映翻译转换的认知规律。从以上话题出发对翻译认知的探索，是我们对语言认知翻译研究的初步尝试和思考，应该说并没有穷尽语言认知翻译研究的所有方面，比如认知语法与翻译还未涉及，语篇认知与语篇翻译研究也还比较粗浅。我们期望本研究能起到"抛砖引玉"的作用，引起学界同仁的关注和思考，拓展更多的认知翻译研究话题，开展更深入研究，促进认知翻译学的进一步发展。

  本书是集体共同努力的结果。第一章由文旭撰写，第二章、第八章和第十二章由肖开容撰写，第三章由成军撰写，第四章由吴淑琼撰写，第五章由张绍全撰写，第六章由杨坤撰写，第七章由王明树撰写，第九章由吴庸撰写，第十章和第十一章由武俊辉撰写，第十三章由文旭和肖开容撰写，最后由文旭和肖开容统稿，由李婉玉同学协助校稿。由于时间仓促，水平有限，不正之处在所难免，敬请同行方家不吝赐教，以便今后不断修改完善。

文　旭
2018 年 8 月 28 日

第一章 认知翻译学：翻译研究的新范式

1.1 引言

翻译既是一门科学，也是一门艺术，是科学与艺术的统一。翻译是一项复杂、多维的人类认知活动。按照英国文艺批评家理查兹（Richards）的说法，翻译"很可能是整个宇宙进化过程中迄今为止最复杂的一种活动"。

翻译直接与语言相关，是不同语言或语言变体之间的范畴转换。"由于语言在翻译过程中起主要作用的传统观点现在已经有了坚实的科学依据，因此当代翻译学中占主导地位的还是语言学视角的翻译理论。"（科米萨诺夫，2006：9）刘宓庆（1999：16）认为："20世纪50年代以前的科学水平及语言学研究水平不可能使翻译理论家突破传统论的有限视界。事实上，正是上述两个方面的原因，使翻译理论研究远远落后于翻译实践，使翻译学的建设远远落后于翻译实践的需要。"谭载喜（1999：X）明确表示："西方现代翻译研究的一大特点，是把翻译问题纳入语言学的研究领域。"因此，用语言学理论去探讨翻译问题，必然具有重要的理论价值和实践意义。本章将从翻译作为语言学的研究对象入手，基于认知语言学的哲学观、语言观/工作假设和表征方法，探讨认知翻译学的有关问题，尤其是解释某些翻译现象的原因。

1.2 翻译：语言学的研究对象

把翻译纳入语言学的研究范围，只不过是近几十年的事情。实际上，大多数语言学重要著作，包括语言学教科书，至今仍然不把翻译看成是语言学的研究对象。究其原因，主要有二（科米萨诺夫，2006：10—11）：① 20 世纪上半叶，许多语言学家对翻译问题不感兴趣，这与当时占统治地位的结构主义语言学有着密切的关系。那时的语言学家力图对语言进行客观描写，使语言学接近"精密"科学，他们响应索绪尔的号召,认为"语言学的唯一的、真正的对象是就语言和为语言而研究的语言"(索绪尔,1996:323),将研究只局限于"语言"(langue)而非"言语"(parole),即语言系统的内部结构。② 翻译家或译者也怀疑语言学理论是否能在翻译中发挥作用,他们认为在翻译过程中语言因素并不占重要地位,翻译不是纯语言活动,而语言学对翻译理论的贡献是非常有限的。但不可否认,语言学毕竟与翻译学最终走到了一起,不过,这是20世纪下半叶初期的事情。这主要有几方面的原因(科米萨诺夫,2006:11—15):

第一,全世界翻译活动规模的扩大。全球化时代,随着科学技术、新媒体的发展,跨语言、跨文化交际非常频繁,非文学翻译占据了翻译的主导地位,而文学翻译则居于次要地位。非文学翻译中所遇到的主要困难就是两种语言的语言单位或结构在意义和功能方面的差异,以及在建构语句和语篇方面所表现出来的差别。

第二,语言学家开始关注翻译活动的变化,而语言学自身的发展也不得不把翻译纳入自身的研究领域。20世纪中叶以来,语言学的研究取向发生了根本性的变化。语言学不只是研究"语言",更注重"言语"的研究,不只是"共时"研究,也注重"历时"研究。在这样的背景下,语言学的许多分支学科应运而生。语言学对翻译的研究超越了人们的想象,翻译的许多方面现在都可以用语言学的术语和理论来加以描述和解释。并且,语言学家研究翻译以后发现,语言学不但可以为翻译理论做出巨大贡献,而且翻译也可以为语言学提出一些真知灼见,使语言学理论更加现实化和科学化。

第三,计算机科学、人工智能、脑科学、认知神经科学的发展也进一步推动了语言学视角的翻译理论的发展。机器翻译已不再是神话,但要使机器像人一样顺利翻译,还有相当长的一段路要走。人是如何进行翻译的?翻译的认知过程怎样?翻译中有什么认知机制和神经机制在起作用?到目前为止这些问题还没有定论。于是,很多研究机器翻译问题的语言学家便把注意力转向了"人类"翻译的认知过程,力图通过这种研究找到克服翻译困难的办法。

第四,语言学与翻译的结合还有另外一个因素。现在培养翻译人员的主要是大学和一些培训机构,任教的主要是外语教师、语言学家或语文学家。正是他们首先意识到要对翻译活动进行理论思考,也正是他们开始尝试用自己学科的方法来研究翻译学和翻译现象。

虽然翻译涉及诸多方面,但翻译最重要的方面还是语言。世界上的语言千差万别，估计有五六千种，语言变体更是不胜枚举。正是语言的复杂性和使用特点决定了翻译的必要性，决定了译者会遇到的翻译困难，也决定了克服这些困难的可能性。20世纪50年代，美国语言学家雅柯布逊（Jakobson）发表了著名论文《论翻译的语言学问题》(1959)，奠定了翻译的语言学理论的基础。20世纪60年代，英国爱丁堡大学应用语言学院教授卡特福德（Catford）出版了《翻译的语言学理论》(1965)一书，这是一本探讨翻译理论的开创性著作。作者在第一章就开宗明义："翻译是一项对语言进行操作的工作，是用一种语言的语篇去代替另一种语言的语篇的过程。显然，任何翻译理论都必须依附于语言的理论，即普通语言学的理论。"20世纪70年代以来，语言学理论得到了迅猛的发展，出现了社会语言学、心理语言学、文体学、语用学、语篇语言学、神经语言学、认知语言学、语料库语言学等学科。这些学科的理论和方法都或多或少地被应用于翻译研究，研究成果层出不穷，如国外的加扎拉（Ghazala, 2011）、格特（Gutt, 1991）、哈特姆（Hatim, 2001）、哈特姆和梅森（Hatim & Mason, 2001）、希基（Hickey, 1998）、施韦特和费雷拉（Schwieter & Ferreira, 2017）等，国内相关研究成果更是不胜枚举。我们可以断言：用语言学的理论和方法来研究翻译是有充分科学根据的，在实践上也是卓有成效的。不过，从目前的情况来看，认知语言学的理论和研究成果在翻译研究中还未得到充分体现，一种全新的翻译学理论还亟待我们去探索。

1.3 语言学范式的嬗变与翻译研究

每门学科都有其自身的历史，新假说和新理论的诞生都是在克服和解决上一个发展阶段出现的矛盾和问题。语言学作为哲学社会科学的领先学科，也是不断向前发展的，但其进步受到社会发展、人类认知、科学技术等多方面的制约。

语言学范式的嬗变主要经历了以下六个阶段：语文学→传统语法→历史比较语言学→结构语言学→生成语言学→认知语言学。语言学范式的嬗变，体现了语言学作为一门科学的进步与发展，其研究路向也从最初的规定到后来的描写再到今天的解释，这也是语言学发展的必然趋势。我们不但要知其然，还要知其所以然。正如斯潘塞（Spencer）所言："科学的最高成就在于解释现象的种种规律。"（Spencer, 1892）我想，语言学也应该如此。语言学范式的嬗变对翻译研究也必然会产生很大影响。翻译研究的路向似乎也可以这样：规定→描写→解释，即应该怎样翻译→翻译实际上是怎样→为什么要那样翻译。下面简要说明：

第一，规定，即应该怎样翻译，这是一个有关 how 的问题：例如，翻译的原则、标准、技巧、方法等。这些都可以是规定性的，即规定译者如何翻译文本才能实现正确有效的翻译。规定性的好处是，能使译者"有规可循""有法可依"，但不好的是，这种规定会束缚译者的手脚，令其难以发挥自己的翻译水平，难以应对翻译中遇到的实际问题，因为规定性的东西始终是有限的。

第二，描写，即翻译实际上是怎样，这是一个有关 what 的问题：如对翻译学的学科性质、模式、任务、原则、标准、机制、方法等的描写；描述具体的翻译事实和现象，弄清译语与源语之间的实际关系，如等值等效、描写翻译的认知过程等。这种描写当然是基于具体的研究、实践和经验，是有理据的。

第三，解释，即为什么要那样翻译，这是一个有关 why 的问题：解释翻译及翻译学所涉及的问题，如为什么要使用那样的翻译方法、语言表达式、意象等等，为什么翻译要异化或归化。通过解释，可以了解译者的心理、认知因素以及译文背后的社会、文化理据。

当然，翻译及翻译学研究最好的办法就是把规定、描写、解释融为一体，把 what, why, how 这三个问题结合起来，只有这样，翻译学自身才能更加完善，更加科学。

1.4 认知语言学的哲学观与翻译研究

认知语言学是认知科学事业的重要组成部分，是语言学中的一种新范式。其哲学基础和工作假设都与传统语言学和主流语言学有显著的差别。这些差别给语言学带来了一场新的认知革命。作为一种新的语言学范式，如果其目的不能解决实际问题，其价值就会大打折扣。因此，探讨认知语言学的应用问题，是很有必要的，也是自身发展使然。

哲学是智慧的学问，科学之科学。可以说任何一门学问都有其哲学基础，也离不开哲学的思考。就翻译学而言，不论是翻译的文化观也好，还是翻译的语言观也好，离开了哲学，就难以想象。因为哲学是文化的核心，是在文化整体中起主导作用的，而语言及语言学研究就更离不开哲学了。诚然，我们不可能像对待科学成果那样将哲学家的成果拿来就用，因为哲学的生命不在于结果而在于思考。那么，认知语言学的哲学观对翻译学有什么启示呢？

第一章 认知翻译学：翻译研究的新范式

认知语言学的哲学观是体验主义哲学，也称新经验主义。它是认知语言学思想和方法的基础。其主要观点体现在以下几个方面：

1.4.1 思维或认知是具身的

思维或认知是具身的（embodied），也就是说，我们概念系统的结构来自于身体经验，并依据身体经验而有意义；此外，概念系统的核心是直接建立在人类的感知、身体运动和经验的基础之上的。人类的经验结构是否相同？人类的概念结构是否一致？反映概念结构的语言结构是否相同？这些都是值得思考和研究的问题。语言总是在言语社团中产生和发展起来的，一个民族创造了自己的语言和文化，其语言和文化必然打上自己经验结构的烙印。如果经验结构不同，必然会影响概念结构，从而使语言结构有异。例如，太平洋岛屿上的一些土著居民分辨不同潮汐的视觉能力是相当惊人的，但奇怪的是，他们无法分辨蓝色与绿色，这就可能与他们的生活经验有关。

具身认知（embodied cognition）对翻译研究有什么启示呢？我们认为，在翻译中不但要考虑语言结构，也要考虑概念结构或经验结构，即在翻译过程中要考虑源语的概念结构或经验结构。如果只考虑语言结构，有时会望文生义，造成误译。但若考虑概念结构或经验结构，这就会涉及直译和意译的问题、等值或等效问题、异化和归化问题，等等。所以，在翻译中我们更应该关心概念结构或经验结构的再现，寻求概念结构的对等，这样才不会出现误译。成语和谚语的翻译最能说明这样问题。例如：

（1）as white as snow, as strong as a horse
（2）go to Reno
（3）Faint heart never won fair lady.（None but the brave deserve the fair. Fortune favors the bold.）

例（1）中的 as white as snow，因为人们对雪的颜色的感知是相同的，所以翻译成"像雪一样白"是完全正确的。如果把 as strong as a horse 翻译成"壮如马"或者"像马一样壮"，这在语言上没有问题，但是这样的译文不符合汉文化习惯，因为我们觉得牛耕田力气大，外国人觉得马拉车力气大。go to Reno 怎么翻译呢？如果翻译成"去利诺"，估计没有多少汉语读者能懂其真正涵义。Reno 是美国内华达州西部一城市，有"离婚城市"之称，只要在该市住三个月，就可依法实现离

5

婚之目的。例（3）是一句谚语，应该说中英文都有同样的认知体验，所以完全可以译为："懦夫难得美人心"或"只有英雄配美人"。

1.4.2 思维是富有想象力的

思维具有想象力，因为有些不是直接来源于经验的概念往往是运用隐喻、转喻和心理意象的结果，所有这些概念都超越了对客观现实的直接反映或表征。正是这种想象力才产生了"抽象"思维，并使心智超越了我们所看到的和感知到的一切。这种想象力也是不能脱离身体的，因为隐喻、转喻和意象都是以经验（通常是体验）为基础的。在翻译中，我们如何处理那些不是客观现实直接反映的产物？翻译必须研究原文作者的隐喻思维和转喻思维等问题。例如：

（4）A: Where is *the fresh salad* sitting?
　　　B: He's sitting by the door.
（5）A: Can I look at your *Shakespeare*?
　　　B: Sure, it's on the shelf over there.

这里的 salad 不是指"沙拉"本身，而是指点了"沙拉"的顾客；Shakespeare 不是指莎士比亚本人，而是指莎士比亚的某一作品。这两个例子是转喻，是转喻思维，因此在翻译时如何处理这样的原文，这是很讲究的。如果要保持原文的转喻，就得直译，如果要意译，原文的转喻思维就不复存在了。

1.4.3 思维具有完形特征

思维具有完形特征，因此不是原子结构式的；概念有一个总的结构，而不是仅仅根据一般规则只搭概念"积木"。人类认知是一种心理活动，反映的是事物的整体属性，受我们的身体经验、爱好、态度、信念、兴趣、价值观、知识结构等的影响。因此，翻译应该遵循人类的认知规律，首先从整体上把握原文结构和意义，原文中不重要的东西是可以适当删减的。所以，翻译可以称为是一种再创造。例如：

（6）　　　　　　　　原文：**春思**
　　　　　　　　　　贾至（唐）
　　　　　草色青青柳色黄，桃花历乱李花香。
　　　　　东风不为吹愁去，春日偏能惹恨长。

第一章 认知翻译学：翻译研究的新范式

译文：**The Pains of Love**
Jia Zhi
The yellow willow waves above;
the grass is green below.
The peach and pear blossoms
in massed fragrance grow.
The east wind does not bear away
the sorrow at my heart.
Spring's growing days but lengthen out
my still increasing woe.（Fletcher 译）

（吕叔湘，1980：55）

贾至的《春思》载于《全唐诗》卷二百三十五。这首诗大概是他在因事贬为岳州司马期间所写。诗中所表达的愁恨可不是一般的闲愁闲恨，而是由他当时的心境产生出的流人之愁、逐客之恨。译者在翻译的时候，可以说从整体上把握了诗歌的真正涵义，把"春思"译为 The Pains of Love，非常贴切。

1.5 认知语言学的语言观与翻译研究

对语言本质的认识有不同的观点，如索绪尔认为，语言是一种任意的符号系统。认知语言学认为，语言是建立在我们对世界的经验基础之上的，是组织、加工和传递信息的一种工具。认知语言学的语言观或工作假设主要有（Lakoff, 1987; Lakoff & Johnson, 1999; Evans & Green, 2006）：

① 语言能力是人的一般认知能力的一部分，故语言不是一个自足的系统，其描写必须参照认知过程。这一观点对翻译至关重要，因为翻译时译者接触的不是语言体系，而是言语作品。翻译必须考虑作者/发话人的认知过程，也必须研究译者的认知过程，同时对翻译过程进行科学的描写和解释。近年来，对翻译的认知过程的研究已经引起了国内外学者的极大关注，人们开始利用眼动仪、ERP等仪器设备研究翻译的认知过程，并取得了丰硕的成果（肖开容、文旭，2012）。

② 语言结构与人类的概念知识、身体经验以及话语的功能有关，并以它们为理据。因此，翻译必须考虑语言结构背后的理据，即语言结构背后的概念知识、

身体经验以及话语的功能。认知语言学中对象似性（iconicity）的研究，可以给翻译很多启示。所谓象似性，是指语言结构与人的经验结构或概念结构之间有一种自然的联系。语言结构的象似性在句法结构中表现得最为明显，其中主要有距离象似性、复杂象似性（或曰数量象似性）、范畴化象似性和顺序象似性等（文旭，2010）。例如：

（7）原文：*As Miss Sharp's father had been an artist and a drunkard, and her French mother an opera girl,* it is not surprising that Rebecca asserted she had never been a girl—she had been a woman since she was eight years old.（W. M. Thackeray, *Vanity Fair*）

译文：由于她父亲曾经是一名画家和酒鬼，她的法国籍母亲是一名歌剧演员，无怪乎丽贝卡说自己从来也没有做过孩子——她八岁起就成了操持家务的成年妇女了。

以上英语原文和汉语译文都遵循了顺序象似性原则，即原因分句在主句之前。

③ 句法不是一个自足的组成部分，而是与语义、词汇密不可分，也就是说，词汇、形态和句法形成一个符号单位的连续体，这个连续体只是任意地被分成了单独的成分；语法结构本质上是象征的，并使概念内容象征化。翻译只注重结构对应是不完备的，还必须考虑词汇对应和语义对应等问题。不过，要做到一一对应是很难的，因为语言具有相对性，存在着范畴错位、词汇空缺、语义空缺、功能错位等问题。萨丕尔-沃尔夫假说就认为，人们看待世界的方式部分或全部地由他们的语言结构所决定，这就是语言相对性。这一假说曾经引起了极大的争论，随后一段时间又销声匿迹了。但随着认知语言学诞生和发展，该假说获得了新的生命，语言与认知之间的关系得到了更加精细深入的研究。威尔斯（Wilss，2001）也认为："语言乃民族精神的外在表现：各民族的语言就是他们的精神，各民族的精神也就是它们的语言。"不同民族会有不同的文化和认知方式，这在语言上必然会留下印记。例如，一些文化内容很丰富的词语，如果直译，恐怕很难让译语读者理解。如汉文化中的"风水"，如果译为 wind and water，译语与源语简直就是南辕北辙，译语读者恐怕也不知汉语"风水"的真正涵义，所以一些词典干脆就用汉语拼音 feng shui。

④ 语义不只是客观的真值条件，还与人的主观认识密切相关；用以真值条件为基础的形式语义学来分析语词的语义是不充分的。认知语言学明确地承诺要把

意义的身体维度、文化维度以及想象维度结合起来。语义是认知语言学研究的核心，研究语言实际上就是研究语义。认知语言学特别强调语义的视角特征、动态特征、百科知识特征以及使用和经验特征。一个语言表达式的意义其实就是概念化的结果。

翻译与语义最为密切，是翻译学研究的焦点。但从语义的这些特征来看，其翻译的难度不难想象，涉及认知、语用、社会、文化等多方面的因素。例如：

（8）原文：知者乐水，仁者乐山。（《论语》）
　　　译文：The wise man likes the water; the pious man the hills.
　　　　　　The wise man delights in water, the good man delights in mountains.
（9）原文：流水落花春去也，天上人间。（李煜，《浪淘沙令》）
　　　译文：Falling petals and flowing water—
　　　　　　All is over with the fair spring.
　　　　　　Am I still dreaming or not?
　　　　　　Is it on Earth or in Heaven?

这两个汉语例子具有深刻的文化内涵、社会背景和认知特点，要翻译好实为不易。这里所提供的英译也只是一种参考，基本能传递原文之意。由此可见，翻译并非易事！所以，意大利批评家克罗齐（Croce）曾干脆地说："凡属纯文学的作品是不可译的。"他还说："纯文学的翻译，都不是翻译，而是创造。"18世纪的英国大文豪约翰逊（Johnson）甚至断言："你可以正确地把科学书籍翻译出来。你也可以翻译历史，只要历史里没有点缀着演说，因为演说是带有诗意的。至于诗，那是没有法子翻译的。"当然，笔者并不完全认同他们的观点。我们认为，任何文本都是可以翻译的，只不过原文的语义及各种特征是否能完全传递，这才是一个问题。也就是说，可翻译性其实是一个程度问题，具有相对性。

1.6 认知语言学的表征方法与翻译研究

当今的认知语言学研究主要是由三种方法表征的，即三个路径：经验观（experiential view）、突显观（prominence view）和注意观（attentional view）。这三种方法对翻译都有很大的启发意义。

1.6.1 经验观与翻译

经验观是基于心理学对范畴化过程的研究以及对典型效应的揭示上，认为语言学研究不应仅仅依靠逻辑推理和自省式思维来划定语法规则、提出客观定义，而该走一条更加实际、更具有实验性质的路子。该观点认为，语言使用者对事物的描写不只是局限于客观的描写，还会对它们的意义提供更丰富、更自然的描写，也包括隐喻、转喻和意象图式等。例如，对一辆轿车的描写，人们不但会说轿车的形状像一个盒子，有车轮、门、窗、方向盘、加速器、刹车、座位等；还可能会提到轿车坐起来舒服，跑得快，是社会地位的象征，等等；有的人甚至会把轿车与其初恋联系起来，与其曾经历过的车祸联系起来。后面这些特征显然与人们的经验有关，远远超出了客观的描写。

认知语言学的经验观告诉我们，在翻译过程中，如果译者与作者对某事、某物有同样的经验，就能准确理解作者的意图，做到准确的翻译。经验观视角下的范畴化理论、范畴化的层次理论、概念隐喻和概念转喻理论对翻译的本质、原则、标准、方法以及译文的评价等都有启发意义。例如，关于翻译的标准，可以说是仁者见仁，智者见智，如严复的"信达雅"论、钱锺书的"化境"论、傅雷的"神似"论以及奈达的"等效"论等等（姜治文、文军，2000）。林语堂在论翻译时也谈到了翻译的标准问题：一是忠实标准，二是通顺标准，三是美的标准（罗新璋，1984：418），这是对"信达雅"论的发展。泰特勒（Tytler, 1978: 16）也提出过翻译的三条法则（laws of translation）：译文应完全传达原文的意思；译文的风格和笔调应与原文的一致；译文应像原文一样流畅。英国学者萨瓦利（Savory）在其《翻译的艺术》一书中归纳了12条不同的意见：

表 1.1　翻译的 12 条标准

应该逐字翻译原文	应该传达原文的意思
译文应该读起来像原文	译文应该读起来像译文
译文应该反映原作的风格	译文应该具有译者的风格
译文应该读起来像原作同时代的作品	译文应该读起来像译者同时代的作品
译文可以对原作有所增减	译文不可对原作有所增减
诗歌应该译成散文	诗歌应该译成韵文

这些观点在一定程度上反映了研究者的个人经验以及对翻译标准的不同看

法，是经验之谈、思考之果。但总的来说都差不多，基本上是一致的，只是每个人突显了不同的方面。但我们认为，"信"或者"忠实"是绝对的首位标准。

1.6.2 突显观与翻译

认知语言学的突显观认为，语言结构中信息的选择与安排是由信息的突显程度决定的。最著名的观点就是来自心理学中的图形—背景理论（Figure-ground theory）。该理论最先由丹麦心理学家鲁宾（Rubin）提出，后来被格式塔心理学家借鉴来研究知觉及描写空间组织的方式。这一理论后来被认知语言学家塔尔米（Talmy, 2000）运用到语言学研究中。例如，要描写一辆车撞在一棵树上这一情景，句子 The car crashed into the tree 就比 The tree was hit by the car 更自然，因为在整个情景中，运动着的车是最有趣、最突显的部分，故我们倾向于把车放在句首。认知语言学的突显观对翻译具有重要的启示。言语中信息的突显程度不同，因此在翻译时应处理好重要信息与非重要信息、主要信息与次要信息的关系。对译者来说，语言中最起码有50%的冗余信息，突显的信息在翻译时一定要突显，不突显、不重要的信息不要突显，甚至可以省略。例如：

(10) 原文：When *I* did well, *I* heard it never; when *I* did ill, *I* heard it ever.

译文：行善无人讲，作恶有人传。

(11) 原文：*What* sculpture is to a block of marble, education is to the soul.（T. A. Edison）

译文：心灵需要教育就像大理石需要雕刻一样。

例(10)中的 I 没有翻译出来，因为这是一种类指用法，其信息不突显。例(11)其实是一种构式，即"What A is to B, X is to Y"或者"A is to B what X is to Y"，其构式义为"A 对于 B 就像 X 对于 Y 一样"。在该构式里，what 是一个关系代名词，其意义不突显，只是起到了联结的作用。

1.6.3 注意观与翻译

注意观认为，我们用语言所表达的实际上只反映了事件中引起我们注意的那些部分。例如上面提到的 The car crashed into the tree 只是描写了整个车祸中引起我们注意的一部分，而其他部分，如小车突然转向、冲出了马路等却未表达出来，尽管这些部分均发生在车撞在树上之前。这很像"鸡尾酒现象"，人们有能力选择性地把注意力集中到某些刺激上而忽视其他刺激，也就是选择性地注意突显的环境或信息。认知语言学中的注意观给翻译有什么启示呢？例如，原文中作者没有表达出来的东西，在翻译时是否需要补充出来？这就是翻译中的增译问题。例如：

（12）原文：The world is like a mirror: Frown at it and it frowns at you; smile, and it smiles too.（H. L. Samuel）

译文：世界像一面镜子：你对它皱眉，它也对你皱眉；你微笑，它也微笑。

这里的原文中有很多省略现象，但翻译成汉语时，省略的成分都被补充出来了。

1.7 小结

认知翻译学是翻译学的一种新范式，是在认知科学及认知语言学的框架下研究翻译理论、翻译实践以及翻译现象的有关问题。本章首先分析了翻译作为语言学研究对象的现状与原因以及语言学范式的嬗变与翻译之间的问题，然后在认知语言学的框架下，从认知语言学的哲学观、语言观、表征方法等方面论述了认知翻译及认知翻译学的一些问题，特别是分析了一些"为什么"的问题。此外，我们认为，翻译就是一种认知过程，是不同语言或语言变体之间的范畴转换，这种转换涉及人类认知的一些基本特征，如突显和注意等。

第二章 范畴化与翻译

2.1 引言

范畴化是人类认识世界的重要方式,也是人类语言的基本特征之一。传统的客观主义范畴观对形式主义语言学研究产生了深刻影响,是语言思想的主要基石,但是在运用到一些具体语言现象时却表现出不可克服的局限。认知语言学的范畴观以认知心理学的原型理论(Prototype theory)为基础,颠覆了客观主义范畴观,形成了认知范畴观,对语言范畴做出了更合理、更符合语言事实及其概念基础的解释。

翻译涉及意义的跨语言表达。那么在认知范畴观的影响下,英汉两种语言的范畴及构成是直接对应呢?还是存在差异?有何差异?翻译中是否存在范畴转换?或者说存在哪些转换?这些转换的认知基础是什么?本章拟从认知范畴观出发,探讨翻译中范畴转换的可能情况及其背后的认知机制。本章首先介绍传统客观主义范畴观的基本假设及其缺陷,然后与之对照,介绍认知范畴观的主要观点和基本思想,再重点从范畴替换、范畴成员转换、范畴原型转换、范畴层次转换等方面具体阐述翻译中的范畴转换。

2.2 从经典范畴观到认知范畴观

人类面临的世界纷繁复杂,形态各异,人类对世间万事万物进行分类的心理过程是范畴化,而范畴化的结果便是范畴(文旭,2001)。自亚里士多德以来,范畴的定义一直以"经典理论"为标准,即范畴的成员以充分必要条件来界定,如果一个实体满足某范畴的充分必要条件,那么就可以说该实体是这一范畴的成员(Evans & Green,2006:252)。经典范畴理论持四个基本主张:① 范畴由成员共有的一组充分必要特征来界定;② 范畴特征是二分的,即某实体要么具有该特征，属于范畴成员，要么不具有该特征，不属于范畴成员；③ 不同范畴之间的界限是清晰的；④ 范畴成员之间关系是平等的，没有中心与边缘地位的差异（Taylor，1995：23—24）。

但是，心理学、人类学和语言学的诸多研究发现对经典范畴观发出挑战，提出了范畴的原型理论。比如：有时范畴成员并不一定具有所有的共同特征，范畴成员特征的数量似乎难以穷尽，范畴成员的特征不一定是非此即彼的二分性，范畴的界限有时很模糊，某些范畴的成员地位并不相同。这些挑战主要可归纳为三个方面。一是范畴的定义问题。维特根斯坦（Wittgenstein，1958：66）以"游戏"（games）为例，说明范畴无法以充分必要条件来界定，因为没有哪一套特征为"游戏"范畴的所有成员所共享。二是范畴的边界问题。经典理论认为范畴之间的界限是清晰的，即某成员要么属于一个范畴，要么属于另一个范畴。但是 Rosch（1977，1978）、Berlin & Kay（1969）对"鸟""颜色词"等的研究表明，范畴的边界并不一定是清晰的，而是模糊的。比如，虽然"桌子""椅子"等明显属于"家具"范畴，但"地毯"则不那么明显。很多东西很难说到底是属于这个范畴还是另一个范畴。三是范畴成员地位问题。与经典理论观点不同，原型理论认为，范畴成员的地位并不相同，有些成员具有更多的范畴特征，因而更加典型，居于范畴中心地位，而有的成员具有更少的范畴特征，居于范畴边缘地位。范畴成员的地位差异呈现原型效应。比如在"鸟"范畴内，"知更鸟"常被认为是典型成员，而"企鹅""鸵鸟"则被视为非典型成员。

认知语言学基于范畴的原型理论，持认知范畴观，其基本原则有二：一是范畴化的认知经济原则，即范畴系统旨在以最小的认知努力获得最多的信息（Rosch，1978：28）；二是认知世界结构性原则，即人所认识的是一个相互关联、结构化的世界，而不是杂乱无序的（Rosch，1978：28）。因此，人类依赖相互关联的结构来实现范畴化，比如"翅膀"总是与"羽毛""会飞"等相关，而不是与"皮毛""能水下呼吸"相关（廖光蓉，2016：24）。

基于认知范畴化的两个原则，范畴化系统由两个维度构成：纵向维度和横向维度。在纵向维度上，认知经济性原则形成了范畴的层次性和涵盖性，范畴位于纵轴上越高的位置，表明该范畴涵盖性越强，其抽象程度也越高（Rosch et al.，1976）。比如，"家具"范畴比"椅子"在纵向维度上位置更高，其涵盖性也更强，因为"家具"除了包含有"椅子"，还有"桌子""柜子"等范畴，而"椅子"又包含了"摇摇椅"等范畴，因而后者必具有更大的涵盖性。范畴的纵向维度主要描述范畴层次问题。Rosch et al.（1976）发现，在纵向维度上，有一个层次具有最大的认知经济性，其涵盖性位于中间，被称为基本层次范畴，比如"汽车""狗""椅子"等。位于其上的为上位层次范畴，如"交通工具""动物""家具"等，其下的为下位层次范畴，如"公共汽车""哈巴狗""扶手椅"等。相关研究表明，基本层次范畴是人类认知中最重要、也是最基本层次，因为它具有四个方面的特质：感知上具有一组共享特征，功能上其成员具有一些共同的运动机制，具有相似的整体外形，语言表达上常用单语素、最常用、中性的术语来表达，也是儿童最早习得的语言表达。

在横向维度上，范畴的结构关系形成了范畴的典型性，因为世界本身是有关联构成的，一方面范畴成员的特征彼此有关联，另一方面范畴成员也因具有特征的差异而呈现地位差异，有的具有更典型特征，有的则具有更少典型特征而处于边缘地位，这就使得范畴呈现典型效应，范畴成员之间呈现家族相似性（Evans & Green，2006：265）。

总之，范畴化从经典理论到原型范畴观再发展为认知范畴观，在范畴界定、成员地位、成员关系、范畴层次、范畴边界等方面都发生了深刻变化。认知范畴观认为，范畴化是人类进行分类的心理过程，范畴化的结果即范畴。范畴以原型为基础，范畴成员呈现家族相似性，其地位不等，有的更典型，是中心成员；有的更边缘，是非中心成员。范畴之间并没有清晰的界限，而是模糊的，甚至又重合，即部分成员既具有一个范畴的特征，也具有另外一个范畴的特征。范畴具有层次性，基本层次范畴因其在人类认知中的重要作用，成为语言研究等的重要组成部分。

那么，在翻译中，从一种语言到另外一种语言的转换，是否涉及范畴的转换呢？或者说，翻译时是否能实现范畴在两种语言中的直接对应呢？如果不能，那会有哪些类型的范畴转换呢？下面从范畴内部、范畴之间、范畴层次、范畴典型等角度，讨论翻译中的范畴转换。

2.3 认知范畴观与翻译

在认知范畴观视野下，范畴化是一个认知心理过程，而范畴则是储存于大脑中的认知概念。由此，认知语境必然对范畴化及其结果范畴产生影响。也就是说，范畴并不是固定不变的，范畴的内部结构、边界及原型会因语境的不同而发生变化，同时因语言使用者所处的不同历史、文化语境而不同。Ungerer & Schmid（2006/2008:51）将不同文化语境之下的认知范畴称为"文化模型"（cultural models）。不同文化语境下人所处的物理环境、历史经验、文化习俗等等都会以知识的方式储存于大脑，由此形成不同的文化模型。

由此可以推断，同一个领域的范畴，在不同的文化之间经常会存在差异，很难完全对等。比如中国的"床"范畴与日本"床"范畴就有很大的区别。从功能特征来看，中国人一说到"床"想到的是"木头做成、高于地面"的家具，而在日本则更多人想到的则是"榻榻米"。

范畴的文化差异体现在不同文化间的范畴零对应、范畴内部结构差异、范畴层次差异、范畴原型差异、范畴隐喻和转喻差异等。范畴零对应指在一种文化里存在的范畴，可能在另一种文化里空缺。概念产生于不同的历史文化语境，因此零对应现象大量存在。比如英国下议院的 speaker，在其他文化里几乎都不存在对应的概念，因此并没有对应的范畴，在中文里只能大致翻译为"议长"。另外一个概念 airing cupboard，在英国指"用于存放未干衣物的橱柜"，在中文里也没有对应概念。范畴内部结构差异指在不同文化里同一范畴的成员数量和类别不同。比如"节日"范畴，在英语文化里常常包含"复活节、感恩节、圣诞节"等，而在中国文化里则包含"春节、元宵节、端午节、中秋节"等。范畴层次的差异体现在不同文化间某些概念的上位层次范畴、基本层次范畴和下位层次范畴不对应或零对应，这是由于不同文化语境中对某领域的概念细化程度不同造成的。某一文化中的范畴可能缺乏上位范畴或下位范畴，如英语中表示设施、建筑物、服务场所的上位范畴 facilities，在俄语中就没有对应的范畴，而英语中的 house 范畴涵盖 bungalow, cottage, croft, chalet, lodge, hut 等，在很多文化里则很难找到对应范畴（Baker, 1992: 22—23）。范畴原型差异指同一个范畴在不同文化中激活不同的原型。如英语的 worker 范畴，《牛津高阶英汉双解词典》定义为:a person who works, especially one who does a particular type of job（工作者，尤其指某一特定职业的工作者），而汉语"工人"在《现代汉语词典》里的解释为:个人不占有生产资料、依靠工资收入为生的劳动者（多指体力劳动者）。王宗炎（1985:484）谈道:英语 worker 可兼指体力劳动者和脑力劳动者。由此可见，英语 worker 范畴的原型为"任何有工作的人"，而汉语"工人"范畴的原型则为"体力劳动者"。根据认知语言学的观点，多义性范畴的不同意义之间存在内在联系，意义之间以家族相似性相联系,其中隐喻和转喻是范畴意义联系的主要形式(Taylor, 1995:122)。范畴隐喻指用一个范畴的概念转指另一个范畴的概念,而转喻则指用一个概念实体转指同一个范畴里的另一个概念实体。由于认知习惯和文化传统的差异,不同文化里的范畴隐喻和范畴转喻也存在较多差异。如英语的 cream 常用来喻指"精英",涉及从"食品"范畴到"人"范畴的映射,而汉语中则没有这种映射关系。另外,汉语近来常以"名嘴"指"优秀的电视节目主持人、演讲家、律师"等口齿伶俐的人,而英语中则没有相同转喻。

由于范畴的文化差异体现为范畴零对应、范畴内部结构差异、范畴层次差异和范畴原型差异,那么翻译中的范畴转换也体现为:范畴替换、范畴成员转换、范畴原型转换和范畴层次转换。

2.4 翻译中的范畴转换

2.4.1 范畴替换

范畴替换即范畴之间的转换。英汉语言的范畴虽然存在很多范畴直接对应的情况,不过也有相当多的范畴所表征的意义不同,特别是激活的读者联想不一致,因此在翻译中要进行范畴替换。范畴替换即用目标语言中的另外一个范畴来替换源语言中的一个范畴。前认知时代的语言学翻译理论认为翻译转换是一种语言转换,将翻译看作一种"语言材料的替换",进行的是"语言范畴转换"(Catford, 1965)。根据认知语言学观点,语言是认知的产物。因此,翻译中的范畴转换实际上是认知范畴的转换。翻译中的直译涉及范畴的直接对应,而意译则是进行范畴替换。如将 to teach a pig to play on a flute 译为"教猪吹笛"保留了"猪、笛"范畴,而译为"对牛弹琴",则将原文范畴"猪、笛"替换为"牛、琴"。再如:

(1)原文:Depends, depends. I know criminals. *Chicken livered*, most of them.
(Agatha Christie, *Three Act Tragedy*)
译文:这都看人的了。我了解罪犯。他们大多数都胆小如鼠。(思果 译)
(2)原文:为头一人,头戴武巾,身穿团花战袍,白净面皮,三绺髭须,真有龙凤之表。(吴敬梓,《儒林外史》)

译文:The leader of the band wore a military cap and flowered silk costume.

He had a clear complexion, his beard was fine, and he looked every inch *a king*.（庞秉钧 译）

例（1）中原文用"鸡肝"范畴表达"胆小"之意，在汉语文化中并无此联想关系，因此译文中以"老鼠"范畴来替换，表达"胆小"意义。例（2）的原文范畴"龙凤"常常用来喻指"帝王、高贵之人"，因此在译文中相应地以范畴"国王"替换。以上的范畴替换是基于不同文化里范畴间的不同联系，即横向轴上的范畴间关系不同。在源语言文化中，A 范畴与 B 范畴间具有喻指关系，而在目标语言文化中则是 C 范畴与 B 范畴间有喻指关系，于是在译文中以 C 范畴替换 A 范畴，使译文读者获得与原文读者相似的概念联想。

有时候，源语言文化中的概念范畴在目标语言文化里并不存在，翻译中要么将源概念范畴移植到目标文化中，要么以目标文化中近似的概念范畴进行替换。例如，在基督教传入中国的过程中，《圣经》中的 God 如何在汉语中确定译名引发了一场旷日持久的论战，主要观点大体有三派。第一派是早期部分传教士主张以源概念的直接移植，采用音译法，从拉丁语 Deus 音译为"陡斯"。第二派如麦都思、郭实腊等传教士主张以中国传统历史文化概念进行替换，翻译为"神天皇帝、神天上帝、皇上帝、上帝"等。第三派主张以中国本土宗教思想和佛教思想来替换，翻译为"真主、天主、神"等（刘念业，2015）。正如刘念业（2015：121）所指，God 译名之争"反映出两派人士认识对待中国文化的不同态度，'神'派译者试图在中国人宗教概念的基础之上全面改造中国人的信仰，'上帝'派译者则试图从中国宗教文化中寻找到与基督教的契合之处，'完善'中国人的信仰"。两派最终并没有谁占上风，致使两种译名并存。God 的汉语译名之争已经超越了语言层面的转换问题，"而是涉及深层次的基督教神学和中国宗教哲学问题，就此而论，'译名之争'实际上反映出翻译和跨文化交际中文化概念移植的困境"（刘念业，2015：122）。由于文化概念的空缺，译者对范畴替换模式的选择实际反映了译者对文化概念输入方式的选择。

2.4.2 范畴成员转换

范畴成员转换指在同一个范畴内将源范畴的 A 成员替换为 B 成员。由于文化的差异，同一个范畴的构成成员可能不尽相同，或者范畴成员引发的联想不同，从而造成意义表达的不同，因此在翻译中要进行范畴成员转换。例如，在颜色词范畴中,英汉文化中的基本颜色词存在差异,而且相同的颜色也往往存在意义上的差异(参见胡文仲、高一虹,1997;邓炎昌、刘润清,1989 等)。Berlin & Kay(1969)认为英语或大部分语言有 11 个基本颜色词,包括:white, black, red, green, yellow, blue, brown, purple, pink, orange, gray,而其他颜色词则属于范畴中的非原型成员。汉语中的基本颜色词有不同的界定,《简明类语词典》列出了 6 个基本颜色词:白、黑、红、绿、黄、蓝。而《同义词词林》则收录了 11 个基本颜色词,而且成员与 Berlin & Kay 的界定有所不同:白、黑、红、绿、黄、蓝、褐、赭、青、紫、灰。姚小平(1988)从历史的角度梳理了汉语基本颜色词的演变,认为现代汉语有 10 个基本颜色词:黑、白、红、黄、绿、蓝、紫、灰、棕、橙。翻译中常见 blue 与"紫"或"黄"、black 与"青"或"红"、gray 与"白"、scarlet 与"紫"、green 与"红"等的替换。如:blue films(黄色电影)、scarlet robe(紫袍)、black tea(红茶)、black rag(青布)、gray-haired(白发)、green-eyed(眼红)等。

(3) 原文:He beat her *black* and *blue*.
译文:他把她打得青一块,紫一块。

(4) 原文:因嫌帽纱小,致使锁枷扛,
昨怜破袄寒,今嫌紫蟒长。(曹雪芹、高鹗,《红楼梦》)
译文:The judge whose hat is too small for his head,
Wears in the end, a convict's cangue instead,
Who shivering once in rags bemoaned his fate,
Today finds fault with *scarlet* robes of state.(Hawkes 译)

例(3)中的 black 和 blue 转换为"青"和"紫",例(4)中 Hawkes 将"紫"转换为 scarlet。Hawkes 认为,《红楼梦》中的诸多颜色词的文化含义与英语颜色词存在很大差异,包括其中大量出现的"红色"在中文里常常象征"春天、青春、好运、吉祥"等,而在英语文化里则没有类似含义,故以 gold、green 等来替换(冯庆华、穆雷,2008:123—124)。

2.4.3 范畴原型转换

范畴是范畴化的结果,其中一种范畴是原型范畴。原型范畴是一种成员呈现不同程度的典型性、成员之间呈现家族相似性、边界模糊、无法以一套统一标准(如充分必要条件)来界定的范畴(Blank & Koch,1999;Evans & Green,2006)。

人们日常生活中参与认知活动的应该说都是原型范畴，是基于民俗分类形成的。与之相对的则是科学范畴，具有统一标准和明确界限，边界清晰，成员要么属于、要么不属于该范畴。科学范畴是基于科学分类形成的，具有其科学依据。

原型范畴的核心概念是原型。那么，什么是原型呢？不同的学者给出了不同的定义，不过大都包含以下含义：是范畴的最典型成员，集合了范畴的重要特征或最能表征范畴的特征，是范畴的典型实例，其他范畴成员基于与之相似程度归属该范畴，范畴围绕原型成员而形成，是范畴成员突显特征的图示化表征。

范畴原型在认知活动中起核心作用，作为认知参照点，突显基本层次范畴的独有特征，将其与其他范畴加以区别，建立与范畴内其他成员的心理通道。范畴原型在范畴中居于中心地位，与其他成员形成原型效应。

范畴原型是动态的，会随着语境的变化而发生转移或分裂，词义演变的一种类型就是原型义的转移或分裂，即原来处于非原型义逐渐向中心移动，成为原型义，或在原型义下分裂出引申义。比如"嗓子"的原型义是"喉咙"，可后来发生转移，"嗓音"成为原型义，如"嗓子甜"。原型分裂的例子"同志"，其原型义：① 志趣相同的人，② 政治理想相同的人，③ 一国公民之间的称谓。后来随着社会语境变化，在"志趣相同的人"原型义下分裂出"同性恋者"的引申义，甚至该义项有不断中心化、接近原型地位的趋势。

范畴原型在文化间的差异更大。很多时候字面上相对应的两个词，其词义范畴原型可能并不相同，比如前述的英语 worker 和汉语"工人"所包含的原型就不同。worker 的原型是"任何工作的人"，脑力劳动者和体力劳动者都是原型成员，而汉语"工人"的原型义则是"工厂里上班的人"，所以将汉语"工人"翻译为英语时需要添加特征 factory 将其细化（汪立荣，2005：28）。再如 colleague 和"同事"，英语 colleague 的原型义是"同行"，而汉语"同事"的原型义则是"在同一个单位工作的人"，因此翻译中不能把 colleague 与"同事"作为对等词来翻译，英语的 colleague 可根据语境翻译为"同行、同仁"，而汉语的"同事"根据语境进行特征细化，翻译为 co-worker，associate 等词。

由于多个认知模型的复合作用，同一个范畴在不同的文化间具有不同的原型。如"口"范畴，其构成部分有范畴成员"舌头、牙齿"等。功能特征包含"吃东西"模型和"说话"模型。基于"说话"模型，"舌头、牙齿"都作为原型成员，而英语中主要以"舌头"为原型成员，如以下翻译：

（5）原文：That little girl has a ready *tongue*.
　　译文：那个小姑娘真是伶牙俐齿。
（6）原文：He has got a really sharp *tongue*.
　　译文：他那嘴可真是尖酸刻薄。

2.4.4 范畴层次转换

范畴化的纵向维度是一种从抽象到具体的层级关系，不同层级的范畴具有不同的抽象度，依次呈现一种"种类包含关系"（class inclusion），即上位范畴包含下位范畴的所有成员。比如在"动物—哺乳动物—狗—小猎犬—苏格兰小猎犬"层级中，"动物"包含"哺乳动物"及其他种类，"哺乳动物"包含"狗"等种类，狗包含"小猎犬"等种类，依次类推。从下往上看则是一种类型关系（type-of-relationship），即"小猎犬"是"狗"的一种，"狗"是"哺乳动物"的一种，"哺乳动物"是"动物"的一种（Ungerer & Schmid, 2006：64）。

科学分类依据精密的程度，往往有很多个层级范畴，但是并不适合人类日常认知活动，一方面由于人们的常识无法达到科学分类这么复杂的程度，另一方面是人类日常活动所接触的客观事物与科学分类存在差异。民俗分类研究（如Berlin et al., 1974 等），类属层次范畴（generic level）在范畴化中处于中心地位，成为基本层次范畴，其上则为上位范畴，其下为下位范畴。基本层次范畴在人们日常认知活动和语言交际中居于中心地位，因为基本层次范畴具有最多与其他范畴相区别的特征，最能被完形感知，最直接与人的动作机制相关（Ungerer & Schmid, 2006：70—72），体现出认知经济性原则，即以最小的认知努力可获得最多的信息。同时，原型效应在基本层次范畴也表现最突出。

上位范畴是更为抽象的范畴层次，其成员不具备共同的外形和完形认知特征，主要通过寄生范畴化（parasitic categorization）从基本层次范畴获得完形特征。比如，认知主体对于"交通工具"的感知和理解，主要通过基本层次范畴"汽车"获得相应的特征，只不过上位范畴的共有特征比基本层次范畴少。上位范畴对应的词汇数量更少，表达更抽象，往往更具文化普遍性。

下位范畴内部结构与基本层次范畴很接近，原型效应突出，与上位范畴不同的是，下位范畴拥有基本层次范畴的大部分特征，而且还具有更具体的特征，是对基本层次范畴的具体化。比如，基本层次范畴"花"的下位范畴"蒲公英"既有"花"的主要特征，还具有更具体的特征（黄色花头、锯齿状叶子）。

上位范畴主要是大类范畴，其概念更抽象，成员对应的词汇数量更少，往往更具文化普遍性。基本层次范畴与人的日常生活密切相关，对应常用基本词汇，词汇被儿童最早习得，为某一文化中最普遍的人群所熟悉。下位范畴与具体事物直接对应（如蒲公英、小猎犬等），词汇数量丰富，对这类词汇的掌握往往需要一定的专业知识，文化差异也较大。

基于以上分析，从认知抽象度的角度看，上位范畴文化差异最小；基本层次范畴在日常语言中使用最多，文化差异性次之，下位范畴更加具体，因而文化依赖度最大。因此，在翻译中，下位范畴概念在两种文化之间存在空缺的可能性最大，基本层次范畴概念在文化间存在一定数量的差异和非对应情况，经常可找到近似概念进行替换，而上位范畴概念文化差异性相对最小，所以范畴层次转换较多呈现"下位范畴—基本层次范畴—上位范畴"趋势。当然，有时由于文化间概念联想意义的不同，也可能需要从上位范畴到基本层次范畴，或从基本层次范畴到下位范畴的转换。

比如，英语和汉语文化中的"亲属关系"存在较大的差异，汉语文化中的"亲属关系"范畴要更复杂、细致。其中亲属关系对比如下表：

表 2.1 英汉亲属关系范畴对比

汉语	祖父	外祖父	祖母	外祖母	孙子	外孙	孙女	外孙女
英语	grandfather		grandmother		grandson		grand daughter	
汉语	伯父	叔父	舅舅	姑父	姨父	伯母	婶母	舅母	姑母
英语	uncle					aunt			
汉语	侄子		外甥		侄女		外甥女	
英语	nephew				niece			
汉语	哥哥		弟弟		姐姐		妹妹	
英语	brother				sister			
汉语	堂兄	堂弟	表哥	表弟	堂姐	堂妹	表姐	表妹
英语	cousin							

从上表可以看出，汉语与英语亲属关系范畴呈现几个差异。一是汉语区分性别，男性和女性亲属分别对应一个下位范畴，而英语只有一个层次，男性和女性

归属一个范畴。二是汉语区分长幼,长者和幼者分属一个下位范畴,英语不分长幼,同属一个范畴。三是汉语区分父方和母方,父方祖辈、母方祖辈、父方父辈、母方父辈、父方同辈、母方同辈、父方子辈、母方子辈分属一个下位范畴,而英语则只区分祖辈、父辈和子辈。概括起来,英汉语言在亲属关系这个上位范畴下,呈现出范畴层次错落分布的特点,汉语的基本层次范畴基于辈分、父母方、男女和长幼等几个特征,因此其基本层次范畴数量更多、更为细致。英语的基本层次范畴主要基于辈分和男女特征,基本层次范畴数量更少。汉语的基本层次范畴对应于英语的下位范畴。因此,将汉语翻译为英语时,要么从基本层次范畴转为上位范畴,如将"哥哥、弟弟"上升为 brother 等,要么就需要在英语基本层次范畴添加"长幼、父母方"等范畴特征,形成英语的下位范畴,如将"哥哥"翻译为 elder brother,将弟弟翻译为 younger brother,将"外祖父"翻译为 maternal grandfather。

翻译中的范畴层次转换经常出现目标文化概念空缺的情况,如:

(7)原文:The joke you told is as old as *Adam,* but I still think it is funny.
译文:你讲的笑话和人类始祖一样古老,不过我还是认为很有趣。

(8)原文:The dinner cost us five dollars a *head.*
译文:这顿饭花去我们每人5块钱。

(9)原文:The moment he rushed in, the hens *chucked* and the dogs *barked.*
译文:他一进门,鸡也叫,狗也叫。

(10)原文:次日,美猴王早起,教:"小的们,替我折些枯松,编作筏子,取个竹竿作篙,收拾些果品之类,我将去也。"(吴承恩,《西游记》)
译文:The next morning the Handsome Monkey King got up early and ordered, "Children, *get* some old pines and *make* me a raft. *Find* a bamboo pole to punt with and *load it up with* fruit. I'm going."

例(7)原文的 Adam 被转换为上位范畴"人类始祖",因为汉语中缺乏这样的概念,例(8)也是用上位范畴"人"来翻译下位范畴"head",例(9)的拟声词在英语中都是下位范畴,对声音的描绘比汉语更具体,在此转换为基本层次范畴"叫"。不过,如果要实现更加细致的描绘,也可以在基本层次范畴上加上更加具体的特征,分别翻译为"咯咯地叫、汪汪地叫"。例(10)中原文的动作"折、编"是更加具体的范畴,在英语译文中转换为上位范畴 get,make。而中文中"取、收拾"为基础层次范畴,在英语译文中转换为更为具体的下位范畴 find, load up with,

可见翻译中从下位范畴到基本层次或上位范畴是一个趋势，但有时也会出现从上位或基本层次到下位范畴的转换。

2.5 小结

本章主要论述了认知范畴化视角下翻译中的范畴转换问题。认知语言学持一种原型范畴观，即范畴不以充分必要条件，而是以原型特征来界定。范畴内部呈现家族相似性，其成员地位不等，有的处于中心，属于典型成员，有的则属于边界成员。范畴层次性体现为种类包含关系，分为上位范畴、基本层次范畴和下位范畴。范畴的文化差异性是认知范畴观的必然结果，范畴本身、范畴原型、范畴成员、范畴层次都存在非对应性。因此翻译中涉及的范畴转换包括：范畴替换、范畴成员转换、范畴原型转换和范畴层次转换。应该说，翻译中的范畴转换还涉及其他一些情况，如隐喻转换、转喻转换、跨域转换等。限于篇幅，未在本章详加讨论，另外，不同类型的范畴转换之间很难截然分开，相互有交叉。范畴原型转换与成员转换、范畴层次转换与成员转换之间都有密切联系。为了论述需要才将其分为不同类别。以上问题都可在认知范畴观指引下结合更多的语料做更全面的探讨。

第三章 概念隐喻与翻译

3.1 引言

人类对隐喻的系统研究最早可以追溯到古希腊时期的亚里士多德（Aristotle）。在其经典名著《诗学》中，亚里士多德明确定义了隐喻，系统阐述了隐喻的构成方式以及其修辞功能。他认为隐喻是用一个词替代另一个词，但同时不改变意义的一种语言表达手段，其主要功能是修饰作用。亚氏对于隐喻修辞特性的界定影响了随后两千多年的隐喻研究，一直到20世纪80年代初，概念隐喻的认知研究视角为隐喻研究翻开了新的一页。1980年，Lakoff & Johnson 在《我们赖以生存的隐喻》一书中将隐喻作为人类基本的认知工具，认为隐喻是"跨概念域的映射"，是人类用某一领域的经验来说明或理解另一领域的经验的一种认知活动。隐喻并非一种语言的修饰形式，它是新的语言意义产生的重要根源之一。

翻译与隐喻具有高度相似性，翻译实际上就是一种隐喻化的过程。本章在认知语言学的框架下探讨隐喻与翻译的相关问题。首先，我们将对中外隐喻与翻译的研究历史做一个简短的回顾，其中将重点介绍认知语言学的概念隐喻理论；其次，我们将提出翻译的认知隐喻观，并详细阐述翻译与认知隐喻之间的辩证关系，说明翻译过程的隐喻特性；最后，我们将从概念隐喻的视角总结概括一些具体的翻译策略与方法。本章的目的在于通过了解、熟悉隐喻和翻译的相关重要理论原则，通过具体的例证说明概念隐喻理论对翻译理论与实践的促进作用。我们相信，正确认识隐喻与翻译的辩证关系，能为日常的文本理解及翻译提供一个新的视角。

3.2 隐喻研究综观

隐喻研究在东西方文化传统中有着悠久的历史。几千年来，隐喻一直是文学家、语言学家、修辞学家、哲学家等持续关注的焦点和谈论的热门话题。在历史上，曾先后几次掀起隐喻研究的热潮，提出过多种富有见地的理论学说。尤其是20世纪70年代以来，随着"认知主义"逐渐发展为西方学术界的重要力量之一，具有鲜明认知特色的隐喻映射论也突显出自身的理论优势，引领了隐喻研究的认知主义潮流。本节将对这一历史演进做一个简要的回顾。

3.2.1 替代论

亚里士多德是隐喻研究的开拓者，是隐喻替代论的代表人物。亚里士多德以哲学为切入点来研究语言修辞中的隐喻，他相信一切语言问题都是哲学问题，而隐喻修辞显然是语言的重要表达形式。在《诗学》和《修辞学》中，亚氏详细地论述了隐喻的性质、作用和形式。他认为，"使用隐喻是一件匠心独运的事，同时也是天才的标志，因为善于驾驭隐喻意味着能直观洞察事物间的相似性。"（亚里士多德，2003：343）亚氏在其《修辞学》中提出，修辞学与辩证法匹配……所有人几乎都要使用这两者，因为每个人都要试图讨论问题，确立主张，保护自己，驳倒他人（范家材，1996：1）。正是看到隐喻的这种"雄辩"的特效，亚里士多德极力推崇使用隐喻，他认为隐喻不仅能让所说的事物活灵活现，有时甚至能给人以极大的心理震撼。关于隐喻的本质问题，他认为，"隐喻是对借来之词的使用，或者从种借来用于属，或者从属借来用于种，或者从属借来用于属，或者通过使用类比。"（亚里士多德，2003：339）从中我们可以看出隐喻其实是一种替代或者比较，不论是借词还是借种指属、借属指种，或者是借属指属，都是在同域内用一个词代替另一个词或者比较他们之间的相似性。"替代论"强调基于共性的源域和目标域之间的可替代性。"替代论"虽然对隐喻做了有益的探索研究，并揭示了其部分本质特征，对其后隐喻的研究提供了思维视角。但是它局限于传统修辞学的框架，很难从根本上解释隐喻意义产生的内在机制。

3.2.2 类比论

"类比论"也可以称做相似论或者比较论，是替代论的另一个翻版，代表人物是昆体良（Quintilianus），亚里士多德也是"类比论"的支持者。这一理论强调，源域和目标域之间的相似点、本意的对称比较是解读隐喻的基础，认为隐喻是按照类比原则在事物之间所进行的一种隐性比较，与显性比较的明喻相区别。昆体良认为隐喻是一个简短的明喻，它与明喻的区别在于，明喻中包含了我们想要展现的事情，而隐喻则将事物本身用其他东西替换了。与替代论一样，类比论也认为隐喻是一种广泛使用的修辞格,是我们提炼和装饰语言的工具,"是点缀在风格上的高级饰物"(霍克斯,1992:18—19)。"类比论"以人们认识事物的一种基本方式为切入点来研究探讨隐喻的特征,在修辞学范围内很好地揭示了隐喻的部分成因。

3.2.3 互动论

"互动论"的代表人物是理查兹(Richards)和布莱克(Black)。20世纪30年代,理查兹在其发表的《修辞哲学》中首先提出了隐喻互动理论。布莱克在其基础上发展和完善了该理论,使其成为自亚里士多德的替代论、昆体良的类比论以来影响力最大的隐喻解释理论。

隐喻互动论认为,我们在使用隐喻时将两个不同的表象带入了一个互动的关联之中,这种互动的关联由一个词或者一个短语来体现,其意义是两个表象互动的结果。理查兹将"原生的","所说的或所思的","深层概念"或"主题"命名为"主旨",而把"借用的","所比拟的","想象性质"或"相似物"命名为"载体",而世界就是一个"被投射的世界"(Richards,1936:93—135)。

布莱克则详细地阐述了"互动"是如何实现的。任何一个隐喻中都包括两个主词,即主要词和次主要词。次主要词是一个系统,隐喻句通过将组成次主要词的一组"相关共同点"(associated commonplaces)"映射"到主要词上,使其产生隐喻意义。

隐喻互动论认为,隐喻是创生新意义的过程,是两个主词词义相互作用的结果。从这一角度而言,对隐喻的研究显然突破了传统修辞学将隐喻限制在词汇层面、并将此看做一种对比和意义替换的修辞现象的局限,把隐喻作为一种语义现象并放到句子层面进行考察(束定芳,2002:2)。隐喻"互动论"把隐喻作为一种话语现象,在更为丰富广阔的言语环境中找到了隐喻意义的支点。这在一定程度为隐喻研究进入认知领域奠定了基础。

3.2.4 映射论

隐喻映射论也称"概念隐喻理论",主要代表人物是Lakoff和Johnson。1980年他们合著的《我们赖以生存的隐喻》标志着隐喻研究进入了一个新时代。在该书中他们以隐喻为研究聚焦点,探讨语言及隐喻的本质,用许多具体的英语隐喻来例证语言与认知结构的密切联系。在继承前人的研究基础上根据自己对具体语料的分析总结,他们提出人们的概念系统基本上是隐喻性的,因而我们日常思维行动经验在一定程度上是隐喻的;隐喻不单单是传统意义上的一种修辞手段,在很多情况下也是一种思维、行为经验的方式。

隐喻映射论的核心思想可以归结为以下几点:① 隐喻是人类认知事物的一种方式,体现于"隐喻的本质是用一种事物来理解另一种事物"(Lakoff & Johnson, 1999);② 隐喻是概念性的,隐喻可以通过人类的认知和推理将一个概念域系统地、对应地映射到另一个概念域;③ 概念隐喻是人类共有的语言现象和思维方式;④ 隐喻有一个完整的系统,包括本体隐喻、方位隐喻和结构隐喻;⑤ 隐喻的跨域映射遵循一定的认知原则。

3.3 翻译的认知隐喻观

3.3.1 概念隐喻和语言隐喻

认知语言学认为,隐喻不是语言的表面现象,它是深层的认知机制,其功能在于组织我们的思想,形成我们的判断,一方面使语言结构化,另一方面使语言具有巨大的生成力。例如,从"争论是战争"或"爱情是旅行"这样的隐喻概念可以衍生出多种观念和语言表达方式。因此,通过提供经验的框架,隐喻有助于我们思维、处理新获得的抽象概念。为了证明人类思维和认知的方式是隐喻的,就必须证明概念系统在很大程度上是隐喻的。正因为人类的概念决定了人们如何理解、感知世界,如何与其他人联系,因此人类的概念系统在定义人类日常行为中起了决定性作用。换言之,如果能够证明人类的概念理解是借助于另外的概念,那么概念系统就是隐喻的。在概念隐喻理论中,隐喻被分为两个层次:概念隐喻和语言隐喻。在概念隐喻层次上,隐喻指的是"概念系统中的跨域映射"(Lakoff, 2006:186)。用简单的话说就是,如果概念域 A 等于概念域 B,这就叫概念隐喻。而语言隐喻指的是语言层面上的隐喻,这些语言隐喻是由跨域映射在语言上的表现形式,也就是跨域映射的词语或者其他表达形式。例如,在英语中,研究的最多的概念隐喻是"生命是一段旅程"。在这个隐喻中,"旅程"为"人生"提供了大量的隐喻表达,比如:

（1）他在生活中迷失了方向。
（2）我不知道该何去何从。
（3）我站在生命中的十字路口。

以上都是语言隐喻，它们是概念隐喻"生命是一段旅程"的表现。这说明了人们是如何理解"生命"的：人们用"旅程"这个概念帮助自己组织、理解"生命"这个概念。总之，隐喻作为一种现象，不仅是语言的表达，还是一种概念的映射。

3.3.2 概念隐喻的构成及其辩证关系

认知语言学家认为概念隐喻由四要素构成，分别是始发域、目标域、身体经验和映射。始发域和目标域是概念隐喻中最重要的两个要素。蓝纯在《认知语言学与隐喻研究》（2005：12）指出："隐喻由两个域构成：一个结构相对清晰的始发域和一个结构相对模糊的目标域。隐喻也就是通过映射的方式把始发域的图式结构映射到目标域之上，让它们通过始发域的结构来构建和理解目标域。"隐喻映射并非随意产生，它来源于我们的身体经验。概念隐喻是从始源域到目标域的映射。体验基础来源于人的认知，概念是通过身体、大脑和对世界的体验得以实现的。通过这种体验，人类认知从基本概念提升到复杂概念，身体的体验构成概念隐喻的体验基础。

概念隐喻理论四要素之间的辩证关系体现为建立在经验基础之上的由始发域向目标域的系统的、部分的、不对称的结构映射。这种映射通常有几种对应关系。一个是本体对应，映射是始发域与目标域实体间的一个固定的本体集对应。另一个为推理模式对应，当本体对应被激活时，映射能把始源域的推理模式映射到目标域的推理模式上。最后一方面是推理模式间的开放性潜在对应，前两方面是新隐喻产生和理解的基础，新隐喻是对常规隐喻的扩展应用。通过对许多概念隐喻的研究，Lakoff发现有以下四种映射形式：① 复合图式映射，就是把有关始源域的知识映射到目标域上；② 意象图式映射，就是那些在本质上是动觉的拓扑结构和方位结构，它们有足够的内部结构来接纳推论。大部分的常规隐喻是意象图式的映射；③ 一次性纯意象映射；④ 亚里士多德式的隐喻映射。当然这四种隐喻映射并非孤立地起作用，相反，它们的结合却是更常见的。但不管它们是孤立出现还是结合出现，都可以归入两大范畴，即概念映射和意象映射，并遵循恒定原则，即始发域的意象图式结构映射到目标域上，其结构与目标域共有的结构是一致的。

3.3.3 翻译的认知隐喻观

翻译是一种受文化制约的、创造性的、解释性的隐喻化过程。译者致力于满足受众的种种期盼,在翻译过程中,译者的翻译活动就是一种跨域映射活动。译者将始发域里的源语文本,通过自己的努力映射到目标域的译入语文本;而且翻译的隐喻化过程具有解释性和创新性。在翻译过程中,译者所做的工作就是一种隐喻化跨域映射活动。译者阅读的是源语文本,通过隐喻化活动产生译入语文本。

3.3.3.1 翻译与隐喻具有高度相似性

隐喻是从始发域到目标域的跨域映射。隐喻的本质是用一种事物理解和体验另一种事物(Lakoff & Johnson,1980)。也就是说隐喻是将分属于不同认知域的两个概念放在一定的语境中,建立起某种人为的联系或文化因素的联系。甲概念和乙概念有某种联系主要表现为表面相似性或抽象相似性。在甲概念的众多结构中,某一个结构会更符合当时的语境,这时两个概念的相似性会在一个特定的语境中被确定下来。读者在阅读的时候,积极地进行识解而后获取该隐喻的意义及作者的意图。

翻译具备隐喻的本质特征。不同语言之间存在差异,但任何语言之间的相似性也是客观存在的,相似性也表现为表面相似性和抽象相似性。翻译过程中,译者把一种语言中的词汇转换为另一种语言的词汇时,这两个词可能在两种语言中分别涉及的概念未必相同。即使这两种语言中的某个单词的相关概念完全相同,这时译者所做的仍然是隐喻性活动,因为概念对等了并不表示该单词相关的其他方面完全一致,小到一个词的概念转译,大到一个语句的翻译中间涉及两种语言中太多不相同的东西(张蓊荟,2009)。这种跨越语言的翻译活动自然是更大范畴内的跨域映射活动,即翻译是一种隐喻化的活动。

翻译具备隐喻的基本功能。隐喻的基本功能是通过某一经历来理解另一经历,它可以是通过原有的孤立的相似性,也可以通过创新的相似性(Lakoff & Johnson,1980)。那么,翻译是人类用某一语言社团的经验来说明或理解另一种语言社团的经验的一种认知活动。翻译可以输入新的文化知识和非文化知识。翻译把某种语言文化中没有的东西从另一种文化中引进来,不仅有文化知识,也有非文化知识,不仅有物态文化知识,也有非物态文化知识。所以说,隐喻化的翻译是我们理解不同民族、不同经历的有力工具。

3.3.3.2 翻译过程的隐喻性

第一，对应性。

隐喻利用一种概念表达另一种概念，需要这两种概念之间的相互关联。这种关联是客观事物在人的认知领域里的联想（赵艳芳，2001：99）。隐喻涉及两个不同领域事物之间的关系，根据的是事物之间的相似性（束定芳，2004：26）。概念理论中的隐喻结构理论证明每一隐喻映射都是原概念范畴和目标概念范畴之间的一系列固定的本体对应，隐喻的过程说明两个域/模型之间存在对应性。Fauconnier 和 Turner 提出的概念整合理论，就是将两个输入心理空间通过跨空间的部分映现匹配起来，跨空间映现利用输入空间里共用的图式结构，或者发展其他的共有图式结构，四个心理空间通过投射链彼此连接，构成了一个概念整合网络（Fauconnier & Turner，1996）。奈达（Nida）指出，翻译可分为两种对等，即形式对等和动态对等，也就是等效原则。

第二，解释性。

隐喻具有解释性。概念隐喻从两个方面促进人类思维，即解释隐喻和构成隐喻。解释隐喻使人们能够更容易理解复杂的科学、政治和社会问题。人们往往参照他们熟知的、有形的、具体的概念来认识、思维那些无形的、难以定义的概念，这个过程就是一次解释过程，是用人们熟知的概念结构来解释不熟悉的概念结构。Humbolt 认为，隐喻在本质上是解释性的，翻译本质上也是解释性的。这是因为各种语言之间没有共性，原作和译作之间不可能存在融合关系。所以译者不是必须偏向源语，就是必须偏向译入语。所以不论采取哪种方法，不论译者怎么处理翻译中的问题，所译出的东西本质上都会与原作有所区别（张蓊荟，2009：53）。翻译的过程就是译者凭借自己的经历来理解源语所表达的概念，再用目标语把自己的理解解释说明出来。语言是文化的载体，翻译不仅仅是两种语言之间的转换，更是两种文化之间的转换。文化不可能全部对等，例如汉语称谓表兄/弟、表姐/妹、堂兄/弟、堂姐/妹在英语中只用一个词汇就能够表达，即 cousin，当这种文化内涵需要充分表现出来的时候，就需要译者进行解释。

第三，创造性。

Lakoff 认为隐喻不是语言的表面现象，它是深层的认知机制，组织我们的思想，形成我们的判断，是语言结构化，从而有巨大的语言生成能力（胡壮麟，2004：71）。如果一种语言没有隐喻，其结果只有两个：要么它的表达力非常有限，只能用来表达非常直观的、具体的事物和现象；要么它的词汇和表达式多得惊人，一个词或表达式只代表一种事物或现象，试想这样的语言是无法存在的。人的大脑不是无限容量的数据库，而是具有创造力的，它能借助于已知的事物和已有的语言形式认知和命名新的事物（赵艳芳，2001：96）。隐喻可以扩大人们认识一些尚无名称的或尚不知晓的事物的能力（胡壮麟，2004：11）。很多表达由于其习惯性的表达渐渐失去意象性，成为"死隐喻"，人们往往对这类隐喻习而不察。通过隐喻，人们可以用已有的词语来谈论新的、尚未有名称的事物。同时还可以表达一些事物间细微的差别，更加形象化地反映事物的本质和特征（束定芳，2000：117）。翻译是一种认知的、创造性的活动。翻译可以输入新的文化知识和非文化知识。把某种语言文化中原本没有的东西借助翻译从另一种语言文化中引进来，本身就是译者的创造过程。比如，中文的"冷战"（cold war）、"豆腐"（tofu）、"武术"（martial art）等都成为英语中的词汇。而英语中 An eye for an eye and a tooth for a tooth.（以眼还眼，以牙还牙。）等也成为汉语的普通表达法，这就是译者的创造过程。

第四，文化性。

语言既是人们认识世界的工具，又是世界在人脑中的折射和反映。由于不同言语社团使用不同语言，他们对世界的认识也不尽相同。世界上不同语言之间的差异恰好反映出使用不同语言的社团对相同事物和概念的不同认识和折射（朱波，2001：63）。隐喻概念作为认识客观世界的一种思维方式，是蕴含、传递和发展文化的载体，隐喻内的认知模式是经过长期的文化积淀而逐步形成的。不同民族文化在表达同一概念意义时可能会用不同的隐喻概念去理解人类的知识或经验。翻译是一种把源语通过隐喻思维转移至目标语中去的过程。译者的翻译过程也就是文化移植过程，是用目标语重构源语文化模式，将一种语言文化所表现的认知方式用目的语传递到另一文化中去的过程。关联论认为话语的理解过程就是寻找关联的过程。翻译是一种涉及原文作者、译者和译文读者三方的交际活动。译者应充分利用源语语境和其产生的共同认知心理图式以寻求目标语中的最佳关联，使交际成功。要进行翻译，译者首先要在具体语境中对原文进行正确的理解，而所谓的翻译对等，只能是某种程度上的动态等效。例如中国对"龙"的翻译的讨论，就是文化心理图式的不一致在翻译中的体现。

3.4 隐喻翻译策略

认知语言学是以语义作为中心的，其核心观点是语义是人们对世界经验和认知事物的概括和总结，是与人们对事物的认识规律相一致的。而翻译的最终目的是源域和目的域的最佳对等。语言只是人们表达对客观世界认识的工具，这种对等不应该先从语言自身上寻找，而应该从其背后的认知规律中寻找。人们在使用语言时不停地建构心理空间，同样，翻译时译者也在建构两大心理空间：原文空间和译者空间。在翻译的过程中，译者首先确定原文空间里所反映的客观世界，即触发物和目的物及其可能的认知联系，译者需要把原文空间的事物及其之间的认知联系转移到译者空间，也就是说，翻译的对等还是建立在客观事物之间的认知联系基础之上的（孙亚，2008）。Fauconnier & Sweetser（1996，引自孙亚，2008）认为认知联系有语用功能、转喻、隐喻、角色价值关系等。如以下例句：

（4）原文：While it may seem to be *painting the lily*, I would like to add somewhat to Mr. Alistair Cook's excellent article.
译文：我想给阿利斯太尔·库克先生的杰作稍加几笔，尽管这也许是为百合花上色，画蛇添足。

该句涉及的认知联系为隐喻。由于隐喻的作用，原文空间内建立了两个子空间：源域和目的域，两个空间之间本来没有什么联系，但人们在认知上却将它们相联。在翻译该句时，译者也要在译者空间中移植原文空间中的两个子空间，把隐喻关系恢复出来。

例句中的 painting the lily（为百合花上色）和 add somewhat to Mr. Alistair Cook's excellent article（给阿利斯太尔·库克先生的杰作稍加几笔）分别属于不同认知域的元素。在源域中，百合花本来就是纯白美丽的花朵，而给百合花涂色只是画蛇添足，不但不能增加美感，反而会破坏百合花本身的美。在目的域中，阿利斯太尔·库克先生的文章本身就写得很好了，如果再加几笔，不但不能增加文章的价值，反而会破坏文章原有的结构。通过映射，源域中给百合花涂色这种关系传递至目的域中，即对已经写得很好的文章再加几笔，不但不能增加说服力，反而显得累赘。原文空间里两个子空间域之间的认知联系通过隐喻得到隐含的勾勒，但这在译文空间域里却不存在，不为目的语读者熟知。因此，译者翻译时应采取增补法，不能只译出两个子空间的元素，还应译出两个子空间的隐喻关系。

所以该句可以译为：“我想给阿利斯太尔·库克先生的杰作稍加几笔，尽管这也许是为百合花上色，画蛇添足。”

3.4.1 隐喻概念域的对等映射：直译

认知语言学的哲学基础是体验哲学，语言是人类一般认知能力的一部分。因此，人类对于世界的经验以及在其基础上形成的认知系统是语言形成的根本理据之所在（王寅，2005a）。既然人们认识客观世界是从自己的身体感知开始的，而客观世界是由各种实体和他们之间的关系构成。在主客观互动中，各种关系反复作用于我们的身体，在记忆中形成丰富的意象。所以，基于相同意象而建构的隐喻就具有民族共通性，即隐喻的概念域可能具有对等映射的目标域。所以在翻译时，我们就可以通过寻找目标语中相同认知意象，直接翻译。由于人类生活的共同经历，即使像汉语和英语这样差异极大的语言体系中也会有一些大体对应的说法，翻译中大多可以直接拿来使用。有的隐喻意象几乎完全一致，如：an eye for an eye（以眼还眼）、time is money（时间就是金钱）、break the record（打破纪录）、Failure is the mother of success.（失败是成功之母。）、Misfortune never comes singly.（祸不单行。），等等。这些隐喻涉及人类对世界的普遍认知感受，所以有共通性存在的可能。

另外直译法在保留原来隐喻内容形式和文化含义的同时，丰富了目的语的表达方式，直译法既体现了语言文化的相互可容性，又达到了形神兼备，充分保持原隐喻意义、形象和结构的最佳效果（张润田，2010）。例如：

（5）原文：Life is *a journey.*
译文：人生是一个旅程。

这一直译把人生比作是有起点与终点的一种旅行，喻指人生像旅行一样要经历一切风风雨雨，汉语读者稍加联想，即可理解其意。

（6）原文：It is very easy for those academic to look out of their carpeted *ivory tower* across the quagmire of business stagnation.
译文：对于那些高端学府的人来说，他们很容易透过舒适的象牙塔看到外面经济的停滞。

以上例句用象牙塔来比喻高等学府学子的不谙世事，这一隐喻已被汉语读者接受。又如一些直译但被大部分汉语读者接受的例子:an olive branch(橄榄枝)、dark house(黑马)、crocodile's tears(鳄鱼的眼泪)、Judas's kiss(犹大之吻)、Pandora's box(潘多拉的盒子)和 All the world is a stage.(整个世界是个舞台。)等。

但是几乎完全对等的映射是可遇不可求的,这时候需要用补偿或转换喻体的方法来实现翻译上的对等。

3.4.2 转换喻体

尽管人们所处的一般概念上的自然环境和生理结构及其由两者所决定的认知模式是相同的,但由于各自所处的具体小环境和所经历的历史和文化的进程不同,使得文化各具特点,出现了许多相互区别的文化特征,不同语言文化必然会形成不同的思维方式和习惯表达,在表达同一概念的时候可能会采用不同的喻体。这种情况下,直译往往会引起目的语读者的认知误读,就无法最大限度地保证交际功能的实现。所以,面对隐喻概念域的不同映射时,我们优先考虑的是喻义的传递。译者把源语的隐喻通过借用喻体或调整结构转译成目的语的隐喻。在翻译实践中,可以根据具体情况将源语中的喻体替换成符合目的语读者习惯的喻体,这就是转换喻体,以实现目标语读者与源语读者的心理共鸣,达到共同的语用效果(张广林、薛亚红,2009)。如 Man proposes, God disposes.(谋事在人,成事在天。)英文用了 God,但是中国并非基督教国家,"上帝"的概念不如在西方世界里那么深入人心,所以换成"上天"的概念更能为国人所接受。又如在表达"事物的大量产生和迅速发展"时,汉语用成语"雨后春笋"来形容,而英语则用 like mushrooms。这是因为英国不出产竹子,而英语中的 bamboo 也是外来词,因此,在翻译"雨后春笋"时,要转换成英语国家熟知的喻体 like mushrooms,这才能为英语读者所了解。

另外,中西方对颜色和动物的认知也存在一定的差异。在翻译颜色和动物的隐喻时,译者需注意转换成符合目的语读者认同的概念含义。如"红色"在中国多为褒义,象征着喜庆、顺利、成功、青春、健康、革命和社会主义等概念隐喻。而在英语中 red 是一个贬义相当强的词,大多表示残暴、流血,是恐怖、危险、血腥的代名词,只有少许褒义隐喻,如 red revenge(血腥复仇)、red alert(空袭报警)、a red flag(危险信号旗)、in the red(亏损)等。中西方文化中许多动物具有不同的象征意义。西方人认为兔子是怯弱的象征,而在中国"老鼠"才是胆小的代称。因此,在翻译"胆小如鼠"时,英语是 as timid as a rabbit。在西方人眼中"马"是强壮的象征,而在中国人眼中,这一象征由"牛"来承担。因此"力大如牛"翻译成英语应是 as strong as a horse。

3.4.3 隐喻和喻底结合

不同的人和民族会有不同的认知方式,这在人类的思维和语言表达中都有充分的表现,从而也就解释了各种语言之间必然会有不同程度的差异性,其中有些表达差异可以通过各种处理方法在翻译过程中被映射转述出来,如转换喻体。但源语的概念隐喻在目的语中不存在的情况也很多。而且这种空缺大多是因为源语的概念隐喻中包含其独有的历史文化信息和背景知识。在汉语和英语中,类似概念隐喻很多。在这种情况下,把源语的概念隐喻直译出来,并结合喻底,适当加以注解补偿是合适的。

如 take owls to Athens,该短语可译成"带猫头鹰到雅典,多此一举"(注:雅典盛产猫头鹰,而且在希腊神话中,猫头鹰是雅典守护神 Pallas 的标志)。这里除了直接对译外,添加"多此一举"和对猫头鹰的加注共同传达短语喻义,便于读者的理解,同时增加对源语文化的认识。

再如下面的句子:They are all tarred with the same brush—all stuffed with a heap of lies. 这句话可以译作:"他们都是一路货色,满口谎言。"同时添加注解:tar with the same brush,源于牧羊,原意为"用同一把刷子刷柏油"。羊群的主人为了不将自己的羊同别人的羊混淆,就用刷子(brush)蘸上柏油(tar)在每只羊身上做标记。这条习语现用于牧羊以外的领域,含贬义,意义为"一路货色"。这样,源语文化意象保留,同时隐喻意义得以顺利传达。

汉语典故中的隐喻在英语中大多是空缺的,翻译时需要另外加注。例如:

(7)原文:你这是在班门弄斧。

　　译文:You're showing off your proficiency with an axe before Lu Ban the master carpenter.

由于英语读者不知道鲁班这个人的故事,为了便于读者理解,译者首先在译文中增译 showing off your proficiency 来点明"班门弄斧"的喻义,又增添了理解隐喻所需的背景知识,即鲁班是 master carpenter。

3.4.4 舍喻体译喻义

由于历史渊源不同,不同语言文化背景下所形成的语言要素存在很大的差异,在一定程度上语言是文化的载体,文化深深地植根于语言之中,这种根源导致译者在翻译中会碰到很多不可调和的翻译矛盾,如对一些特定的意象,中西方的认知是相矛盾的。在翻译此类互相矛盾的意象时,则可以舍弃原本的喻体,只翻译出喻义。如:

(8)原文:人多出韩信。

译文:More people can come up with more ideas.

这种翻译主要是基于目的语文化中没有相同的对等认知,也不能找到概念域在目的语中的隐喻的情况,在对它翻译的时候就没有必要交代韩信的特点,只需要抓住韩信善于用兵,比喻才智过人的特点就行,然后将这种涵义用英语的表达习惯表达出来即可。

3.5 小结

隐喻的研究历史悠久,但认知隐喻突破了传统的理论,认为隐喻不再仅仅是一种修辞手段,而是一种思维方式。隐喻概念体系根植于语言、思维和文化之中。翻译也是一种跨域的认知活动,是两种或多种语言、思维和文化的转换。隐喻的过程与翻译的过程都是跨域映射,并且从源域到目标域或者源语到目标语之间都会经过认知过程的不同阶段。隐喻与翻译也同样都具有对应性、解释性、创造性以及文化性。所以翻译过程就是隐喻的过程,翻译过程具有隐喻性。本章从概念隐喻角度对翻译的认知构建过程及隐喻翻译策略进行了详细的分析,为翻译研究和实践提供了一种新的认识视角。

第四章 概念转喻与翻译

4.1 引言

"转喻"这一术语最早出现在柏拉图关于符号任意性的辩论中。从词源学来看,metonymy 一词来自古希腊,表示"意义的改变"(change of meaning)(Ruiz de Mendoza & Otal, 2002: 6)。有学者将转喻定义为:"转喻是一个辞格,它从邻近和联系紧密的事物中获得语言形式,通过语言形式我们能理解不被词语命名的事物。"(转引自张辉、卢卫中,2010: 10)

古典修辞学将转喻视为一种修辞手段,即用一种事物的名称来替代相邻事物名称。据此,转喻被当做一种特殊的语言现象,是正常语言结构的一种偏离,是语言的修饰物。转喻涉及的是两个事物或两个表达之间的替代关系,被看做一种指称义的迁移。这个阶段的转喻研究被称为"转喻替代论"(substitution theory of metonymy)(Panther & Thornburg, 2007: 237),即转喻的始源和目标对同一指称对象具有相同的指称效果。但转喻替代论存在以下两方面的不足:一是替代论只关注指称转喻,忽略了转喻在述谓层面和言语行为层面的作用。二是转喻不只是一种替代操作,它还有促使理解的作用。这个阶段的转喻研究主要局限在词汇层面,转喻被认为是获得特定修辞效果的一种替代关系(Panther & Thornburg, 2007: 238)。转喻的修辞特征可归纳如下:① 转喻是一种语言现象,而且是一种特殊的语言现象;② 转喻是一种词义或者说指称义的转移;③ 转喻是语词的借用;④ 转喻涉及两事物的关系,两者"相关联"(王冬梅,2001: 19)。

4.2 概念转喻理论

随着认知科学和认知语言学的发展,转喻不再被看做传统意义上的修辞格。Lakoff & Johnson(1980)首先对转喻的概念本质进行探讨,提出转喻是基于概念邻近性的一种认知过程，它不仅是一种语言现象，更是一种概念现象。Lakoff（1987）通过典型效应论证了转喻的认知特性，并把转喻当做理想化认知模式的一种形式。Langacker（1999）把转喻看做一种认知参照点现象，即一个概念实体为另一个概念实体提供心理通道的认知过程。Radden & Kövecses（1999）论述了概念转喻的三个本质特征：转喻是一种概念现象；转喻是一种认知过程；转喻操作是在理想化认知模型（ICM）中进行的。Radden（2005：2）强调转喻是人们认识客观世界的一种思维方式，根植于人类的认知中。Panther & Thornburg（2007：242）对概念转喻的本质特征进行了总结，其基本观点如下：① 概念转喻是在同一个认知域中源义为目标义提供心理可及的认知操作过程；② 源义和目标义之间的关系是或然的，即在概念上不是必需的；③ 目标义处于突显位置，而源义背景化；④ 源义和目标义之间的转喻连接强度依赖于始源和目标之间的概念距离和始源的突显度。这些研究成果尽管表述上有差异，但就转喻的本质特征来说是一致的，即转喻是一种概念现象，是人类了解和认知客观世界的方式和手段。

概念转喻是一种认知机制和思维方式，关于其运作机制主要有以下三种观点：转喻映射观、转喻突显观和心理可及观。

根据 Fauconnier（1997：1），"映射"（mapping）作为一个数学术语，表示两个集之间的对应关系，即把一个集的每一个元素与另一个集的元素对应起来。Lakoff 从认知角度考察隐喻和转喻时借用了这一数学术语。Lakoff & Johnson（1980：39）把转喻定义为："允许我们通过一事物与其他事物的联系来对该事物进行概念化。"当时他们还没有使用"映射"这一概念，只是使用了与映射基本同义的另一术语"投射"（projection）（同上：171）。Lakoff（1987）提出了理想化认知模型，并把转喻当做理想化认知模型的一种建构原则，转喻是一种域内概念映射（domain-internal conceptual mapping），其本质是用突显的、易感知、易记忆、易辨认的部分代表整体或整体的其他部分，或用具有完形感知的整体代替部分的认知过程（Lakoff，1987：77）。Lakoff & Turner（1989：4）对映射进行了明确界定：映射就是两个概念域之间的一种对应集。转喻和隐喻都被看做概念映射，转喻为处于相同认知域的两个概念实体之间的映射过程，而隐喻是发生在两个不同概念域之间的映射过程（Lakoff & Turner，1989：103）。Lakoff & Johnson（1980）、Lakoff（1987）、Lakoff & Turner（1989）对转喻的论述被称做"转喻标准理论"或"主导理论"（standard or dominant account of metonymy）（Barcelona，2003：224）。转喻标准理论的突出特点是强调转喻是一种概念现象，是一种认知模式，是同一认知域中两个概念实体的映射，其主要功能是指称。

Ruiz de Mendoza 及其合作者接受了转喻是域内映射的观点，但他们认为，有些转喻无指称功能，如 Mary is just a pretty face.，而有些隐喻也有指称功能，如 The pig is waiting for his check.（Ruiz de Mendoza & Otal，2002：25）。因此，为了弥补这一缺陷，他们在接受域内映射转喻观的同时，对转喻和隐喻的映射方式进行了区分，隐喻包含多重对应映射（many-correspondence mapping）和单项对应映射（one-correspondence），而转喻主要是单项对应映射，转喻和隐喻构成一个连续统。Ruiz de Mendoza 及其合作者对转喻的研究主要是从矩阵域和次域的映射关系入手来厘清转喻的认知机制。他们的映射观与转喻标准理论的转喻映射观有本质的差别。前者讨论的映射是矩阵域与次域之间的关系，强调两者之间的整体部分关系，而转喻标准理论中的映射指同一概念域中两个实体之间的映射，强调的是域内映射，目的在于与跨域映射的隐喻相区分。

Ruiz de Mendoza 及其合作者对转喻映射的操作过程进行了细化。他们认为，域内映射是转喻的本质属性，转喻是基于矩阵域和次域之间的关系。据此，转喻可分为两种形式：源域寓于目标域的转喻和目标域寓于源域的转喻。前者是目标域充当矩阵域，后者是源域充当矩阵域。这两种转喻类型对应于两种基本的转喻操作过程：域扩展（domain-expansion）和域缩减（domain-reduction）（Ruiz de Mendoza，2007：14）。转喻扩展操作指源域是目标域的次域，在转喻映射过程中，要对源域进行扩展。比如 The sax won't come to today's rehearsal.，该句包含一个源域寓于目标域的转喻即"乐器代演奏者"，所涉及的转喻操作是域扩展；而 Let's drink another bottle. 中包含的是目标域寓于源域的转喻即"容器代内容"，所涉及的转喻操作是域缩减。

域缩减和域扩展作为转喻的操作过程依仗于源域和目标域的关系，因此"域"的概念必须很明确。但认知语言学家们提出的"域"概念存在很大的模糊性，至今还没有形成一个令人信服的工作定义，也没有一套可操作的标准来鉴别矩阵域和次域。Langacker（1987：154—158），Taylor（1995：83—87）以及其他的认知语言学家都把域定义为"百科域"（encyclopedic domain），涵盖了说话者对某一个经验域的所有固化知识。认知域在范围上因人而异，在很多情况下没有明确的边界。Warren（2004）对 Ruiz de Mendoza 的矩阵域和次域的区分提出了质疑。她认为，在句子 The kettle is boiling 中，始源 the kettle 是矩阵域，目标 the water in the kettle 可以看做其次域，而对于句子 Finland phoned. They sent their love.，如果说

Finland 是次域，指代矩阵域 the relatives，这种解释缺乏说服力。"什么充当源域，什么充当目标域，并非总是清楚的。"(Haser，2005：29)矩阵域的确定带有一定的主观性，是认知主体个人意识、百科知识、文化层次等方面的综合反映，缺乏客观标准。域概念的范围和边界不能确定，矩阵域和次域的关系也模糊不清，在这种情况下谈论转喻的操作机制不能令人信服。

Croft(1993：349—350)认为转喻不是域映射过程，而是域矩阵(domain matrix)中某个认知域的突显过程。基于 Langacker(1987)的观点，他把"域"定义为"能够为至少一个概念侧面(profile)提供辖域或基体(base)的语义结构"(Croft，1993：340)。有时一个概念的突显可以将几个潜在的不同的认知域作为背景，这些潜在认知域的集合就构成了域矩阵。Croft(2006：321)提出，隐喻的操作机制是域映射，而转喻涉及域突显，包括由说话人的百科知识组成的域矩阵中次域的突显。比如，Proust is tough to read.，Proust 通常被理解为人类域，是一个域矩阵，Proust 的文学作品是次域，该句突显人类域中的作品域，是域突显的转喻机制。Ruiz de Mendoza & Otal(2002：36)指出，Croft 的域突显转喻观面临两个基本问题：一是很难区分转喻和隐喻。因为有些隐喻也涉及认知域的突显，比如 John is a pig.，该句突显的是"猪"的特征之一"愚蠢"，其他的特征如"吃得多""长得胖"等都背景化了。可见，域突显不是转喻独有的特征。

有些认知语言学家(如 Langacker，1993；Kövecses & Radden，1998；Feyaerts，2000 等)认为转喻是基于概念邻近性关系，反对把转喻当做概念映射过程。Langacker(1993：9)提出："转喻本质上是一种参照点现象，更确切地说，转喻表达式所表示的实体担任参照点，为理想的目标(实际为被指称的实体)提供心理通道。"其转喻定义不涉及概念映射，也没有提到指称迁移或替代关系，而是从认知参照点的角度对转喻的认知机制进行阐释。Kövecses & Radden(1998：39)对 Langacker 的转喻观进行了拓展，他们认为转喻是"某个概念实体(喻体)为处于同一认知域或者理想化认知模型中的另一概念实体(喻标)提供心理通道的认知过程。"Kövecses(2002：145)进一步明晰了转喻的本质特征："转喻是同一域中一个概念实体(始源)为另一个实体(目标)提供心理通道的认知过程。与隐喻不同的是，转喻涉及同一个域的整体和部分或部分和部分的关系，始源和目标的关系是邻近性的，始源的作用是为目标提供心理可及性。"Panther(2005：357)认为，把转喻看做源义为目标义提供心理可及的认知过程更为合理。"心理可及观"更能确切地描述转喻架起心理桥梁的功能，并明确喻体在转喻关系中所发挥的作用

（卢卫中、刘玉华，2009：12）。我们接受心理可及观，把概念转喻看做一种认知参照点现象，即在一个理想化认知模型中，一个概念实体（源概念）担任认知参照点，为另一个概念实体（目标概念）提供心理可及的认知过程。选择参照点是转喻的起始阶段，而提供心理通道则是转喻的实现阶段。其操作机制如图4.1所示。

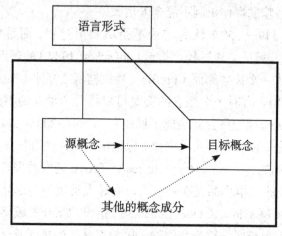

理想化认知模型

图 4.1　概念转喻的操作机制

4.3 翻译的概念转喻观与转喻翻译

在传统的修辞学中，转喻翻译研究主要侧重转喻的表达形式，关注的重点是两种语言结构与词汇的转换，即探究如何分析理解源语文本中的转喻表达式，然后在目的语中寻求与之对等的转喻表达。与隐喻翻译相比，转喻翻译的研究成果较少，并都聚焦于转喻语言的翻译策略研究，如余立三（1985：56）提出了一系列的转喻辞格的翻译方法，之后康旭平（2001）、韩启毅（2000）、郑雅丽（2004）等从不同的侧面提出了若干具体的转喻翻译策略。这些研究都秉承了修辞学的转喻观，倾向于把转喻作为具体的语言表达式来处理的，从而导致人们把转喻等同于转喻表达，转喻翻译也就变成了转喻表达的翻译策略研究。

随着认知语言学的发展，人们逐渐认识到，转喻不仅仅是语言现象，而且是一种概念现象和认知机制，深植于人类的认知活动中。转喻和隐喻同为人类基本的思维和行为方式，对概念的形成和理解具有重要作用。伴随转喻研究的认知转向，人们开始重新审视转喻的翻译研究。如肖坤学（2006：216—219）提出了以转喻的认知理据分析为基础、以意义为参照的转喻翻译思想。邓国栋（2007）分析了四种转喻翻译的策略：转喻认知模式的直接移植、转喻认知模式的附加激活、转喻认知模式的直接移植加注、转喻认知模式的归化。张志慧（2009）探讨了转喻翻译的指导原则以及方法，并分析了奥巴马获胜演讲中转喻的解读和翻译。梁倩、范祥涛（2010）通过对比海明威《老人与海》的两种译本，提出了转喻翻译的四种策略：对等翻译、转喻转移、文外尾注和认知归化。谭业升（2010）从转喻的图示—例示级阶探讨了转喻翻译的认知路径。卢卫中（2011）从概念转喻的角度探讨了转喻的翻译策略。这些研究都试图从理论上应用概念转喻理论来解决转喻翻译的实际问题，但研究的重心主要是语言转喻的翻译策略。本章拟在以上研究的基础上，首先从宏观层面以概念转喻思想分析翻译的过程，然后从微观层面探讨转喻翻译的原则，并尝试提出转喻翻译的策略。

4.3.1 翻译是具有转喻性的认知活动

王寅认为，"翻译是一种认知活动，是以现实体验为背景的认知主体所参与的多重互动作用为认知基础的。"（2005a：17）根据体验哲学，他提出，翻译具有体验性，正是体验性构成了不同语言之间具有互译性的认知基础。翻译的体验性一方面表现为原文本是作者对现实世界的体验和认知，另一方面为译者对原文本的认知和理解。"翻译是用某一语言社团的体验来说明或理解另一语言社团的经验的一种认知活动。"（邱文生，2010：22）语言结构反映人类的经验结构，人的经验结构是一个丰富的意向图示网络，翻译中的等值应该是经验结构的相似性，翻译的目的在于把源语的全部信息在译语中再现并取得最大限度的等值效果。

翻译的认知活动始于源语的词句，止于目的语的词句，中间经历了以体验为基础的复杂的认知操作过程。翻译首先是对语符形式的意义构建，因为翻译的本质是意义语际转换（肖坤学，2005）。译者对源语文本进行解读，在理解的基础上形成概念和意义，建构认知信息，然后在目的语中将该认知信息用语言形式表征出来，这个从形式到意义再到形式的过程体现了"部分代整体"的转喻操作。

人们在感知和概念化世界的过程中一般是以场景为单位，显性的语言单位只是作为触发语激活或通达整个场景。意义的建构是一个推理的过程，语法关系中的成分和它们之间的具体联系都具有不确定性。原文本的语言符号所编码的信息只是作为认知参照点为隐含的意义提供心理通道,"显性的语言编码只是让我们到达了一个正确的邻近地区,但要找到确切的位置还需其他方法"(Langacker,2009:46),也就是说,语言符号只是一种意义潜势,但它能启动认知者的思维工作机制,为隐含的意义提供心理桥梁。转喻"部分代整体"是各种意义建构的原则之一(Radden et al.,2007:3)。语言的形式结构和概念结构之间构成部分—整体的转喻关系。比如,Boys will be boys.,这个句子可能会激活关于男孩的不同场景:男孩子的粗鲁行为、男孩子的调皮、男孩子的可爱、男孩子的聪明等等,其意义具有不确定性,具体的含义受到语境、语言使用者的百科知识等多种因素的制约。因此,在翻译的过程中,对源语文本的解构过程体现了"部分代整体"的转喻操作过程。

译者对源语文本进行解构后,在头脑中形成了概念和意义,然后在译语中寻找和挑选恰当的表现手段进行建构。在挑选和建构的过程中,人们往往是通过认知某个显著的、易理解的、代表性的部分来代表整个范畴,或者以一个突显的典型特征来认识整个实体,由此构成意义和形式之间的部分代整体的转喻关系。比如,就事件"他把饮料倒进杯子里,然后递给 John"来说,译者用双及物构式 He[S] poured[V] John[N1] a drink[N2] 来表达,这个构式包含了"他倾倒饮料(到杯子里)"和"JOHN 在场"两个场景,通过这两个场景能激活整个事件。因此,翻译过程中对文本的理解和表达都体现了"部分代整体"转喻认知机制。

Tymoczko(1999)创造性地将雅柯布逊关于人类思维两大基本方式的区分应用于翻译研究领域,强调了翻译的转喻过程。她认为翻译的转喻性指翻译的联系创造功能和翻译的局部性。翻译永远是部分翻译,译文只是原作的一部分或某一方面。由于文本具有多重意义,原文的意义及所包含的信息远远超过了译文所体现出来的,译文不可能将原文的全部意义都传达出来,只可能是原文的表征。同时,目的语语言文化的一些特征也会影响可译性。因此,译者翻译时必须做出选择,只能选取文本的某些方面来翻译或加以强调,这体现了"部分代整体"的转喻思维。尽管 Tymoczko 侧重于历时时代和意识形态等对翻译的影响所造成的翻译的局部性,但也反映了翻译的本质特征之一,即翻译过程具有转喻性。

4.3.2 概念转喻是一种翻译策略

在翻译过程中,作为一种认知机制的转喻也是一种翻译策略。转喻作为翻译策略主要包括三种情况。

第四章　概念转喻与翻译

第一种情况是，原文中没有使用转喻表达，但在翻译的过程中采用转喻的认知思维机制，从而使译文更加生动准确。例如：

（1）原文：一面说，一面让雨村同席坐了，另整上酒肴来。二人闲谈漫饮，叙些别后之事。（曹雪芹、高鹗，《红楼梦》）

译文：The two men then proceeded, between leisurely *sips of wine*, to relate what each had been doing in the years that had elapsed since their last meeting.（Hawkes 译）

原文的"闲谈漫饮"没有牵涉转喻思维机制，但译文中用 sips of wine 来为整个饮酒场景提供心理通达，是"方式代动作"的转喻认知过程。

（2）原文：他们结婚后，一直不和，经常争吵。

译文：They have *led a cat-and-dog life* since they got married.

原文的"争吵"在译文中翻译为 lead a cat-and-dog life，体现了"实体代属性"的转喻思维机制，从而使表达更加形象贴切。

第二种情况是，对于同一个目标概念，两种语言可能会选取实体的不同部分或属性来表征该事物。因为邻近关系在不同的语言中的突显程度是不一样的，因此，在源语中用事物的某一属性或特征来通达该事物，而在目的语中可能选取的是事物的另一属性或特征，但因为都是该事物的属性或特征，二者处于同一个认知框架中，因此源语和目的语之间就构成了"部分代部分"的转喻关系。例如：

（3）原文：也因祖母溺爱不明，每因孙辱师责子，因此我就辞了馆出来。（曹雪芹、高鹗，《红楼梦》）

译文：But because his grandmother doted on him so much, she was always taking the child's part against me and his father. In the end I had to *hand in my voice*.（Hawkes 译）

例（3）涉及"辞职"这个事件框架，"辞职"事件一般包含递交辞职信、放弃原来的岗位、离开工作的地点等分事件。原文中用概念"辞了馆"来激活整个辞职事件，译文却用 hand in my voice（提交辞职信）来激活整个事件。"递交辞职信"和"辞馆"都是辞职事件的分事件，处于同一个事件框架中，两个分事件构成"部分代部分"的转喻关系。

45

（4）原文：I have to *grade* hundreds of papers.
　　译文：我要批改上百份试卷。

"评阅试卷"这个事件框架包含"阅读、判断、批改、评分"等一系列次事件，原文中是用事件的末端"打分"（grade）来指代完整事件，而译文采用了事件的中间阶段"批改"来激活整个事件，原文和译文突显的是不同的次事件，采用了不同的语言载体，但都体现了"次事件代整体事件"的转喻操作，其通达目标概念的认知路径是一致的。因为"打分"和"批改"是同一个ICM中的次事件，二者具有邻近关系，构成了"部分代部分"的转喻关系。因此，这种转喻关系在翻译过程中变成了一种策略。

第三种情况是，在翻译过程中，源语中的源概念和目的语中的源概念构成整体和部分的关系，都用来激活同一个目标概念。原文中的某事物要用译文中表示该事物的一部分来表示，或者原文中的整体概念在译文中用其特征或属性来表示。例如：

（5）原文：He enjoyed *the book*.
　　译文：他喜欢看书。
（6）原文：I learned that news from the *lips* of my friend.
　　译文：我是从朋友嘴中听说那个消息的。

例（5）中，原文中的喻体 the book（书）和译文中的喻体"看书"构成"事件参与者代整体事件"的转喻操作。例（6）中，原文中的 lips（嘴唇）在译文中用"嘴"构成"部分代整体"的转喻关系。类似的例子如下：

（7）原文：John spent many years *in chains* before he saw his family again.
　　译文：约翰在监牢里待了很多年才又见到他的家人。（特征代实体）
（8）原文：Many *hands* make light work.
　　译文：人多好办事。（部分代整体）
（9）原文：He was *brief* about his other teachers in his collections.
　　译文：他对记忆中的其他老师简单地提及了一下。（方式代动作）
（10）原文：I can *speak* English.
　　　译文：我懂英语。（部分代整体）

（11）原文：It is a pity that there is more *ignorance* than *knowledge* in our country.

译文：我国未受教育的人多于受教育的人，真是遗憾。（属性代实体）

（12）原文：This *fox* goes very well with your cap.

译文：这条狐狸毛围巾同你的帽子配得很协调。（材料代产品）

（13）原文：She borrowed his *wheels* for a spin out to the downtown.

译文：她借他的自行车到城里兜了一圈。（部分代整体）

（14）原文：A thousand *mustaches* can live together, but not two *breasts*.

译文：千条汉子能共处，两个婆娘难相处。（部分代整体）

（15）原文：In the present instance, it was *sickness* and *poverty* together that she came to visit.

译文：在目前这种情况下，她一并前来探望的是病人和穷人。（特征代实体）

4.4 转喻的翻译

4.4.1 概念转喻理论对转喻翻译的启示

传统的转喻翻译研究只限于将转喻作为辞格进行探讨，研究的重点是针对转喻表达的翻译实例进行分析，即在对源语文本中的转喻表达进行分析的基础上，在目的语中寻求与之对等的转喻表达或近似表达，从而实现源语和目的语之间的转换。这种翻译强调两种语言符号之间的转换过程，忽视了转喻的本质特征。伴随转喻研究的认知转向，转喻作为一种基本的认知能力和思维方式，在语言系统和概念系统中的作用已为人们普遍认可。转喻是一种思维方式开启了研究转喻翻译的新思维。认知语言学认为，语言是人的认知对客观世界的经验进行组织的结果，语言符号与客观外部世界不存在直接对应的关系，人通过认知与客观世界相互作用形成概念结构，然后用语言符号表征出来。转喻不是单纯的修辞现象，而是人类理解外部世界及自身体验的一种基本的认知机制和概念化的方式。因此，转喻的翻译不应是语言形式之间的简单对应关系，也不是单纯的喻体转换过程，而是一个从思维到语言的互动过程，是一个关涉到思维、文化、心理等多方面的认知活动。

无论是传统修辞学还是认知语言学，都把邻近性作为转喻定义的核心概念，认为邻近性是转喻操作得以发生的认知基础。在结构主义语言学中，邻近性被当作词语间的一种语义关系（Jakobson, 1956; Ullmann, 1962），体现的是客观事物之间的现实关系。认知语言学认为邻近性是概念层面上的接近关系（Dirven, 2002: 90—91）。邻近性作为一种概念关系不仅包含语言内部的关系，而且还包含了概念和语言外部的关系（Koch, 1999: 145）。Peirsman & Geeraerts (2006: 330) 指出，邻近关系不一定就是空间邻近关系，邻近性也并不总是以客观和自然的邻近性为基础。由此可见，转喻是基于概念间的邻近性。事物之间的邻近为概念邻近提供了现实基础，但事物之间的邻近性并不都是概念性的，只有被认知主体感知到和把握的关系才是概念性的，不被认知主体所意识的客观的邻近关系是不能构成转喻的。

许多认知语言学家并不使用"邻近性"这个术语，而是把转喻的邻近性置于域（domain）、理想化认知模型、场景（scene）、脚本（script）和框架等概念网络中来研究。由于这些概念不仅包括了事物及其特征，还包含了事件，因此邻近关系便不再局限于事物之间，事件和事件的组成部分、事件之间的先后次序等都被纳入到邻近关系的范畴中来，从而形成了一个复杂的邻近关系网络。概念邻近将认知者对邻近关系的把握突显出来，理想化认知模式等概念的提出使邻近的范围进一步扩大，这使得邻近关系体现为许多不同的形式，如空间邻近关系、时间邻近关系、语义邻近关系、事件邻近关系等，从而构成了转喻的基础。

转喻是一个概念实体为同一个认知框架中的另一个概念实体提供心理可及的认知过程，转喻的始源和目标之间可及的基础关系是邻近关系。邻近关系是概念上的邻近性，这导致在翻译的过程中，不同语言的主体选取不同的喻体通达同样的目标。邻近关系的不同突显程度导致转喻喻体的选择不同，源语中通达目标的源概念与目的语中通达目标的源概念可能不一致。换言之，对于源语中的心理可及过程，译文可能选取不同的实体来激活目标，这为转喻翻译的可译性提供了基础。只要译文与原文在心理可及的认知过程上是一致的，这样的转喻翻译就是成功的。

4.4.2 转喻翻译的原则

传统的转喻翻译主要强调一般语言的信息传递，译文的忠实和通顺是理想的翻译目标。因此，译者在翻译过程中只关注两种语言的词汇对应情况，而很少从

第四章　概念转喻与翻译

转喻的思维过程来研究转喻的内在本质。这种翻译虽然做到了词汇和语义上的对应，但忽视了不同语言的文化内涵，造成翻译过程中的文化缺失。

翻译的实质是什么？奈达指出，"翻译的重点不应当是语言的形式，而应当是读者对译文的反应……"（转引自谭载喜，1999：1），他还指出："译者必须力求再现作者原意。"（ibid.，7）萧立明（2001：4）把翻译的过程描述为："翻译就是把一种语言文字表达的意义用另一种语言文字表达出来。"王斌（2002）提出，只要原文中交际事件的概念结构能在译语中再现或保存，"对等"的目的就已达到。王寅（2005a）认为，读者兼译者在透彻理解源语语篇所表达出的各类意义的基础上，尽量将其在目标语中表达出来，在译文中勾画作者所欲描写的现实世界和认知世界。转喻是概念之间的一种心理通达过程，它是通过易突显的一个概念实体为另一个不太突显的概念实体提供心理通道的认知过程。转喻的翻译就是在目的语中再现从源概念到目标概念的心理可及过程，而不是单纯的喻体转换。在翻译的过程中，原文选择的喻体概念受到文化语境等因素的制约可能在译文中找不到同样的喻体概念，但二者所体现的转喻思维是一致的，只是用不同的喻体概念为相同的目标提供心理桥梁。因此，在转喻翻译的过程中，如果译语中从源概念到目标概念的心理通达过程与原文中的心理通达过程基本保持一致，那么该翻译就是成功的。也就是说，两种文本在两类读者中能产生同样的心理反应。这种翻译过程强调的是认知上的对等，不同于在语言中寻找对等物的传统对等观。例如：

（16）原文：Their family had more money, more horses, more slaves than anyone else in the county, but the boys has less *grammar* than most of their poor Cracker neighbors.

译文：他们家里的钱比人家多，马比人家多，奴隶比人家多，都要算全区第一，所缺少的是他们哥儿俩肚里的墨水，少得也是首屈一指的。

（周红民，2004：51）

原文中用 grammar（语法）代指"书本知识"，而译文用"墨水"来通达同样的目标概念，二者都体现了"部分代整体"的转喻操作。译文选取的源概念虽然不同，但源概念通达目标概念的心理路径是一致的，而且这种表达更符合目的语的习惯，因此这种翻译的可接受度高。

从上观之，转喻的翻译过程是一个在目的语中再现从源概念通达目标概念的过程，不是单纯的语言符号转换过程；是一个从思维到语言的互动过程，不是喻体之间的一种简单对应关系。能否在各自的语言中为目标概念提供心理可及，获得概念上的一致是衡量转喻翻译成功的标准。

为了保持与原文一致的心理通达过程，翻译转喻时应尽量保留源语中转喻的特征。保留原文转喻的特征包含了以下两个方面的含义：

第一，译文要尽可能让译文读者产生与原文读者相同的心理反应，即尽量保留源概念作为认知参照点为目标概念提供心理可及的过程。这种心理通达的过程是概念层面的，因此在不同的语言中，虽然通达目标概念的语言表达形式可能不一样，但认知过程是一致的。例如：

(17) 原文：小时偷针，长大偷金。

译文：He that steals *an egg* will steal *an ox*.

原文中用"针"激活"不值钱的东西"，用"金"激活"贵重的东西"，两者都体现了"具体代抽象"的转喻操作。译文保留了该转喻的认知特征，采用了目的语中对应的喻体 egg（鸡蛋）和 ox（公牛）分别来通达目标概念。虽然选取的源概念不一样，但转喻的特征全部再现到译文中了。

第二，译文要保留转喻的修辞功能，维持原文的形式美和意蕴美。转喻的认知研究并不意味着应该忽视其修辞功能。转喻通常是以突显的、熟悉的或具体的事物来为不太突显的或抽象事物提供心理桥梁，把两种表面上关联不大的对象进行比较，引起读者的联想、思索和感悟，从而获得语言的美感。同时，转喻通过简单的措辞来传达复杂的意义，以达到认知的经济性。因此，转喻的翻译除了保持信息的忠实与文字的通顺外，译文还要符合原文固有的形式美和意蕴美。例如：

(18) 原文：首长为那个四川兵做这些时，碰到他口袋里鼓鼓的一块，便很和蔼的笑问是什么。四川兵脸一下白掉，肖疙瘩叫四川兵回答首长询问。四川兵慢慢将那个东西掏出来。原来是个桔子！肖疙瘩当即血就上头了，不容分说，跨上一步，抬腿就是一脚。（阿城，《树王》）

译文：...one felt a bulge in the Sichuanese soldier's pocket and asked with a smile what it was. The scout *turned pale* as Knobby told him to answer. Then, slowly, he produced his tangerine! *The blood went to Knobby's head*. Not giving the fellow a chance to explain, he kicked him...（戴乃迭 译）

通过转喻"身体症状代情感",原文中的"脸一下白掉"指代"害怕","血就上头了"指代"生气",这种以具体形象表达抽象情感的转喻表达使文章显得生动形象。译文 turn pale 和 the blood went to Knobby's head 维持了原文中的转喻思维机制,让译文读者获得了同样的美感。

(19)原文:昨夜雨疏风骤,浓睡不消残酒。试问卷帘人,却道"海棠依旧"。"知否,知否?应是绿肥红瘦。"(李清照,《如梦令》)

译文:...*The red* should languish and *the green* must grow.(许渊冲 译)

根据上下文,例(19)中"绿"转喻代"海棠叶","红"转喻"海棠花"。在翻译的过程中,译者没有改变原文的转喻特征,而是保留了原文的形象,直接翻译为 the red 和 the green,译文读者也很容易感受到原文的含蓄之美。

由此可见,在转喻翻译的过程中,如果失去了转喻的特征,就无法使译文读者和原文读者获得一致的心理反应,就不能达到翻译的目的,所以要尽量保持原文的转喻特征,包括原文原有的修辞意蕴。

4.4.3 转喻翻译的语境依赖性

转喻的认知和理解都依赖于具体的语境。Recanati(1995)指出,转喻的语义迁移受到言内和言外语境的影响。江晓红、何自然(2010)在分析词汇转喻时提到,语境不但制约转喻的形成,而且影响转喻的识别和理解。许渊冲(2006)指出,理解与表达的矛盾,忠实和通顺的矛盾,直译和意译的矛盾是翻译的基本矛盾。语境制约是促进这些矛盾运动的动力因素。语境通常可分为语言语境、情景语境和文化语境。我们这里讨论这三类语境对转喻翻译的影响和作用。

4.4.3.1 **语言语境**

语言语境指前言后语和上下文等构成的内部环境。语言语境制约转喻的理解,进而影响转喻翻译。例如:

(20)a. 原文:The student enjoyed *the book*.

译文:那个学生喜欢读书。

b. 原文:The author enjoyed *the book*.

译文:那个作者喜欢写书。

上例中的 the book 涉及转喻"突显参与者代整个事件"(THE SALIENT

PARTICIPANT FOR THE WHOLE EVENT）的认知操作，the book 可解读为 reading the book/writing the book/piling the book 等等。当句子主语不一致时，转喻的目标义也就不一致。当 the student 做主语时，the book 的功能角色得到突显，（a）理解为 The student enjoyed reading the book，翻译为"那个学生喜欢读书"；当 the author 做主语时，the book 的施事角色得到突显，（b）的意思为 The author enjoyed writing the book，即"那个作者喜欢写书"。

4.4.3.2 情景语境

情景语境指产生言语活动的环境，通常包括事件的时间、地点、场合、境况、事件、话题、目的、对象等背景情况。情景语境制约和限制语法转喻操作的创设和理解。有些句法结构只有置于一定的情景语境才能确定转喻的目标义。例如：

（21）原文：a. He enjoyed *the peanuts*.（Ruiz de Mendoza & Otal，2002：127）

句中 peanuts 蕴含了转喻思维，即用实体代该实体所参与的事件，但只有在特定的情景语境下，听者才能推断出特定的目标义。如果置于不同的语境，该句可产生以下几种不同的解读，由此译文也就有了不同的表达内容。

b. He enjoyed eating the peanuts. 他喜欢吃花生。

c. He enjoyed peeling the peanuts. 他喜欢剥花生。

d. He enjoyed salting the peanuts. 他喜欢给花生调味。

e. He enjoyed distributing the peanuts. 他喜欢分花生。

f. He enjoyed mixing the peanuts with raisins. 他喜欢在花生里加葡萄干。

（Ruiz de Mendoza & Otal，2002：128）

4.4.3.3 文化语境

文化语境对转喻翻译的影响最显著。不同国家在思维习惯、文化、历史等方面存在较大的差异，这种差异在相当程度上会影响读者和译者对转喻的认识和理解。例如，中国以黄色为贵，英语国家却以紫色为贵，"黄袍加身"翻译为英语就变成了"紫袍加身"了。又如，汉语中的"金莲"指代"美女的小脚"，进而指代"美女"，这个转喻与我国特有的习俗相关，英语国家的人一般很难理解。另外，语言使用者的百科知识或背景知识、对认知对象的熟悉认同程度都会对转喻的操作和理解产生影响。例如：

（22）原文：*A Pearl Harbor* will never happen again.(Panther，2006：170)

译文：类似珍珠港的事件将不再发生。

在没有语篇语境的情况下，根据句内语境，谓语 will never happen again 通常需要一个事件作主语，Pearl Harbor 是一个地名，通过转喻"地名代该地发生的事件"，根据前面的冠词 a，Pearl Harbor 被概念化为一类有同样属性的事件的典型代表。因此，对该句的成功理解还要借助于关于珍珠港所发生的历史事件的百科知识，这样才能达到翻译的准确性。又如：

（23）原文：三个臭皮匠，合成一个诸葛亮。

译文：Three cobblers with their wits combined would equal *Zhuge Liang the master mind*.

诸葛亮是中国名著《三国演义》中的人物，用来转指智者，体现了"个别代一般"的转喻操作。其具有丰富的文化意蕴，这样如果采用直译法，目的语读者将不知所云。由此可以看出，文化语境影响转喻的目标概念，从而导致译者采用不同的翻译策略。

4.4.4 转喻翻译的方法

4.4.4.1 直译

认知语言学认为，语言是人的认知与客观世界相互作用的结果。由于人类所处的自然环境和生理结构的相似性，不同民族对客观世界的认知体验在很大程度上是相似的，对于同一抽象事物的理解，人们常常选择相同的喻体视角。因此，不同语言中自然存在着大量相似的转喻思维方式，目的语的源概念与源语中的源概念所激活的目标概念是一致的。对这类转喻的翻译，译者可以通过直译来实现译文读者和原文读者获得相同的反应，让译文获得与原文如出一辙的认知效果。例如：

（24）原文：他们纷纷投笔从戎，奔赴前方。

译文：They *threw aside the writing brush and joined the army* one after another and hurried to the front.

（25）原文：*Paper and ink* can cut the throats of men, and *the sound of a breath* may shake the world.

译文：纸墨能割断人的喉咙，嗓门能震动整个世界。

例（24）中，汉语"投笔从戎"指代"弃文从武"，是"具体代一般"的转喻操作。译文采用了直译法，翻译为 threw aside the writing brush and joined the army，译文中源概念激活并通达目标概念的认知路径与原文几乎对等，译文读者能获得形似的认知体验。例（25）中的 paper and ink 体现了转喻"工具代结果"的操作过程，表示"写几个字"，the sound of a breath 是用动作代结果，转喻"说几句话"。汉语中也有类似的思维方式，如"口诛笔伐"。"口"指代"说话"，"笔"指代"写文章"，所以用直译法比较合理。类似的例子：

（26）原文：枪杆子里出政权。

译文：Political power grows out of *the barrel of a gun*.

（27）原文：*The kettle* is boiling.

译文：壶开了。

（28）原文：Too many *cooks* spoil *the broth*.

译文：厨子多了煮坏汤。

（29）原文：我在读莎士比亚了。

译文：I am reading *Shakespeare*.

（30）原文：Only one thing will solve this case—the little *grey* cells of the brain.

译文：只有一样东西可以解决这个问题，那就是小小的灰色脑细胞。

（31）原文：His wife spent all her life *on the stage*.

译文：他的妻子在舞台上度过了一生。

（32）原文：冷静！

译文：Be *calm*!

4.4.4.2 直译 + 释义

源语中的转喻喻体蕴含丰富的文化内涵，包含了特有的生活习惯、民俗风情、典故、传说、历史事件、人物、政治宗教等，在另一种文化中用对等的喻体进行翻译时，往往无法再现源语的文化信息。为了准确表达原文的意义，让目的语读者获得同样的认知反应，译者可采用直译加注的翻译方法，对其文化内涵进行解释。例如：

第四章　概念转喻与翻译

（33）原文：这对年轻夫妇并不相配，一个是西施，一个是张飞。

译文：This young couple is not well matched, one is a *Xi Shi—a famous Chinese beauty*, while the other is a *Zhang Fei—a well-known ill-tempered brute*.

（34）原文：He is a modern *Samson*.

译文：他是现代参孙似的大力士。（Samson：参孙，《圣经》中人物，以"身强力大"著称。）

（35）原文：We have enrolled every local *Cicero*.

译文：我们把各地西塞罗式的雄辩家都找来了。（Cicero：西塞罗，古罗马雄辩家、政治家、哲学家。）

（36）原文：Our village *Hercules* has come.

译文：我们村的大力士来了。（Hercules：海格立斯，希腊神话里主神宙斯之子，力大无比，曾完成十二项英雄事迹。）

（37）原文：但使龙城飞将在，不教胡马度阴山。（王昌龄，《出塞》）

译文：If the *Winged General of Dragon City* were there, No Hu horses could ever cross Yinshan.（The Winged General of Dragon City refers to Li Guang, a brilliant commander of the Western Han Dynasty, well-known for his military exploit in defeating the Hu invaders.）

4.4.4.3 转译

由于各民族在社会环境、历史传统、宗教信仰等方面的差异，在与客观世界的互相作用中获得的经验会存在一些差异。这种社会文化的差异也同样会体现在包括转喻在内的语言表达形式中。在这种情况下，原文中用来激活目标概念的源概念跟译文中的源概念不一致，但体现了同样的认知方式。我们通常不能把原文中的喻体移植到目的语中，而是采用目的语的喻体，对原文转喻进行转译，使转喻的信息在目的语读者的认知语境中易于接受，从而在新的认知语境中实现翻译等值。例如：

（38）原文：Do not take *the bottle*.

译文：切勿贪杯。

（39）原文：争饼嘲黄发。

译文：*The grey-beard* grabbing for a cake is mocked.

例(38)中,the bottle 通过转喻"容器代内容",指瓶子中装的酒,而汉语中的"酒杯"用于相同的所指,在翻译时,虽然采用了不同的源概念,但激活的是同样的目标概念。在例(39)中,"黄发"表示老年人头发由白转黄,古时候是长寿的象征,后常用来指老人。中国人常用头发的描述指代年龄,如"总角""垂髫""二毛"等。译者根据目的语习惯把"黄发"变换为 the grey-beard,采用不同的源概念通达目标概念,越过了可译性障碍。

(40)原文:(许年华):"咱们吃大宾馆还是吃小饭馆?"
　　　　金全礼说:"我听您的!"
　　　　许年华说:"好,咱们吃小饭馆。"(刘震云,《官场》)
　　译文:"Shall we *go to* a big guest house or to some small *restaurant*?"(Xu)
　　　　"Whichever you like," said Jin.
　　　　"All right, let's try a small place," said Xu.(White 译)

原文中的"吃大宾馆"和"吃小饭馆"是转喻"容器代内容"的认知操作,"大宾馆"和"小饭馆"分别转喻"大宾馆的饭菜"和"小饭店的饭菜"。译文却采用了"动作代结果"转喻思维机制,即用动作 go to a big guest house or to some small restaurant 来指代结果 have a meal in a big guest house or in some small restaurant。类似的例子如下:

(41)原文:*Cast pearls* before *swine*.
　　译文:对牛弹琴。
(42)原文:We do not have to worry about the *fuel and rice*.
　　译文:我们不必为柴米担心。
(43)原文:spend money like *water*.
　　译文:挥金如土。
(44)原文:池子里捕鱼,太湖里放生。
　　译文:*Penny* wise, *pound* foolish.
(45)原文:鹬蚌相争,渔翁得利。
　　译文:When *shepherds* quarreled, *the wolf* has a winning game.
(46)原文:大海捞针。
　　译文:Look for a *needle* in the *hay-stack*.

第四章 概念转喻与翻译

4.4.4.4 意译

当在目的语中找不到与原文表示同一概念的转喻结构时，通常采用意译法，即在理解词语表层结构的基础上，用译文的习惯表达方式把原转喻的喻义表现出来，以达到交流的目的。例如：

（47）原文：从根本上说，手头东西多了，我们在处理各种矛盾和问题时就立于主动地位。

译文：Fundamentally speaking when we gain in *economic strength*, we will gain the initiative in handling contradictions and problems.

（韩启毅，2000：69）

（48）原文：I had a letter from Wilfred yesterday. Would you like him? He is still out there, but I could *hold sponge* for him.

译文1：我昨天收到威尔弗雷德的信，你说他好吗？只是他仍然在那边，不过我可以到教堂去代替他为孩子做教父之职。

译文2：我昨天收到威尔弗雷德的一封信，你愿意他做吗？他仍然在国外，不过我可以在教堂里代他拿海绵的。

（杨晓荣，2002：78）

例（47）中，原文用具体概念"手头东西"激活抽象概念"经济实力"，体现了"具体代一般"的转喻操作。如果直译为 things at hand，原文转喻词所蕴含的文化信息丧失殆尽。因此，翻译为 economic strength（经济实力）。例（48）中，用具体动作 hold sponge 来激活抽象行为"为孩子做教父"，是"具体代抽象"的转喻操作过程。如果在译文中保留原文的喻体，但该喻体不能在译文读者中通达目标，这种情况下，通常采用意译法。类似的例子如下：

（49）原文：No cross, no *crown*.

译文：不经历痛苦，怎能成为伟大国王（或是取得伟大成就）。

（50）原文：The baby was brought up on *the bottle*.

译文：这个婴儿是喝奶粉长大的。

（51）原文：He chose a gun instead of *a cap and a gown*.

译文：他选择了当兵，而没有选择上大学。

（52）原文：Every *bean* has its *black*.

译文：人皆有短处。

（53）原文：Many *heads* are better than one.

译文：一人计不如众人计。

（54）原文：*The ham sandwich* is getting impatient.

译文：要火腿三明治的顾客等得不耐烦了。

（55）原文：He is *in his cups* again.

译文：他又醉了。

（56）原文：高松年神色不动，准是成算在胸，自己冒失寻衅，万一下不来台，反给他笑，闹了出去，人家总说姓方的饭碗打破，恼羞成怒。

译文：...If the story got out, people would say that when Fang *lost his job*, his shame turned into resentment.

（57）原文：He is good at *painting fur and feather*.

译文：他善于画禽类和兽类。（用毛皮代替兽类，羽毛代替鸟类）

4.5 小结

本章首先从宏观层面探讨了概念转喻理论在整个翻译过程中的体现，提出了两个观点：翻译是具有转喻性的认知活动，翻译过程中对文本的理解和表达都体现了"部分代整体"的转喻认知机制；转喻本身是一种翻译策略。随后，本章在对以修辞为取向的转喻翻译研究进行反思的基础上，从概念转喻的角度对转喻翻译的原则和策略进行了探讨，并提出了一些具体可行的翻译策略。转喻翻译不仅仅是语言形式之间的简单对应，也不是单纯的喻体转换过程，而是一个从思维到语言的互动过程，是一个关涉到思维、文化、心理等多方面的认知活动。

第五章　多义性与翻译

5.1 引言

翻译既涉及对原文意义的解读，也涉及意义的再表达。而多义性是任何一种语言的词汇手段和表达结构的重要特征，翻译必然涉及多义性的选择和处理问题。本章从认知语言学的多义性理论出发，讨论英汉翻译中对意义的理解与表达问题。

5.2 多义性概念

英语 polysemy（多义性）一词来自希腊语，poly 意指 many（许多），sem 指 sense or meaning（意义）。该术语指语言中一个语言形式具有多个不同却相互联系的意义现象，如英语中的 school 既可指"机构"（Brooklyn school is a good school.），又可指"建筑物"（The roof of the school needs to be painted.），还可指"学生和教职员工"（The school is mourning the untimely passing away of the English teacher.）。

多义词可分为规则多义词和不规则多义词。Apresjan（1974）把多义词分为规则多义词和不规则多义词。规则多义词指：词 A 的意义 a1 和 a2 之间的联系与词 B 的意义 b1 和 b2 之间联系相同，同时，对于其他一些词来说也有极相似的意义集。例如，bottle 既可指称"（液体的）容器"（This bottle is full of water.），又可指称"（液体的）量"（I would like to drink two bottles of wine.）。又如，cherry 既可指称"樱桃"，又可指称"樱桃树"。规则多义词具有能产性、规则性和可预测性。然而，英语 glass 可指称"材料（玻璃）""容器"和"眼镜（由玻璃制成）"。该词的三个意义之间具有联系，但它们之间联系却是不规则的，原因在于我们不能提供解释 glass 的三个意义的规则。为什么人们把"眼镜"和"容器"都叫做 glass，而不用 window 或 bottle，尽管 window 和 bottle 通常也是由"玻璃"制成的？Apresjan 把

glass 的这一现象称为不规则多义词。

  Clark & Clark（1979）注意到许多英语名词能产生多义性，如 fish 和 mail 能取得作为动词的添加意义（He fished the lake all day.）。Clark & Clark 认为这些动词意义具有系统性，能从原来的名词语义中预测。

  Pustejovsky（1995）提出了多义性的生成理论（Generative Theory of Polysemy）。他把语境中的"多义消歧"（disambiguation of polysemy）分析为压制现象（phenomenon of coercion）。例如：

  (1) a. *The bank* fired three employees.

    b. *The bank* is on the intersection of Main Street and Elm Street.

  bank 的意义在（1a）中被压制为"金融机构"的释义，而在（1b）中压制为"建筑物"释义。在（1a）中，施事动词 fire 要求"人"或"机构"在其主语位置，这可解释为何（1a）中的 bank 转移至"机构"释义，而（1b）中的 on the intersection of... 要求物体在其主语位置，这可解释为何（1b）中的 bank 转移至"建筑物"释义。他列举了名词多义性常见的几种类型，例如：

  (2) 动物/肉（animal/meat alternation）：

    a. *The lamb* is running in the field.（动物）

    b. John ate *lamb* for breakfast.（肉）

  (3) 植物/食物（plant/food alternation）：

    a. Mary watered *the fig* in the garden.（植物）

    b. Mary ate *the fig*.（食物）

  (4) 容器/容器里的东西（container/contained alternation）：

    a. Mary broke *the bottle*.（容器）

    b. The baby finished *the bottle*.（容器里的东西）

  (5) 产品/生产者（product/producer alternation）：

    a. *The newspaper* fired its editor.（生产者）

    b. John spilled coffee on *the newspaper*.（产品）

  (6) 建筑物/机构（building/institution alternation）：

    a. *The university* is close to the capital.（建筑物）

    b. *The university* became established in the early medieval times.（机构）

（7）地点／人（place/people）：

    a. John traveled to *New York*.（地点）

    b. *New York* kicked the mayor out of office.（人）

Croft & Cruse（2004）在区分词义内容的几种情况时，提出了多面义（facet）和微型义（microsenses）概念。多面义是整个词义的组成部分，一个词的系统意义的不同多面义构成一个完形（gestalt）。例如：

（8）a. *Britain* today lies under one meter of snow.（土地）

    b. *Britain* is today mourning the death of Princess Diana.（人民）

    c. *Britain* declares war on Argentina.（政府）

微型义指一个词项一方面表征一种概括的意义，另一方面，在具体的语境中，又表现出具体的意义。例如：

（9）a. Tom asked the waiter to give him *a knife* and fork.

    b. The attacker threatened the beautiful girl with *a knife*.

在没有上下文的情况下，knife 是一个总称。但是在（9a）中，knife 指称的是"餐刀"，而在（9b）中，knife 可能指的是"匕首"。

Croft & Cruse 所探讨的具有多面义或微型义的词句其实就是规则多义词。规则多义词指同一词有两个或两个以上的解读，但是具有同一个系统意义，它依赖于语用因素。不规则多义词指同一词具有两个或两个以上的不同系统意义，但这些系统意义却是相互联系的，其意义在词典中分别被列为单独的义项。如不规则多义词 crawl 表示"爬，爬行；缓慢行进；巴结，拍马屁"三个不同的系统意义，它们之间的意义相互联系的，而这三个意义在词典中分别被列为单独的义项。

5.3 词义演变的动因

如果一个词具有多义性，这往往是词义发生演变的结果。一词多义是历时语义演变的共时反映。人类社会在不断发展变化，语言作为人类表达和交流思想的工具也在发展变化。

语言在其产生之初都是单义的，一个语言形式，只指称某一特定的事物或现象。随着社会的发展，如果每一个事物或现象都用特定的语言符号去指代，给每一个义项都设立一个独立的语言符号，就会非常困难。过多的语言符号既不利于记忆，也不利于交流，于是一个语言符号就具有了两个或两个以上的意义。旧意义的使用可能在语域上受到限制，也可能完全消失，然而旧意义的消失相对来说较少。典型的是随着时间的推移积聚越来越多的意义，形成一个多义词。

词义的改变或衍生的词义首先得由某个发话人在特定的情况下因为某种原因创新或发起，当受话人接受了改变的词义，发话人和受话人之间便达成了共识。这种共识很快在语言社团内扩散，越来越多的社团成员接受这个新词义。作为扩散的结果，新词义便词汇化了。

在语言诸要素中，唯有词汇与客观世界的关系最密切。客观世界每一个引起人们注意的变化都会及时地反映到词汇中。客观世界的变化发展是推动词义演变的第一动因。这个动因包括：自然、社会生活（政治、经济、文化、军事、风俗习惯）、科学技术、社会集团、历史的发展变化，等等。要反映上述情况的变化，人们一是创造新词，二是利用旧词赋予新义，这就引起词义演变。由于语言的经济原则，人们不能无限制创造新词，必须利用旧词反映新义。例如，straw 原指麦秆、稻草，人们用麦秆作为吸管，它获得"麦秆吸管"义项。现在的吸管多数是用纸或塑料制成的，虽然还是称作 straw，但 straw 这个词的词义已经发生了扩展，形成了一个多义词。

语言的使用者是人，人的主观世界，如思想观念和心理感情等的变化必然导致词义演变。人们的心理包括多种多样的因素，如求新、求美、求雅和感情等（张志毅、张庆云，2005：260—261）。这些心理因素往往造成词义的演变。如汉语"冤家"，它指仇人，对仇人自然充满仇恨，而仇恨这种感情因为千丝万缕的恩恩怨怨也隐于对配偶（或情人）的情感中，有恨更有爱，有苦恼更难舍难分，这个导情索把"冤家"导出"配偶（或情人）"意义。

词义的演变跟语言本身的发展也有关。由于语言接触，出现借词的大量涌入，使原有词的词义发生演变。例如，英语里的 pig, cow 和 sheep 既指动物猪、牛、羊，又指它们的肉，而在中世纪传入法语词 pork, beef 和 mutton 表示猪肉、牛肉、羊肉以后，就出现了语义分工，pig, cow 和 sheep 的词义就缩小为只指动物猪、牛、羊。出于语言表达的省力原则，语言中的词汇省略也是词义演变中的一个重要因素。例如，propose（提议）的另一个词义"求婚"来自 propose marriage；strike（打击）的另一个词义"罢工"来自 strike work。现 propose 的两个词义"提议"和"求婚"

共存于词典中,成为一个多义词。同样,strike 的两个词义"打击"和"罢工"共存于词典中,成为一个多义词。

以上讨论的动因是词义变化很重要的因素,但它们只是外部因素,其内因来源于语言使用者的认知思维。外部的因素只能说明词义变化的必要性,而认知因素才能说明词义变化的内在机制和可能性。

5.4 多义词义项之间联系的认知理据

新词义的产生不是任意的,必然有其认知基础。Sweetser(1990:9)指出,新词义的获得并不是任意的,其依据是使各种意义以有理据的方式联系起来的认知结构(cognitive structuring)。认知语言学认为,多义词的多个意义是通过隐喻、转喻、概括化(generalization)、具体化(specialization)、意象图式转换(image-schema transformation)等认知原则而相互联系。换言之,词的不同义项之间或多或少都具有理据性联系。我们现主要讨论多义词词义之间联系的隐喻、转喻认知理据。

5.4.1 隐喻与多义词

如果一个词具有多义性,这往往是词义发展的结果,而词义之所以发展,在大多数的情况下缘起于隐喻的作用。例如,如果我们用表示"白色"的词,而不用表示"紫色"的词来表示"诚实、正直",这就不是一个有关语言的问题,它至少表明该文化社团认为"白色"隐喻地代表诚实或道德上的纯洁。"白色"的词义与"诚实"等属性之间的联系,是绝不可能以"共享客观特征的真实条件"的方式来加以解释,而只能是通过隐喻联系获得经验上的理据。

隐喻在词义发展和词汇多义性的形成中起着十分重要的作用,它的相似性概念能帮助我们分析多义词共时词义之间的联系。如英语 car 的原义是"四轮马车",现在它有"轿车""火车车厢""(电梯的)梯厢""(索道或气球的)吊舱"意义。首先,人类造出轿车后,由于轿车与四轮马车在外观与功能上具有相似性,故人们用 car 来指称轿车,只是 car 的意义变化了。再后来,人类造出火车、电梯、索道,由于火车车厢、电梯梯厢和索道吊舱与轿车外观和功能相似(可载人),于是人们又用 car 来指称上述事物,使 car 具有多义性。这些衍生的义项都是根据隐喻而来。

再以汉语"乔"为例,正因为古汉语中高峻的山称"乔",现代汉语中"高大的树木"称"乔木","成林的高树"称"乔林","由低处往高处迁移"则称"乔迁",这些都是由"高山"隐喻而来;至于"乔迁"又转称"迁到较好的地方居住或官职高升",则是由"乔迁"的原义再次隐喻而来(李国南,2001:54)。

Haser(2005:184)尝试利用维特根斯坦的家族相似性理论(family resemblance)来理解隐喻表达和隐喻扩展。她认为一个词项的多个义项通过家族相似性可得以解释。例如,demolish一词的本义是"拆毁、拆除(建筑物)"(The factory was demolished in 1980.)。当它"拆毁"的对象是观点或理论时,它获得"推翻、驳倒"意义(A recent book has demolished this theory.);当它"拆毁"的对象为食物时,延伸出"狼吞虎咽地吃"义项(The children demolished their burgers and chips.)。很明显,demolish的这三个义项之间存在相似性联系。Haser(2005:234)还指出,家族相似性可用于阐释不同语境中同一隐喻表达的意义。例如,on the rocks的本义是"(船)触礁"([of a ship]wrecked on rocks),通常用于"旅行"语境,而它在"婚姻"语境的意义是"婚姻破裂"(Their marriage are on the rocks.),在"商业"语境中它表示"破产"(His business is on the rocks.),在"人生"语境中它指"落难",等等。由于家族相似性的存在,词汇的各义项之间具有相互交织的相似性。

我们根据Langacker(1988:52)关于名词ring的语义网络图,分析一下ring的义项之间的隐喻认知理据。

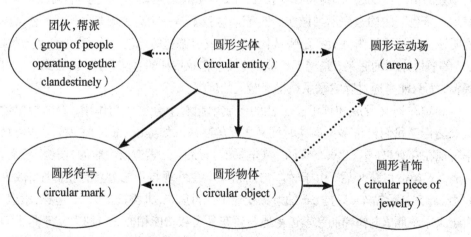

图5.1　ring的多义性隐喻认知理据

词的一个意义与另一个意义具有两种联系方式：延伸（extension）和添加（elaboration）。添加关系指两个实体具有很大的相似性，延伸关系指一个实体从另一个实体的语义延伸，以可感知到的相似性为基础。换句话说，添加关系指相似性程度大，而延伸关系的相似性程度却要小些。在上图中，实线箭头表征添加关系，虚线箭头表征延伸关系。

ring 的核心意义或典型意义表"圆形实体"，根据以相似性为基础的隐喻衍生出"圆形符号""圆形物体"义项。在"圆形物体"的基础上又隐喻出"圆形首饰"义项。它们之间的相似性程度较大。

在密谋一些不好的事物时，人们常常围成一个圆形，于是从"圆形实体"又隐喻出"帮派，团伙"义项。由于圆形运动场具有圆形实体的外形，人们也把它称为 ring，如 boxing ring（拳击场）、circus ring（马戏场）。只是"团伙，帮派"和"圆形运动场"与圆形实体的相似性程度小一些，这两个义项由感知到的相似性衍生而出。《牛津高阶英汉双解词典》（P.1499）列出了 ring 作为名词时的如下意义：① 戒指，指环（a gold ring）；② 环状物，圆形的东西（a key ring; onion rings）；③ 圆形标记，圆形（She had dark rings around her eyes from lack of sleep.; The children sat on the floor in a ring.）；④ 圆形表演（或竞技）场地（a boxing ring; a circus ring）；⑤ 团伙，帮派（The officer was suspected of involvement in an international drugs ring.）。可以看出，以上这 5 个义项之间都具有相似性联系。换言之，其义项之间的联系以隐喻为认知理据。

5.4.2 转喻与多义词

自 20 世纪 80 年代以来，转喻和隐喻一样被认知语言学家看做一种认知机制，这一认知机制构成了人类许多概念形成的基础。转喻是人类所共有的普遍的思维方式，是人类认识客观世界，给万事万物命名的一种重要手段。Lakoff & Johnson（1980：34—40）认为，转喻像隐喻一样，不仅构成了我们的语言，而且构成了我们的思想、态度和行为，它以我们的生活经验为基础。他们举"部分替代整体"为例：如果你要我给你看我儿子的照片，我一定给你看他的脸部照片；倘若给你看他身体的照片而没有脸部，你一定觉得奇怪，感到不满意。

在认知语言学界，关于转喻的最早定义源自于 Lakoff & Johnson。他们（1980：35—40）认为，转喻指一种相关实体的指称，它是我们交谈、思维与行动的一般日常方式，它使我们能够通过相关联的其他事物来对该事物进行概念化。后来，

Lakoff(1987:77)对转喻做了进一步阐释,指出"转喻是认知的基本特征之一,它选取事物易理解或易感知的方面来指代事物的整体或事物的另一个方面"。为了更进一步把转喻与隐喻区别开来,Lakoff & Turner(1989:103)对转喻和隐喻的差异做了如下概括:

① 隐喻涉及两个概念域,而转喻只涉及一个概念域;

② 转喻在源域与目标域之间涉及一个"替代"(stand for)关系。例如,在 Chrysler has laid off a hundred workers. 句中,公司的名称替代负责公司雇佣政策的人。又如,在 The ham sandwich is waiting for his check. 中,ham sandwich 被餐馆服务员常规地用于指称点"三明治"的顾客;

③ 在隐喻中,源域的结构和逻辑映射到目标域的结构和逻辑上,映射的功能是让人们用源域来理解目标域,而转喻主要是指称,即用一个实体来指称另一个实体。

Langacker(1993:30)指出,"转喻是一种为理想的目标(desired target)提供心理可及的参照点现象。……凭借我们的参照点能力,一个转喻表达使我们在谈及一个突显和容易编码的实体时,能自动唤起(evoke)不太有趣或难以命名的目标。"简言之,参照点(喻体)为理解目标体搭起了一种心理桥梁。例如:

(10) *The ham sandwich* is at table 7.

在餐馆中,服务员除了知道顾客所点的菜外,通常对他们的其他情况一无所知。因此,当服务员不得不提到某一具体的顾客时,他们点的菜便是最明显的参照点。

转喻具有以下基本特征:① 转喻概念结构包含概念 A(本体)和概念 B(喻体),B 概念与 A 概念之间存在邻近性关系(contiguity);② 概念 B 有突显性特征(salience),原因是与概念 A 相比,概念 B 更容易被理解、辨认。同时使得转喻语言具有经济性,可增加语境效果,增加语言的稠密度;③ 转喻具有很强的语境依赖性。现分别简要论述如下。

5.4.2.1 邻近性

认知语言学认为邻近性不是任何形式的客观或"自然"邻近关系,而是指的是概念邻近性。例如:

(11) Their *brains* work about half as fast as ours.

在例（11）中，"大脑"（brains）指代"思维"或"思维过程"（thinking or thought processes），这两个域具有邻近关系，"思维"或"思维过程"被看成是发生在"大脑"中。当然，这种邻近关系是人类识解的结果。又如：

(12) Don't let your *heart* rule your *head*.

例(12)中的 heart(心脏)指代"感情"，head(头)指代"理智"。"心脏"与"感情"、"头"与"理智"之间没有客观的或自然的邻近关系，它们之间的邻近关系是概念邻近，是人类识解的结果。

5.4.2.2 突显性

根据典型理论，一个范畴的典型成员能够表示整个范畴。人们在选择喻体时，一般会更加注意范畴中具有突出特征的事物的一面或事件的某一过程，会把具有突出特征的那部分作为认知整体事物或整个事件（或事物）的另一面的参照点。因此，喻体为目标体搭起了一座心理桥梁。一件事情、一个物体或一个概念有很多属性，而人的认知往往更多地注意到其最突出、最容易记忆和理解的属性，即突显属性。对事物突显属性的认识来源于人的心理上识别事物的突显原则。例如，一个人会有很多属性，但是如果他的大头最显眼、最突出，他可能会被叫做"大头"。如：

(13) I met some *new faces* at the party.

在例（13）中，faces 在人体中具有突显性，因为区分一个人与另一个人的不同主要观察一个人的面部，因此，面部就成了能激活一个人整体的显著特征，使人的整体得到显现。该句是典型的"部分—整体"转喻，即"面"代表"人"（FACE FOR THE PERSON）。

邻近关系和突显性在转喻的运用中起着决定性的作用。转喻以视角变化和邻近关系为基础。人们的视角往往指向事物最突显的特征。

5.4.2.3 语境依赖性

转喻目标的识别主要依赖于语境。例如：

(14) *The pork chop* left without paying.

没有一定的语境，人们无法知道 the pork chop 指的是什么。在餐馆中，如果此话语由服务员说出，那它指代"点了猪排的顾客"。如果在菜市场，那它指代"购买猪排的顾客"。因而，同一个喻体在不同的语境中有着不同的释义。又如：

(15) a. *Washington* is insensitive to the needs of the people.
   b. *Washington* doesn't like football. Few people attended yesterday's game.
   c. *Washington* is afraid of possible terrorist attacks.

很明显，(15a)中的 Washington 激活的是政治机构；(15b)中激活的是它的居民；(15c)中的 Washington 可能激活的是政治机构，也可能激活的是它的居民，对该句的解读需要依赖更大的语境。

Taylor(2002:328)指出词义的转喻延伸可通过"含义视角化"(perspectivisation of an implicature) 来实现。视角化是一种心理想象能力，它渐变为转喻延伸。Taylor 用两个短语 leave a room 和 leave something in a room 分别阐明动词 leave 的两个义项。他分析道，第一个义项突显一个实体离开一个封闭空间内部，在这种情况下，leave 的直接宾语标志封闭空间。一个离开封闭空间暗含着他与仍停留在原地那些实体保持距离。通过这个含义的视角化，leave 表示 not to take with one，即 leave behind(留下)的意义，如 I left John in the room.。被"留下"的实体不必一定位于封闭空间，因而我们可以说 I left my shoes outside.。再者，"留下"这一行为可以是有意的，也可以是无意的。如果是后者，leave 就表示"忘记带"，如 Where did I leave my car keys? leave 的不同意义由一系列转喻关系而链接在一起。

我们再举名词 nurse 变为动词后的例子来说明转喻的含义视角化在词义延伸或形成多义词中的作用。

(16) a. Her father was ill for some days, and she *nursed* him kindly.
   b. She *nursed* her brother through his university examination.
   c. He *nursed* the small tree carefully.
   d. She still *nursed* anger and resentment.

护士一般护理病人。根据常理，护士在护理病人时一般都细心关照，使其向好的方面转化，直到恢复健康，(16b)中的"照顾"，(16c)中的"培育"这些意义把这种常识视角化了。另外，有时候被细心护理的病人不一定都会康复，相反病人的病情有可能恶化，直至死亡。在这种情况下，谁都感觉不好受，这种常识又通过含义的视角化成为(16d)中的"怀有"(敌意、不满等情绪)之意。

值得注意的是，由于转喻的目标域与源域的联系在历史进程中可能被剖断，即源概念也许会完全与目标概念分离,初始的核心意义可能过时或被废弃,因而从共时的角度,它不能被视为核心意义。例如,harvest 最初指"第三个季节",即秋季,通过该季节的突显行为指收割季节(season for reaping),然后,又通过转喻指"收割"和"季节的任何自然产品的产出"(season's yield of any natural product)。虽然从共时角度来看,harvest 的"秋季"意义已不复存在,且不能作为核心意义,但从历史角度来分析,harvest 从"秋季"到目前的"收割、收获",其意义延伸由转喻这个纽带而链接在一起。现在 harvest 的核心意义变为"收割、收获"了,从这一意义又延伸出"成果"等意义。

5.4.3 隐喻和转喻的合力与多义词

一个多义词的形成,隐喻和转喻往往同时起作用。我们在此分析一下英语 crown 一词的义项之间的隐喻和转喻认知理据。

《新牛津英汉双解大词典》列出了 crown 的以下名词意义和动词意义:

名词意义:

(i) a circular ornamental headdress worn by a monarch as a symbol of authority, usually made of or decorated with precious metals and jewels[王冠;冕]

(ii) the reigning monarch, representing a country's government[王国政府;君主;国王]

(iii) the power or authority residing in the monarchy[王权;王位]

(iv) an ornament, emblem or badge shaped crown[王冠状物(如饰品、校章、徽章等)]

(v) a wreath of leaves or flowers, especially that worn as an emblem of victory in ancient Greece or Rome[(尤指古希腊或古罗马象征胜利的)花冠]

(vi) an award gained by a victory or achievement, especially in sport[(尤指体育运动中)冠军称号;荣誉(称号)]

(vii) the top or highest part of something[顶,顶部]

(viii) the part of a plant just above and below the ground from which the roots branch out[根茎]

(ix) the upper branching or spreading part of a tree or other plant[(树或其他植物的)冠]

(x) the part of a tooth projecting from the gum[齿冠]

(ⅺ)an artificial replacement or covering for the upper part of a tooth[假齿冠]

动词意义有：

(a)ceremonially place a crown on the head of(someone)in order to invest them as a monarch[为……加冕；立……为君主]

(b)declare or acknowledge(someone)as the best, especially at a sport[(尤指在体育中)为(某人)封冠]

(c)rest on or form the top of[给……加顶；占据(覆盖)……的顶端]

(d)fit a crown to(a teeth)[装假齿冠]

(e)be the triumphant culmination of(an effect or endeavour, especially a prolonged one)[使圆满，使完美]

义项(ⅰ)"王冠，冕"是 crown 的本义，它是王位标记。在君主政体机构中"王冠""国王"和"王权"都是其组成部分，"王冠"最具突显性，根据参照点现象，人们利用转喻的"部分代整体"和"具体代抽象"思维模式，便获得义项(ⅱ)(The power of the Crown is limited by the Parliament.)和义项(ⅲ)(He decided to relinquish the Crown.)。义项(ⅳ)和义项(ⅴ)是基于隐喻认知的相似性基础从义项(ⅰ)衍生而出。在体育比赛中，获得胜利者会被戴上花冠，花冠成为冠军胜利者的象征，由义项(ⅴ)隐喻出义项(ⅵ)"冠军(称号)，荣誉(称号)"(He won the world heavyweight crown.)。由于"王冠"是戴在头上，它处于最高处，根据隐喻认知的相似性基础，它又衍生出义项(ⅶ)"顶部"(crown of a hill)。义项(ⅷ)、(ⅸ)、(ⅹ)与义项(ⅰ)具有相似性，它们都是由义项(ⅰ)隐喻而出的义项。义项(ⅺ)是由义项(ⅹ)隐喻出的意义。作为动词义项的(a)(b)(c)(d)分别由名词义项(ⅰ)、义项(ⅵ)、义项(ⅶ)、义项(ⅺ)通过转喻的"结果指代行为"而转喻成为动词。义项(e)可被视为是由义项(ⅵ)通过"结果指代行为"而转喻为动词。

5.5 多义词的翻译

5.5.1 英语多义词汉译

英语中一词多义现象十分普遍。英语词汇的多义性决定了词义理解及其翻译的困难性。在分析理解一个词语的意义时，要同整个句子、段落甚至整个语篇联

系起来进行通盘考虑。这样才能实现语义准确、句子通顺。我们先看以下含有不规则多义词 crawl 的句子:

(17) a. The baby is *crawling* on the carpet.

b. The train had to *crawl* along because of the snow.

c. I would have to *crawl* to have any hope of finding it.

d. She is always *crawling* to her boss for promotion.

e. She cannot *crawl* across the river.

f. The countryside was *crawling* with CIA men.

g. The mere sight of snakes makes my flesh *crawl*.

我们曾让学生不借助词典翻译以上句子。由于他们一般只知道 crawl 表示"爬、爬行",故一些句子的翻译让人捧腹。如 c 句、d 句和 e 句分别被译为"为了能找到它,我不得不爬行";"为了获得晋升,她总是向老板爬去";"她不能爬过这条江"。如果掌握了词语义项演变及其义项之间的认知理据,在没有词典的情况下,借助语境,也不会译出以上令人捧腹的句子。

以上七句可译为:

a. 婴儿在地毯上爬。

b. 因为下雪,火车不得不缓慢行进。

c. 我低下身子,希望能找到它。

d. 为了获得晋升,她总是拍老板马屁。

e. 她不能以自由式泳姿游过这条河。

f. 乡村到处都是中央情报局人员。

g. 我一看见蛇就毛骨悚然。

本节的开头谈到语境是帮助译者确定多义词词义的最有效的途径。我们在此主要探讨三种语境,即话题语境、语法语境和搭配语境以及其在翻译实践中确定多义词词义的作用。

5.5.1.1 话题语境

话题指话语所涉及的主题或内容。语篇内的词语在语义上会以话题为中心作向心运动,减少一词多义对译者理解所造成的干扰。如 matrix 用于生物学话题时,它表"子宫";用于印刷业话题时,表"字模、纸型";用于数学话题时,表"矩阵"。

再以 common 为例，common 是一个多义词，它作一般词汇时有"普通的，常见的；共同的，共有的；一般的，公共的"义项。请看下列短语或句子：

A. A dog is one of the commonest pets.（狗是最常见的宠物之一。）

B. A great interest in music is common to them.（他们对音乐都有着共同的强烈兴趣。）

C. The common people in those days suffered a lot.（那时一般民众生活都很苦。）

但 common 一词在法律领域与其他词搭配完全丧失了"普通的；共有的"等含义。请看下列词组：

common assurance 物权证书（有关所有权的书面证据）
common bail 抑制保释（指在轻微民事诉讼中被告提交的一种非具体的担保）
common barratry 煽动诉讼（罪）
common council 市（或镇）议会
common criminal 臭名昭著的罪犯
common informer 职业线人
common jail 拘留所
common lawyer 精通判例法的律师
common thief 惯偷（可处附加刑）

5.5.1.2 语法语境

语法语境指的是一个词在话语中所占的语法空位，它对词的意义具有限制功能。现以多义词 get 为例：

A. He got a letter yesterday.（在此句中，"get + 名词"表示"收到 [receive]"。他昨天收到一封信。）

B. He is getting stronger and stronger.（"get + 形容词"表"成为……"。他越来越壮实。）

C. I will get him to do the work.（"get + 名词 + 动词不定式"表"使……做……"。我要让他做这件工作。）

D. How did you get to know him?（"get + 动词不定式"表"做到，成功"。你是怎么认识他的？）

第五章 多义性与翻译

尽管语法语境在某种程度上能确定一个多义词的义项,但它不足以确定该多义词在同一句法结构的所有义项。请看以下例句:

E. Get the book from my desk.(请把我书桌上的那本书拿来。)

F. Did you get a good score on the test?(你考试得了高分吗?)

G. We chased and got the pickpocket.(我们追赶那个扒手,抓到了他。)

H. He got measles from his sister.(他从他妹妹那儿感染上了麻疹。)

I. What time should I get dinner if you bring your friends?(如果你带朋友来的话,我该在何时准备好晚餐?)

J. His voice really gets me.(他的声音让我受不了。)

虽然以上例句都是 get + n. 结构,然而 get 的意义却大不相同。因此,确定一个多义词义项不仅要依靠语法语境,还得依靠它与其他词的搭配语境。只有当语法语境与搭配语境相结合的时候,多义词的义项才能更为精确地确定下来。

5.5.1.3 搭配语境

搭配语境指的是句子成分内部词与词的搭配使用,如名词词组内部中心词(名词)与其修饰语(定语)的搭配,动词词组内部动词与其宾语或状语的搭配。当我们确定了其中一个词的词义后,我们可根据这个词的意义来确定与之搭配使用的另一个词的意义。如英语动词 contract 有"订合同;(金属、肌肉等)收缩;染患(疾病)"等意义。在下列句子中,根据它与其他词的搭配关系,我们很容易确定它的意义。

A. He has contracted skin cancer.(他患了皮肤癌。)

B. She contracted with the city for the design of a library.(她与该市订立设计图书馆的合同。)

C. Metals expand when heated and contract when cooled.(金属加热时膨胀,冷却时收缩。)

我们以 fast 为例。fast 做副词时有"快,快速地;接连不断地,快速不断地;牢固地;(睡眠)香甜地"意义。请看下列句子:

He is fast asleep.(他睡得很香。)

His tears fell fast.(他的眼泪流个不停。)

73

His feet stuck fast in the mud.(他的脚牢牢陷入泥中。)
He ran to school fast.(他快速跑到学校。)

再以多义词 heavy 为例。它的确切义项只有根据与其他词的搭配才能确定。

a heavy sea(波涛汹涌的大海)　　a heavy odour(强烈的气味)
a heavy blow(有力的打击)　　　a heavy crop(大丰收)
heavy traffic(拥挤的交通)　　　heavy news(令人忧愁的消息)
heavy casualties(重大伤亡)　　a heavy smoker(烟抽得凶的人)
heavy applause(热烈的掌声)　　heavy food(油腻难消化的食物)

特别还要注意的是一词多义中的反义同词现象。反义同词指一个词语有几乎是相反意义的义项,此时的译者需更加小心,更需要根据搭配语境来确定其词义。如单词 sanction 既具有"批准"和"认可"的含义,也具有"制裁"的意思。同样,单词 outstanding 在指贷款时,意思是"未完成的""未偿付的""未兑现"的;而用作指证券时,其含义却变成"已经发行的"。因而,译者绝对不能将 outstanding stock(已发行在外的股票)翻译成"尚未发行的股票"。请看下列句子:

A. The brief was filed late due to an oversight. 由于疏忽,迟交了辩护陈述书。(此时的 oversight = unintentional error)

A1. The Foreign Relation Committee has responsibility for oversight of its subcommittee proceedings. 外事关系委员会有责任对其下属委员会的程序进行监督。(此时的 oversight = intentional, watchful supervision)

B. The sanction of violence should not be permitted by government. 政府不许容忍暴力。(此时的 sanction = approval or condoning)

B1. Official sanctions are being considered against Iran. 官方制裁被视为是针对伊朗的。(此时的 sanction = penalty or coercive measures)

C. He ultimately reached his goal. 他最终实现目标(此时的 ultimately = at the end);

C1. The two legal terms were ultimately derived from the same root. 这两个法律术语从一开始便同根(此时的 ultimately = at the beginning)。

英语中有些动词既可作及物动词又可作不及物动词,作及物动词与作不及物动词时，它们会有不同的词义，这也可视为搭配确定词义。例如：

A. The university conferred an honorary degree on him.（这所大学授予他名誉学位。confer 作及物动词，表"授予［学位］"。）

A1. I will confer with my lawyer tomorrow.（我明天与我的律师商量。confer 作不及物动词，表"商量"。）

B. I consulted my brother as to how I can master the English language.（我请教我哥哥怎样可以学好英语。consult 作及物动词，表"请教，向……咨询"。）

B1. Before we can accept the firm's offer we must consult with the workers.（我们必须同工人商量，然后才能接受该公司的建议。consult 作不及物动词，表"商量"。）

C. He does not approve of its policies.（他不同意它的政策。approve 作不及物动词，表"同意"。）

C1. Congress approved the budget.（议会批准了这一预算。approve 作及物动词，表"批准"。）

5.5.2 汉语多义词英译

一字多义在汉语中也是普遍现象，如汉语中的"打"字有二十几个义项。译成英语时只有靠其前后搭配语境才能确定其意义。同时要注意的是，翻译时要根据不同的语境来选择恰当的英语单词。请看下列短语：

① 打太极拳（practise shadowboxing，练）

② 打酱油（buy soy sauce，买）

③ 打鱼（catch fish，捕捉禽兽等）

④ 打短工（work as a day or seasonal labourer; to be a temporary worker，做，从事）

⑤ 打毛衣（knit a sweater, knit weave，编织）

⑥ 打信号（give a signal，发出）

⑦ 打蛔虫（take medicine to remove or get rid of round-worms，除去）

⑧ 打草稿（work out a draft，拟定）

再看几个汉译英例子：

① 价廉物美
② 他们销售廉价质次货物。
③ 我们已按很低价格向你们报盘。
④ 请报体温表最低价。
⑤ 我们报价已是最低价，折扣不能再多给了。

以上五个句子都涉及"价格低"这么一个概念，但若要译得贴切，却可能需用不同词来表达。以上五句可译为：

① fine and inexpensive
② They sold cheap goods.
③ We have made you an offer at a very competitive price.
④ Please make us your lowest quotation for Clinical Thermometers.
⑤ As we have quoted you our rock-bottom price, we can't give you any more discount.

5.6 小结

本章从语言的多义性角度探讨了翻译问题。语言中的绝大多数词语都具有多义性，翻译时如何处理好词语的多义性，这是一个很重要的问题。本章首先介绍了多义性概念，然后探讨了词义演变的动因以及多义词义项之间联系的认知理据，尤其是隐喻与多义性，转喻与多义性之间的关系。最后结合英译汉和汉译英的例子，分析了多义词义项的翻译问题。多义词义项的翻译必须考虑多种因素，尤其是语境因素。此外，如果我们知道多义词义项演变的规律及其认知理据，那么在翻译中我们就会运用自如地判断和翻译多义词语。

第六章　象似性与翻译

6.1 引言

　　语言符号的象似性（iconicity）是近年来认知语言学研究的热点之一，也是语言类型学、符号学等研究的重要组成部分。语言的象似性是相对任意性（arbitrariness）而言的。所以，在谈象似性之前，有必要说说语言的任意性。索绪尔（Saussure）在《普通语言学教程》（1916）一书中指出，"能指与所指的关系是任意的。因为我们所说的符号是能指与所指的结合体，所以我们可以简单地说：语言符号是任意的。"（高名凯译，1916/1980：102）简言之，任意性就是指能指与所指两者之间的结合是"不可论证的"或"无理据可言的"。受索绪尔的影响，语言符号的任意性原则曾一度被视为语言学中的金科玉律。相比之下，语言符号的象似性研究却少有人关注。尽管洪堡特（Humboldt）早在《论人类语言结构的差异及其对人类精神发展的影响》（1836/1999）一书中就提出了"语言与现实同构"的观点，但由于结构主义盛行，并没有引起足够的重视。即使到了20世纪60年代，Jacobson在《探索语言的本质》（1965）一文中再提语言象似性，也未能引起学界的足够重视。值得一提的是，在20世纪80年代初，认知语言学的兴起改变了"语言任意性"一统天下的局面。认知语言学认为，语言并不直接反映客观世界，语言与现实之间存在"认知"这一中介。语言和语言组织反映了人类的一般认知原则，换言之，语言结构表征概念结构。所以，语言的形式和意义之间是有理据可言的，是具有象似性的。这样一来，语言的象似性原则逐渐为人们所接受。那么，何为象似性呢？所谓象似性，是指语言结构与人的经验结构或概念结构之间的自然联系，即是说，语言符号的能指与所指之间的关系是非任意的、有理据的。语言的象似性在语音、词汇和句法层面皆有体现，在句法结构中表现尤为明显。本章主要讨论句法象似性在翻译中的应用。

6.2 句法象似性的基本内涵

句法象似性主要包括顺序象似性、数量象似性和距离象似性三种。

6.2.1 顺序象似性

认知语言学认为,语言并不直接反映客观世界,语言和客观世界之间存在"认知"这一中介。语言使用者把他们对世界的感知方式和过程映现在句法形式上,体现为"线性顺序"。古代修辞学家把这种线性顺序称为"自然顺序"(ordo naturalis),即句法成分的排列顺序直接反映所表达对象的实际状态或事件发生的先后顺序。正如 Greenberg(1963:103)所言,"语言成分的次序与物理经验次序或对事物的认识次序是平行的。"有关顺序象似性的例子俯拾皆是,恺撒的名句"Veni, vidi, vici."(我到,我见,我征服。)就是一个经典的例子。又如:

(1) a. He jumped onto his horse and rode out into the sunset.
  b.*He rode out into the sunset and jumped onto his horse.

(2) a. He opened the bottle and poured himself a glass of wine.
  b.*He poured himself a glass of wine, and opened the bottle.

(3) a. 他仿佛期待她的情人;为情人预备火炉,预备吃的东西,多么有味啊!
  b.* 他仿佛期待她的情人;为情人预备吃的东西,预备火炉,多么有味啊!

由以上可见,句子结构的安排要遵循顺序象似性原则,即是说,按照言语行为出现的先后、事件发生的先后、事情变化过程的先后来确定句子结构的顺序,避免出现颠三倒四的情况。在(1)—(3)中,a 句遵循了顺序象似性原则,符合事物发展的先后顺序,由此,比 b 句更加适切、更加自然。

6.2.2 数量象似性

数量象似性,又称复杂象似性,是指所表达的意义越复杂,形式也越复杂。Croft(1990)认为,从类型学的角度来看,语言结构与概念之间存在以下关系:相对简单的概念(如单个词素、单纯词、简单短语、复句)通常由相对简单的形式表达,而相对复杂的概念(如多个词素、复合词、复合短语、复句)则普遍由相对复杂的语言结构表达,处于两极之间的概念的表达形式则可能因为语言的不同而不同(参见吴为善,2011:206)。例如,在 act → active → activate → activation 派生链中,从左到右词语所表达的意义(概念)逐渐增加,其表达形式也越来越复杂。数量象似性在英语形容词的原级、比较级和最高级中体现得最为明显,如 tall → taller → tallest, hard → harder → hardest 等。另外,在句法结构中有标记的语言形式通常比无标记的语言形式所表达的概念复杂,因为有标记的形式往往负载更多的语用、语篇意义。

6.2.3 距离象似性

距离象似性原则相当于 Givón 所言的"邻近原则"(proximity principle)以及 Bybee 的"相关原则"(relevance principle),是指语言成分之间的距离对应于它们之间的概念距离,即在功能、概念以及认知方面靠得越近的实体,在语码层次上(如时空上)就靠得越近(文旭、陈治安,2005:219)。语言距离指的是语言单位之间的物理距离,这些语言单位可以是非毗邻的词、毗邻的词、词干与词缀的结合,或者单个词语。概念距离指的是概念与概念所描写的实体之间所观察到的可分离性和不可分离性。Haiman(1983)认为,表达之间的距离反映了概念间的距离。例如:

(4) a. I hear him singing.
   b. I hear that he is singing.
(5) a. The farmer killed the animal.
   b. The farmer caused the animal to die.

在上例中,(4a)和(4b)的区别在于,前者 hear 传递的是一种直接感知行为,表达一个命题;而后者 hear 传递的是一种间接感知行为,由 that 连接两个命题。(5a)中的 kill 比(5b)中的 cause to die 具有更直接的使役性。(5a)中原因和结果(即 causing 与 dying)之间的形式距离显然比(5b)小,因此其成分之间的概念距离也比(5b)的小。(5a)中 causing 和 dying 同时同地发生,且强调有肉体接触;而(5b)却暗示引起者和被引起者之间无肉体接触。

距离象似性还体现在中心词和前置修饰语的排列顺序上,越靠近中心词的修饰语与中心词的概念距离越近。例如:

(6) a. those three nice little white wooden dolls
　　b. *those wooden three nice little white dolls
　　c. *those nice three little white wooden dolls
　　d. *three those wooden nice little white dolls

6.3 象似性原则在翻译中的体现

6.3.1 顺序象似性与翻译

顺序象似性是语言中语序安排的一个重要原则,具体而言,是指连贯话语中分句的顺序与所描述的事件发生的时间顺序相一致(文旭,2001)。Greenberg(1966)的类型学研究也支持这一说法,他指出,在人类语言中若其他一切条件都相同,那么子句在叙述中的顺序一定和它们所描述的事件的次序相同,没有一种语言在讲一事时是以倒叙为常的(参见张敏,1998)。当然,人们也可能会选择有标记的语序以实现特定的语用目的,因为语言的表达顺序在一定程度上也能传达意义,因为"同一概念意义的若干句子会因为各自语序的不同而产生不同的主题意义,具有不同的交际价值"(王东风、章太炎,1993:402)。

顺序象似性普遍存在于语言之中。因此,在英汉互译过程中,译者应树立相应的象似性意识,译文要尽可能再现原文的顺序象似性。下面我们列举几种典型的顺序象似性,看看如何在翻译实践中做到以"象似译象似",实现原文与译文的顺序象似性的契合。

6.3.1.1 并列关系

在众多语言中,并列句的第一个分句常常表示先发生的事件,第二个分句表示后发生的事件,英汉语也毫不例外。在翻译这种并列结构时,我们一定要遵循象似性原则,根据原文中事件的顺序,先出现的先翻译,后出现的后翻译,这样才能在形式和功能上实现与原文的契合。例如:

(7)原文:我跟随大家到第五行树,把梯子直接靠在一棵树上,梯子的两只脚牢固地插进土里。

　　译文:I follow the group to the fifth row and directly against a tree I place my ladder so its legs hit the dirt sturdily.

(8) 原文: We built a huge bonfire, and collected all the people around it.

译文: 我们堆了一大堆木头,烧着烟火,把老乡们都叫了来,围着烟火。

以上的原文和译文的事件顺序都遵循了顺序象似性原则,因此译文是无可厚非的。

6.3.1.2 顺承关系

顺承关系是指几个分句按顺序说出连续的动作或相关的事情,其显著特点是循序渐进,依次顺延,蝉联而下,鱼贯而出,所以也有人称之为"鱼贯式"。现代汉语中表达这种关系的关联词语主要有:就、便、才、接着、跟着、于是、(首先)……然后、(起先)……后来等;英语常用的关联词有 then, and then, after that, hence 等。表示顺承关系的复句特别遵循顺序象似性原则,所以在翻译时,一定要注意分句的先后顺序。应该按照言语行为出现的先后、事件发生的先后、事情变化过程的先后来确定顺序,避免分句间出现颠三倒四的毛病。

(9) 原文: 它先是离我较远,见我不去伤害它,便一点点挨近,然后蹦到我的杯子上,俯下头来喝茶,再偏过脸瞧瞧我的反应。(冯骥才,《珍珠鸟》)

译文: First it kept its distance from me, then hopped nearer, then stood upon my glass and eventually lowered its head to drink my tea.(杨宪益、戴乃迭 译)

以上译文运用一系列连词较好地实现了原文和目的语的象似性的对应,翻译准确且具有逻辑性。又如:

(10) 原文: When the infant had taken its fill the mother sat it upright in her lap, and looking into the far distance, dandled it with a gloomy indifference that was almost dislike.(Thomas Hardy, *Tess of the D' Urbervilles*)

译文 1: 小孩吃足了奶以后,那位年轻的母亲就把他放在腿上,叫他坐直了,逗弄他,眼睛却瞧着远处,脸上是一种阴郁沉闷的冷淡神情,几乎好像是嫌憎的样子。(张谷若译)

译文 2: 当婴孩吃足奶以后,年轻的母亲让婴孩坐直在自己的腿上,自己的眼睛望着远方,带着一种几乎算成憎恨的阴郁的冷漠,拨弄着婴孩。(吴笛 译)

(转引自叶家莉,2001: 116)

原文中有几个连续的动作 take its fill, sat it upright, dandled 和 looking into，因此在翻译过程中要根据这些动作的发生的先后顺序，进行句子的安排。总的说来，以上两个译文都遵循了原文的顺序象似性。张译本在保持译文顺序象似的情况下，对语句做出适当调整，使其更加符合汉语的表达习惯，读起来流畅自然。而吴译本采取直译的方式，译文略显生硬。

6.3.1.3 连动式和动补式

英汉语中连动式和动补式也遵循顺序象似性原则，即第一个动词的行为发生在第二个动词的行为之前。因此，连动式和动补式结构的翻译也需要遵循象似性原则，根据言语行为发生的先后顺序译出。例如：

（11）原文：他打开抽屉拿出一把手枪来。

译文 1：He opened the drawer and took out a pistol.

译文 2：Opening the drawer, he took out a pistol.

例（11）是一个并列连动式，表示两个动作的同时或几乎同时发生（但逻辑的先后顺序还是存在的）。因此，在翻译时要体现出这种先后性。译文 1 用连词 and 来体现这种先后顺序，而译文 2 把次要的动作化作伴随状语从句，二者都是切实可行的办法。下面我们看看动补式的处理方式：

（12）原文：That delicious swooning, asexual but urgent and obsessive, that made *me awkward and my voice crack*, is like some impossible dream now.（J. Walters, *First Love*）

译文：那种如痴如狂的激情，虽说不上是性爱，但却非常急切，难以摆脱，使我局促不安，说话哑声哑气。如今这一切都已像一场难圆的梦。

原文中的斜体部分是一个动补式结构，具有象似性，在译成中文时，仍保留了这一特性。再如：

（13）原文：宝钗笑道："我说你'得陇望蜀'呢。我劝你且缓一缓。"（曹雪芹、高鹗，《红楼梦》）

译　文：Bao-chai laughed. "You're like the famous general: 'one conquest breeds appetite for another'. I advise you to take things more gently."（Hawkes 译）

6.3.1.4 原因分句和条件分句

在因果复句和条件复句中,一般是先有原因,后有结果;先有条件,后有衍推。正如周煦良先生(1959)所言:"因的发生总是在先,果的发生总是在后,所以在汉语中因果关系的叙述大体上也按照时间的顺序,因在先,果在后。"Greenberg(1963)也指出:"在条件陈述中,条件分句在结果分句之前,这是所有语言的正常次序。"例如:

(14)他五六年前,曾在戏台下的人丛中拧过一个女人的大腿,但因为隔一层裤,所以此后并不飘飘然,——而小尼姑并不然,这也足见异端之可恶。(鲁迅,《阿Q正传》)

当然,原因分句和条件分句也有置于主句之后的,不过,现代汉语中这种情况较少见,主要用于几个固定的关联词语中,如"之所以……是因为""若是/要是……除非",这时所强调的是后面的原因或条件分句:

(15)飞鱼导弹之所以敢和大军舰较量,主要是因为它具有克敌制胜的许多特点。

(16)要想人不知,除非己莫为。

英语的原因分句和条件分句不太遵守这两种象似性原则,其位置比较灵活,可前可后。例如:

(17)If you pour oil on water, it floats.

(18)We'll do it, if he comes.

(19)Because he sat up all night with the patient, the doctor looks tired and sleepy.

(20)Piggy muttered the name to himself and then shouted it to Ralph, who was not interested because he was still blowing.(W. Golding, *Lord of Flies*)

英语有如此情况,这或者跟它的演变有关,因为英语是从 SOV 型语言发展成 SVO 型语言的,或者是因为语法化的缘故,如连词 for 引导的原因分句必须置于主句之后:

(21)She was not helpless, for she had money of her own.

从以上对比我们可以看到,英语的原因分句和条件分句的位置相对而言较为灵活,而汉语的因果复句和条件复句则较为严格遵守"先因后果""先条件后衍推"这两种顺序象似性原则。因此,在汉译英时,我们最好把原因分句、条件分句置于主句之前,以服从象似性原则,而在英译汉时,则可灵活处理。例如:

(22) 原文:如果你们骄傲起来,不虚心,不再努力,不尊重人家,不尊重干部,不尊重群众,你们就会当不成英雄和模范了。(《毛泽东选集》)

译文:If you become conceited, if you are not modest and cease to exert yourselves, and if you do not respect others, do not respect the cadres and the masses, then you will cease to be heroes and models.

(23) 原文:因是儿子的终身大事所关,说不得东拼西凑,恭恭敬敬封了二十四两贽见礼。(曹雪芹、高鹗,《红楼梦》)

译文:Since this was a matter which concerned the whole future of his son, there was nothing for it but to strain his credit to the utmost. By borrowing a bit here and a bit there he was able to get together a sum of twenty-four taels of silver.(Hawkes 译)

以上两例是汉译英,原文和译文都遵循了象似性原则。下面让我们看英译汉的例子:

(24) 原文:*As Miss Sharp's father had been an artist and a drunkard, and her French mother an opera girl*, it is not surprising that Rebecca asserted she had never been a girl—she had been a woman since she was eight years old.(W. M. Thackeray, *Vanity Fair*)

译文:<u>由于她父亲曾经是一名画家和酒鬼,她的法国籍母亲是一名歌剧演员</u>,无怪乎丽贝卡说自己从来也没有做过孩子——她八岁起就成了操持家务的成年妇女了。

(25) 原文:*If I'm on a train at night,* I can usually even read one of those dumb stories in a magazine without puking.(J. D. Salinger, *The Catcher in the Rye*)

译文:<u>如果我在夜间坐车</u>,通常都能读完一篇这种杂志上的低级故事而不作呕。

以上英语原文和汉语译文都遵循了顺序象似性原则,即原因、条件分句在主

句之前。下面例句是英语原文未遵循顺序象似性原则,而汉语译文却遵循了这一原则:

(26) 原文:He had to stay at home yesterday *because he was ill.*

译文:<u>因为他病了</u>,昨天他不得不待在家里。

(27) 原文:He would be a rash man *if he should venture to forecast the results of this event.*

译文:<u>如果有人敢于预言此事的结果</u>,那他一定是个鲁莽之徒。

(28) 原文:But, *my good master Bates dying in two years after, and I having few friends,* my business began to fail; for my conscience would not suffer me to imitate the bad practice of too many among my brethren. (J. Swift, *Gulliver's Travels*)

译文:但是,<u>两年以后贝茨恩师不幸逝世,我没有什么朋友</u>,又不肯违背良心学我们许多同行那样胡来,所以生意渐渐萧条。

在(28)中,斜体部分是两个并列的表原因的独立结构,译文却将其译为表原因的并列分句。此外,把连词 for 引导的原因分句,按照象似性原则将其前置译出,最后译出主句,并增加"所以"表明因果关系,这就使得译文脉络清晰,避免按原文顺序译出时会出现拖泥带水的现象。

当然,也可根据英语的结构,把汉语译文的原因分句或条件分句放在主句之后,这主要是为了强调原因或条件分句:

(29) 原文:On Christmas Eve he always arrived late *because the Golashovskys were his last stop on his rounds of wishing friends a happy holiday.* (Joseph P. Blank, *The Husband Who Vanished*)

译文:圣诞节前夕他总是到得很晚,<u>因为戈拉什奥夫斯基夫妇是他向朋友祝贺新年转了几圈之后的最后一站</u>。

(30) 原文:Bounderby was furious, *for his mother disproved his boasts about being a selfmade man.* (C. Dickens, *Hard Times*)

译文:庞得贝为这件事大发雷霆,<u>因为他母亲戳穿了他靠个人奋斗而发家的自我吹嘘的谎言</u>。

(31) 原文：He wouldn't do it *unless you were to order him to.*
译文：他是不会做的，<u>除非你命令他</u>。

在很多情况下，可以通过增加连词，来体现句子之间的因果关系。

(32) 原文：The heavily laden infantry, though enjoying a superiority of six-to-one, simply could not keep to schedule and lost 60,000 men in one day.
译文1：这支负载很重的步兵，尽管享有六比一的优势，完全不能遵守时间表，在一天内损失六万人。
译文2：这支步兵尽管在数量上享有六比一的优势，但是由于个人负重量很大，根本无法按时行动，因而在一天内就损失六万人。

（古今明，1997：3）

由以上可见，译文1采取直译的方式，尽管也译出了原文的主要内容，但是表达不流畅，逻辑也不清楚。比较而言，译文2抓住几个事件之间的因果关系，增加了"但是、由于、因而"等连词，使译文不仅逻辑清楚，而且符合汉语的表达习惯。

但是我们也要看到，在英汉互译中，要完全实现英汉语言的顺序象似性的对等是很困难的。因为汉语和英语是非亲属语言，前者属于汉藏语系，而后者属于印欧语系，两种语言之间的差异是普遍存在的。语言作为表达思想的有效工具，同时受到文化传统、社会条件、语言结构、思维方式等因素的制约。认知语言学认为，语言和现实之间并不是一一对应的，而是受到"认知"这一中介的调控，因此，持不同语言的人可能对同一客观事实采取不同的认知或识解方式。例如，都是表示"打八折"这一概念，汉语用"80%"，而英语注重折扣后的比例，用"20%"表达。又如，要表达"2012年1月1日上午10点"这一时间，按照英语的表达习惯，我们将其译为"10 a.m. Jan. 1st. 2012"，而不是按原文顺序直接译出，这种调整符合目的语的表达习惯。又如：

(33) 原文：我吃过饭再打电话给你。
译文：I will call you after finishing the dinner.

(34) 原文：他坐公共汽车来这儿。
译文：He came by bus.

(35) 原文：他从旧金山坐长途公共汽车经过芝加哥到纽约。

译文：He came to New York from San Francisco through Chicago by greyhound bus.

(戴浩一、黄河，1988：13)

由于语言、文化和思维方式的不同，不同语言可能选择不同的表达方式来描述同一概念或现象。在英汉互译过程中，我们可以根据目的语的表达习惯，作适当的语序调整，使译文更加自然、顺畅。但是，我们要遵循的一个基本原则是：译文可以根据实际情况做适当的语序调整，如增加相应的连接手段（如连词等），但不能违背原文所表达的事件的逻辑顺序或自然顺序。因此，把握原文句子结构之间的逻辑关系，明晰英汉语序的相似性和差异，对提高翻译的质量与效率就显得尤为重要了。

6.3.2 数量象似性与翻译

沈家煊（2009［1993］：205）对语言的数量象似性做如下概括：

量大的信息，说话人觉得重要的信息，对听话人而言很难预测的信息，表达它们的句法成分也越大，形式较复杂。

数量象似性强调语言形式的数量与所表达意义的数量之间的一种正比关系，即形式越复杂，表达的意义越复杂。同一事件可能有不同的识解方式，所传递的信息和意义也有所不同。

看下例：

(36) a. A girl saw a porcupine.

b. A little girl caught a glimpse of a ferocious porcupine.

c. An alert little girl wearing glasses caught a brief glimpse of a ferocious porcupine.

例（36）中的三个句子都是描述"一个女孩看到一头箭猪"这一事件。但是，它们的描写详略度不同，达到的语用效果也不尽相同。在上述例子中，从 a 到 c 语言形式的复杂程度由低到高，表达的意义也越来越复杂。数量象似性具有跨语言的普遍性。例如，汉语通常使用并列短语来描述多个事件的同时发生。见下例：

(37) 到年底,扫尘,洗地,杀鸡,宰鹅,彻夜的煮福礼,全是一人担当,竟没有添短工。(鲁迅,《祝福》)

(38) 李应纵马赶将去,祝彪把枪横担在马上,左手拈弓,右手取箭,搭上箭,拽满弓,觑得较亲,背翻身一箭。(施耐庵,《水浒传》)

例(37)运用"扫尘""洗地""杀鸡""宰鹅"和"煮福礼"等多个动词短语来描写祥林嫂所承担家务的"繁多"和"复杂",而这一切都是由她一人承担的,从而刻画出祥林嫂在鲁家做工辛劳如牛马的生活。在例(38)中,施氏用"纵、赶、横担、拈、取、搭、拽、觑、翻"等9个动词生动地描绘出祝彪佯败射李应的场面,巧用多个动词真实地再现了这一系列复杂的动作,堪称经典。英语中也不乏这样的例子:

(39) Raising vegetable presents endless opportunities for weeding and thinning and hoeing and watering.

(邱文生,2010:274)

上文用 weeding, thinning, hoeing 和 watering 四个动作表达 raising vegetable 是一个漫长且复杂的过程。由此,直接反映了"语言表达的复杂性反映意义的复杂性"这一数量象似原则。对于这样的表达,我们通常采取直译的方法来保持原文的象似性。例(39)可译为"种菜这活需要不断地除草、间菜、锄草、浇水"(参见邱文生,2010)。

此外,英汉语中的"重复"(repetition)现象也是数量象似性的一个很好的例证。重复是为了表达某种文体需要而重复使用某个单词、短语或句子等的修辞方式,又称反复、叠言或叠用(朱永生等,2001)。"重复"这一修辞手法多见于演讲、诗歌、小说等文学体裁中。例如:

(40) We shall go on to the end. We shall fight in France, we shall fight on the seas and oceans, we shall fight with growing confidence and growing strength in the air. We shall defend our island, whatever the cost may be. We shall fight on the beaches, we shall fight on the landing-grounds, we shall fight in the fields and in the streets, we shall fight in the hills. We shall never surrender!
(Winston Churchill, *We shall fight them on the beaches* [1940])

第六章　象似性与翻译

以上节选自 Winston Churchill（1940）在第二次世界大战中发表的著名演讲《我们将在海滩上作战》。上文巧用"重复"的修辞手法，重复使用 10 次 we shall 和 7 次 we shall fight，句句慷慨激昂、铿锵有力，体现了 Churchill 与法西斯奋战到底、死而后已的决心。在英汉翻译时，我们要采取直译的方式，尽可能地模仿原文的"重复"的修辞手法，保持原文的数量象似性。我们可将此译为：

译文：我们将战斗到底。我们将在法国作战，我们将在海洋中作战，我们将以越来越大的信心和越来越强的力量在空中作战，我们将不惜一切代价保卫本土，我们将在海滩作战，我们将在敌人的登陆点作战，我们将在田野和街头作战，我们将在山区作战。我们决不投降！

以上译文运用 9 个"我们将"、10 个"我们"、7 个"我们将……作战"，尽可能地保留了原文的"重复"修辞手法。把最后一个句子"We shall never surrender."译为"我们决不投降"而不是"我们将决不投降"是合理的，不仅符合汉语的表达习惯，也没有影响原文所体现的数量象似性。

此外，在某些句子中，同一个动词并列使用，用以表示连续发生或重复发生的过程。对于这样的句子，英汉翻译中一般采用意译的方式以符合目的语的表达习惯。例如：

（41）原文：He *talked* and *talked* and *talked*.
　　　译文：他谈了又谈 / 他谈个不停。
（42）原文：When Bill was happy, he *laughed* and *laughed*.
　　　译文：当比尔高兴的时候，他就笑个不停。

重复现象在诗歌体裁中尤为常见。例如：

（43）寻寻觅觅，冷冷清清，凄凄惨惨戚戚。（李清照，《声声慢》）

例（43）节选自著名诗人李清照的千古绝唱《声声慢》，该诗抒发了李清照的亡国之恨、丧夫之哀和孀居之苦。上文连用七组迭字，蕴含恍惚、寂寞、悲伤三层递进的意境。根据唐圭璋《唐宋词简释》的解释："心中无定，如有所失"故曰"寻寻觅觅"；"房栊寂静，空床无人"故曰"冷冷清清"；"凄凄惨惨戚戚"六字，更深一层，写孤独之苦况，愈难为怀。作者通过七组迭字来烘托其内心的复杂性。在汉英翻译中，既要反映原诗的意蕴，又要体现其音韵特征，是很困难的。来看林语堂的译文：

译文1：So dim, so dark,
　　　　So damp, so dank,
　　　　So dense, so dull, so dead!

　　林氏连续使用7个so和7个以d字母开头的形容词，以"头韵"的方式模仿原文的"叠音"，再现了原文的音律美，译文值得称道。但是，林氏的译文在"表意"方面仍有一些不足之处。例如，他用7个形容词来模仿原文的7组14个叠字，而把"寻寻觅觅"翻译为so dim, so dark并不是很贴切。原因有两点：一方面，它不能反映"寻寻觅觅"中"不断寻找而无果"这一动作过程，没有传达原文的"数量象似性"；另一方面，在例（43）中，"寻寻觅觅"是"因"，而后面的"冷冷清清，凄凄惨惨戚戚"是"果"，暗含"顺序象似"，而林译文中的dim, dark与后面的so damp, so dank, so dense, so dull, so dead不能很好地再现原文中"寻寻觅觅"和"冷冷清清，凄凄惨惨戚戚"两者之间的因果关系或逻辑联系，由此导致原文所蕴含的"顺序象似性"荡然无存。再看许渊冲的译文：

译文2：I look for what I miss; I know not what it is.
　　　　I felt so sad, so drear,
　　　　So lonely, without cheer.

　　许渊冲对原文的结构做了一些调整，使表达更符合英语的思维习惯，也较准确地传达了原文的意蕴。I look for what I miss; I know not what it is较好地反映了"寻寻觅觅"所突显的"寻找，而无果"的意味，但后面对于"叠词"的处理没有林译文有诗意。与林译文相比，许译文更好地揭示了"寻寻觅觅"和"冷冷清清，凄凄惨惨戚戚"之间的因果关系，但是"寻寻觅觅"两组叠字所反映的"不断寻找而无果"的意味，仍然没有体现出来。因此，没有再现原文中"寻寻觅觅"所体现的"数量象似"。再看朱纯深的译本：

译文3：Searching, seeking, endlessly.
　　　　Alone, lonely,
　　　　Moody, gloomy.

　　朱译文用Searching, seeking模仿"寻寻觅觅"的动作，可谓独具匠心，译文既无拖沓之感，又反映了原文"找寻"的意味。而 endlessly 一词的补译，更是精妙，它很好地突显了动作的"持续性"，由此"寻寻觅觅"所蕴含的"不断寻找而无果"的意蕴跃然纸上，原文的数量象似性得以保持。此外，Searching, seeking, endlessly 所突显的"无果寻找"和 Alone, lonely, moody, gloomy 构成因果关系，进一步彰显了作者的伤怀和惆怅。朱译文把"冷冷清清，凄凄惨惨戚戚"译为 Alone, lonely, moody, gloomy 既有诗意，又表达了作者的"愁"，实在精妙。

6.3.3 距离象似性与翻译

距离象似性是指概念间的距离对应于语言成分之间的距离。例如，可以说"我的兄长"，也可以说"我兄长"，可以说"我的书桌"但一般不说"我书桌"，这就体现了语言的距离象似性。因为"我"和"兄长"两个概念之间的关系十分紧密，具有不可让渡性，因此在语言结构上二者的联系也比较紧密，此时"的"字可以省去。相比之下，"我"和"书桌"的关系较疏远，所以必须插入一个"的"字（参见沈家煊，1999：10）。认知语言学认为，不同的结构必然导致不同的意义。在许多情况下，距离象似性是导致两个相似的结构具有不同语义的重要原因。例如，英语中 hear sth. / hear of sth. 和 know sth. / know of sth. 的区别就反映了语言的距离象似性。例如：

（44）原文：I *heard a noise* in the bedroom.

译文1：我在卧室里听见了声音。

译文2：我听见了卧室里的声音。

原文：We all rejoiced to *hear of* his success.

译文：听到他获得成功的消息，大家都很高兴。

（45）原文：I don't *know* Mr. Langacker but I know *of* him.

译文：我不认识兰厄克先生，但我听说过他。

由以上可知，hear sth. / know sth. 表示"直接听到某人讲话 / 认识某人"；而 hear of / know of 则表示"间接听到有人提到过某人 / 听说有某人"，此时 of 一词揭示了动词与宾语间的概念距离。

以英语中的并列结构为例，并列成分间的形式距离反映出它们之间的概念距离。例如：

（46）a. X a Y and X b Y
　　　b. X a and b Y

例如，并列成分 a 与 b 之间的距离在（46a）中就比在（46b）中大，因为（46a）中 a 与 b 是分开的，并形成对照；但在（46b）中，它们组成一个整体，并在许多方面相似。对于这种结构的翻译，我们必须明确修饰语和中心语的关系。例如：

（47）a. red ribbons and white ribbons
　　　b. red and white ribbons

（47b）有两种意义，其中之一与（47a）的意义相同，译为"红色的缎带与白色的缎带"，另一种意义是同样的缎带上有红、白两种颜色，可译为"红白相间的缎带"。在这样的结构中，被连接成分之间的形式距离对应于它们之间的概念距离。又如：

（48）a. 原文：*The singer and the dancer* are to attend our English evening.
　　　　译文：那位歌唱家和那位舞蹈家将出席我们的英语晚会。
　　　b. 原文：*The singer and dancer* is to attend our English evening.
　　　　译文：那位歌唱家兼舞蹈家将参加我们的英语晚会。

（49）a. 原文：*The owner and the editor* of the *Daily Post* were members of the club.
　　　　译文：《每日邮报》的老板和编辑曾是这个俱乐部的成员。
　　　b. 原文：*The owner and editor* of the *Daily Post* was a member of the club.
　　　　译文：《每日邮报》的老板兼编辑曾是这个俱乐部的成员。

我们在 6.2.3 节提到，语言距离象似性的一个重要例证就是一个中心词和前置修饰语的排序问题。一般情况下，多个修饰语在语序上呈现的规律是越靠近核心的成分越稳定、内在性的；越远离核心的成分越不稳定、外在性的（金立鑫，2000）。但另一个事实是，英汉语的表达习惯有所差异，因此在英译汉的过程中，可能会对原文做一些调整以适应汉语的表达习惯。例如：

（50）a. 原文：those three nice little white wooden dolls
　　　　直译：那三个漂亮的小白木偶
　　　　改译：那三个漂亮的白色小木偶

第六章 象似性与翻译

　　b. 原文：a short thin stick
　　　直译：一根短的细棍
　　　改译：一根又短又细的棍子
　　c. 原文：He has long curled red hair.
　　　直译：他长着长长的红色卷发。
　　　改译：他长着一头红色的长卷发。

　　如上所示，有类似象似性差异的句子是比较常见的，而且容易洞悉的。我们通常可以找到相应的汉语将其译出。但是，英语中也不乏这样的例子，我们可以体会到其结构的差异，但要用对应的目的语译出却是很困难的。例如，英语中"NP V NP NP"构式和"NP V NP PP"构式的差异直接反映了语言的距离象似性，因此，这两种结构的差异带来的语义的不同也应该在翻译中体现出来。例如：

（51）a. 原文：The manager gave Bob the job.
　　　　译文：经理给了鲍伯那份工作。
　　b. 原文：The manager gave the job to Bob.
　　　　译文：经理把这份工作给了鲍伯。
（52）a. 原文：Chris baked Pat a cake.
　　　　译文：克莉丝给帕特烤了一个面包。
　　b. 原文：Chris baked a cake for Pat.
　　　　译文：克莉丝为帕特烤了一个面包。

　　此外，英语限定性定语从句与中心词的关系也体现了语言的距离象似性。一般认为，限定性定语从句和它的先行词有着不可割舍的关系，缺少了它，作为先行词的名词便不能明确表示其所指对象。相比之下，非限定性定语与先行词之间只有比较松散的联系，它不是先行词不可缺少的组成部分，而仅仅是对先行词提供一些补充说明，因此，即使它被省略掉，也不会影响先行词的所指意义（章振邦，2009：615）。例如：

（53）Here is the boy *who damaged the vase*.（限定性定语从句）
（54）His speech, *which bored everyone*, went on and on.（非限定性定语从句）

　　由以上可见，先行词与限定性定语从句之间一般不需要逗号隔开，因为它们

93

之间的概念距离很近。而在非限定性定语从句中，先行词与非限定性关系分句之间的概念关系不是十分密切，通常用逗号隔开。但需要注意的是，汉语和英语的修饰语与中心语位置的布置并不相同，汉语中修饰名词的成分通常放在名词前面，而英语的修饰从句往往放在名词后面。因此，在英汉互译的过程中，我们要根据实际情况做适当的调整，以适应目的语的表达习惯。下面我们简要谈谈英语限定性定语从句的翻译方法。一般而言，在英译汉时，若能把定语从句译成前置定语，要尽量将其译为前置定语。这种译法俗称"合译法"或"前位合译法"（贾德霖，1988；李映霞，1990）。例如，"Mrs Smith *you met yesterday* is a friend of mine."可译为"你昨天碰见的那位史密斯夫人是我的一位好朋友。"又如：

（55）原文：Many people have read the book *I bought you a few years ago in San Francisco*, but a few people have read this new book.
译文：许多人都读过<u>几年前我在旧金山为你买的那本书</u>，但很少人读过这本新书。

（56）原文：The people *who worked for him* lived in mortal fear of him.
译文：<u>在他手下工作的人</u>对他怕得要死。

"合译法"可以在最大程度上保持中心语和定语从句的距离象似性，是限定性定语从句的首选翻译方法。但是，有些限定性定语从句较长，结构较复杂，译成前置定语显得太长而不符合汉语表达习惯时，也可以采取变通的方式，将其分译成独立的句子或另一个从句。例如：

（57）原文：How can I introduce into a casual conversation those lengthy lines of argument *that inject the adrenaline into a given idea*?
译文：我怎样才能将那些冗长的学术文章的内容，在与普通人的交谈中表达出来？这些文字常为人的思想注入生机活力。

（叶子南，2001：88）

（58）原文：Matter is composed of molecules *that are composed of atoms.*
译文：物质由分子组成，而分子由原子组成。

在分译过程中，要尽量把握句子之间的逻辑联系，不适当的分译，很可能破坏句子之间的逻辑联系。例如：

(59) 原文: These legends are useful because they can tell us something about migrations of people *who lived long ago*, but none could write down what they did.

译文 1: 这些故事是很有价值的,因为它们能使我们了解到昔日人们迁徙的情况,<u>他们生活于很久以前</u>,但他们中间没有人能把他们所做的事情记载下来。

译文 2: 这些传说很有用,因为它们能告诉我们关于<u>生活在很久以前的人们</u>的迁徙情况,但是没有人能把他们所做的事情记载下来。

(赵振才,2009:1559)

译文 1 对限定性定语从句 who...ago 采取分译的方式,使得"他们生活于很久以前"这个句子在形式上和意义上都很难与上下文发生联系。译文 2 直接将限定性定语从句译作前置定语,既忠实于原文,又体现了原文的距离象似性。

6.4 小结

本章主要探讨了句法象似性在翻译中的体现以及以象似性为指导的翻译的标准问题。我们认为,原文与目的语的象似性的对应是检验一则翻译是否达到"形神皆似"目标的一个重要标准。因此,在翻译实践中,我们要对原文文本进行语言分析,尽可能地挖掘其文字背后隐藏的语言的象似性特征,"从象似性的角度进行翻译转换,即在传递原文的内容和押韵的同时,尽可能采取与源语语篇相同的象似性手法,以象似译象似……实现'以形传神''形神皆似'的理想翻译效果"(卢卫中,2003:65)。

第七章 主观性与翻译

7.1 引言

主观性（subjectivity）是认知语言学中的一个重要范畴，是语言的一种特性，它包含说话人对事物的评价以及在话语中留下的"自我"印记。20世纪20年代初，在哲学界中，哲学家强调"两分法"，即形式和意义的分离。在语言学领域里，布龙菲尔德更是尝试把语义排除在语言学研究的范围之外。直到20世纪末，语义的研究才受到语言学家的青睐，而在语言分析中，主观性对意义的构建和识解起着至关重要的作用，因此，也受到了越来越多的语言学家关注（Finegan，1995）。对主观性这一话题的研究在国际上最有影响力的主要有 Benveniste, Lyons, Langacker, Traugott 等，其中受到普遍关注的是 Langacker 和 Traugott 的研究。Langacker 从共时的角度考察语言的主观性，而 Traugott 则采用历时的视角，通过考证语义演化过程来观察语义演化的主观化倾向。要想准确理解说话人或作者的意义，就必须研究意义的主观性。因此，本章先从论述主观性和主观化（subjectification）入手，然后探讨翻译中的主观性与主观化问题。

7.2 主观性与主观化

Benveniste（1971）曾断言，语言带有的主观性印记是如此深刻，以致人们可以发问：假如语言不这样构造的话，它究竟还能不能名副其实地叫做语言。人类是在语言中并通过语言来把自己建构成一个主位（subject）。只有语言才能建构自我的意识和概念。语言的本质是主观的，所以我们也是主观的。Benveniste 认为，"主观性"是由"人称"的语言形式所决定的。"主观性"这一词专指说话者用语言把自己建构成主位的能力。它不是指个体的"我"的感觉，而是指一种心灵的统一体。"自我"只有在"我"用它的时候才成其为"自我"。使用语言不可避免

第七章 主观性与翻译

要使用"我",而一旦使用了"我",就建立了一个自我的视角。我们审视世间的一切都是以"我"为中心。"我"是认识活动的主体,一切从"我"这里向外展开。在这个意义上,客观性几乎是不可能的。这是人类的无奈。要想客观,就得摆脱语言。可是没有语言,人类的认识活动也就无法进行。而一旦使用了语言,就必须使用人称代词"我"。

Lyons(1977:739)指出:"主观性的标记是这样一种设置,说话人在说一段话的同时,表明了他对所说的话的评论和态度。"Lyons(1995:337)再次指出:"主观性指的是这样一种表现自我的性质,为意识(consciousness)的主体(subject),或施事的主体的性质,其中意识包括认知(cognition)、感情(feeling)和感觉(perception)。"沈家煊(2001:268)认为"主观性"是指语言的这样一种特性,说话人的语言表达含有说话人"自我"的表现成分。说话人在说话时表明自己的立场、态度和感情等,而在话语中留下自我的印记。"主观化"则是指语言表现这种主观性而采用相应的结构形式或经历相应的演变过程。"主观化"既是一个共时的概念,又是一个历时的概念,表现主观性的结构或形式是如何经历不同的时期通过其他结构或形式演变而来的。语言主观性能够使发话者在说出一段话的同时表明自己的立场、态度和情感,而在话语中留下"自我"的印记。我们平时在说话或写作中不可能不表达自己的观点或视角,实际上言语作品中的一切都是说话人的产物,都包含了说话人"自我"表达,都会带上说话人的印记。虽然主观性普遍存在于语言使用之中,但实际上语言通常只有一部分成分是专门用来明确表达主观性的。

Traugott 主要从历时的角度研究表现主观性的结构或形式是如何经历不同的时期通过其他结构或形式演变而来的。在 Traugott(1989,1995)的理论中,主观化指意义更加语用化的倾向,包含三个相互重叠的方面:① 从外在的描写转移到内在的评估;② 扩展到语篇和元语言用法;③ 说话者的判断内容不断介入。概括地说,意义的主观化指话语中包含说话人的认识策略的过程或指在历时的过程中逐渐发展出能够将说/写者的观点或态度编码的语词过程。认知语法的开创者 Langacker(1990a)是从共时的角度来看待语言的"主观化"的,他主要关心的是从认知角度出发来观察日常话语的使用,认为发话者或受话人出于表达理解的需要,从一定的视角出发来识解(construe)一个言语事件或一个客观场景。说话人或受话人在此过程中带有一定的主观性。识解的最基本模式是观察主体完全独立于被观察对象。在此情况下,观察的主体最大限度地处于"台下",注意力仅仅集中于被观察的对象；这意味着该对象被最大限度地客观识解，而主体则不带任何主观性。当观察的对象不被最大限度地客观识解时，主体的主观性增强。因此，在对语言主观性研究的环境之下，语言并非被认为是一种独立封闭的系统，语言也不被严格地认为是对逻辑命题的表达，相反，语言被认为是说话人感知和感觉的表现。Finegan（1995：4）认为对话语主观性的研究主要集中在三个方面：① 说话人的视角；② 说话人的情感（affect）；③ 说话人的认识情态（epistemic modality）。

通过以上分析，我们发现语言的主观性无处不在，离开了主观性，语言就可能不称其为语言。事实上，认知语言学的识解观也带有强烈的主观性。因此，我们将主要从说话人的视角、情感和认识情态三个方面来分析意义的主观性和主观化。

7.2.1 说话人的视角

说话人的视角被认知学家视为一个重要的概念，它反映参与角色在情景中对聚焦成分的选择。视角指人们对实体描述的角度，涉及观察者与实体之间的相对关系。人们的观察角度可能会直接影响对实体的理解和语言的表达，不同的视角会产生不同的认知参照点，然后人们以此为出发点来认知其他实体，从不同视角进行观察，选用不同的目标作参照点，这样就有不同的认知途径，在语言中就自然会有不同的表达形式。这与"横看成岭侧成峰，远近高低各不同"所蕴含的道理是一样的，同是一个客观存在的"山"，从不同的角度看就会有很大的变化，可以是"岭"，也可以是"峰"，不同的结果完全是由不同的"视角"造成的，语言表达也有类似的情况（王寅，2006：28）。例如：

(1) The hill falls gently to the bank of the river.
(2) The hill rises gently from the bank of the river.
(3) 虎(犬)子

句（1）与句（2）表达上的对立说明了观察角度不同，这种观察角度可以是实际的观察角度，也可以是说话者心目中的主观视角，于是也产生了主观运动的方向不同。例（3）中的虎子是说话者对他人儿子的称呼，犬子是说话者对自己儿子的称呼。虎子和犬子都表示儿子，但表达了说话者完全不同的视角。

视角这个概念包括了许多因素。有些词语，如"楼上""外面""很快"等，就体现出了一个空间或时间上的某一优势位置作为意义的一个内在部分的情况。说话者的位置是缺省的优势位置。另一个因素是心理浏览,"汇合"(converge)和"分流"(diverge)的意义差别就是一个例子。

塔尔米(Talmy,2000:68)认为"视角"就是在心理上观察某一事物或场景的位置,涉及诸如位置、距离和方式等因素。下面我们从视角所包含的人称视角、视角地点、视角距离、视角方式等方面来进行分析。

7.2.1.1 人称视角

人称视角指人们对同一实体或同一情景采用何种人称进行描述。例如:

(4) He has to go to work, or he will be fired.

(5) 寻寻觅觅,冷冷清清,凄凄惨惨戚戚。乍暖还寒时候,最难将息。三杯两盏淡酒,怎敌他、晚来风急。雁过也,正伤心,却是旧时相识。满地黄花堆积。憔悴损,如今有谁堪摘?守着窗儿,独自怎生得黑?梧桐更兼细雨,到黄昏、点点滴滴。这次第,怎一个愁字了得?(李清照,《声声慢》)

在例(4)中,说话者是从旁观者,即第三人称的角度进行描述。例(5)是著名女词人李清照所作《声声慢》。该词以第一人称"我"的角度,抒发了作者晚年的凄苦悲愁之情。开端三句用一连串叠字描写了主人公一整天的愁苦心情,从"寻寻觅觅"开始,如有所失,仿佛漂流在海洋中的人要抓到点什么才能得救似的,希望找到点什么来寄托自己的空虚寂寞。下文"冷冷清清",是"寻寻觅觅"的结果,不但无所获,反被一种孤寂清冷的气氛袭来,使自己感到凄惨忧戚。

7.2.1.2 视角地点

语法和词汇形式都可以体现说话者/写作者在某一提到的场景或话语场景中所占据的视角地点,即说话者/写作者可以采用由里到外或由外到里、自下而上或自上而下的视点对同一情景进行描述。例如:

(6) The door slowly opened and three boys and girls walked in.

(7) Three boys and girls slowly opened the door and walked in.

在例(6)中,说话者的观察视点在所描述场所的内部,而在例(7)中,说话者的观察视点则在所描述场所的外部。又如:

(8) a. The roof slopes steeply upward.

　　b. The roof slopes steeply downward.

这里的两个句子所描写的是同义现象，表达相同的命题内容，但它们采用了不同的视点。在(8a)句中，说话者观察情景时似乎是从下到上的，而在(8b)句中，却是从上到下的（文旭，1999：38）。

7.2.1.3 视角距离

束定芳（2008：128）认为视点与被提及的物体之间的相对距离被称为视角距离（Perspectival Distance）。视角距离有"远""中"和"近"三种，也就是说，说话者/写作者可以采用由此及彼、由近及远或由远及近等视点对同一情景进行描述。例如：

(9) There are some houses in the valley.

(10) There is a house every now and then through the valley.

以上两句话的注意形式是不同的。在例(9)中，说话者在描述房屋与山谷时，采取的是一种静态的远距离视点，即远距离观察或进行宏观摄取，而在例(10)中，说话者采取的则是一种动态的近距离视点，即视线连续移动，近距离逐一观察。

7.2.1.4 视角方式

扫描（scanning）这一图式由与运动有关的一系列概念化过程所组成，既可以理解为物理空间上的运动，也可以理解为概念空间上的一个质的变化或运动。它所涉及的是射体和界标。扫描方式包括"总揽式"（synoptic mode）和"顺序式"（sequential mode）两种，前者表示一种静止的远距离视角，一种环视的方式；而后者表达的是一种运动的近距离视角，一种聚焦的方式。例如：

(11) a. I took an aspirin time after time during the last hour.

　　b. I have taken a number of aspirins in the last hour.

例(11b)表达的是静态的空间构型特征，但例(11a)采用了顺序式视角方式，起到了扫描效果，为场景添加了动态特征。此例中两句的转换正好相反，句b采用总揽式视角将动态的场景从全局性的视角转化为静态场景。

7.2.2 情感

对"情感"的研究是广义上的,包括感情、情绪、意向、态度等等。语言中表达感情的对象是多方面的,可以是一个指称对象,一个命题,甚至一系列的命题(沈家煊,2001)。说话者/作者的情感指他可以通过语气/语调、时体、修辞等方式或手段来表达自己对同一情景或实体的感情、情绪、意向、态度等等。

7.2.2.1 语气

说话者/作者可以通过语气、语调来表达自己对某一情景或实体的感情、情绪、意向、态度等等。例如:

(12) Haven't I made myself plain?

(13) As if I cared!

(14) I gave you credit for being more sensible.

(15) He was nothing if not a hypocrite.

(16) To think that he was a blackmailer! When everyone had believed him to be such a sterling character!

(17) Mercy! If ever I heard the like from a lady!

(18) You are old enough to be more reasonable. You're old enough, dear Miss Miller, to be talked about.

(19) I should like to throw a cat at you instead of a cushion!

(20) 你好久来的?

(21) 我昨天就来了!

(22) 你怎么才来呀?

这里的各句都有了字面以外的内涵意义,不仅如此,它们还有语气色彩,表示某种感情、情绪、意向、态度等等。句(12)的字面义是"我没讲清楚吗?"但应注意英语此种构句实属反问,说话者实际不认为自己没说清楚,相反倒是间接责怪对方。句(13)完全是表示语气的句子,意在反驳对方。句(14)是用间接说法表示责备。例(15)这句话是一种强势表态,强调说明自己的判断。例(16)这两句都用惊叹号,说明强烈的情绪并非一句能表达,但两句又并非互不相连,第二句补充第一句的意思,英语如果写成一句就太长而无法传达说话者强烈的上当受骗的语气。第一句表示太感意外,第二句表示受骗者强烈的气愤之情。句(17)

是强烈地表示惊讶，认为是前所未闻的大怪事。if不是一般的条件而是强调虚拟性，表明句中所说的情况根本不存在，因而突出显示情况的可怪。句（18）本身就有责备之意。句（19）所表示的气愤较强。句（20）有惊讶或责备对方之意。句（21）用了感叹号，表明说话者可能心情不好，有不耐烦的意思。句（22）没有直接说对方来晚了，而是用间接的方式责怪对方。

7.2.2.2 时体

说话者/作者可以利用不同的时体来表达自己对某一情景或实体的感情、情绪、观点、态度等。文旭、伍倩（2007：59—63）从认知的角度探讨了话语的主观性在时体范畴中的体现。说话人除通过句子结构、词语、语调和身体语言来体现自我外，还可以根据语用目的选择恰当的时体来表达自己对所说内容和对听话人的态度、立场和喜怒、哀乐、爱憎等情感。听话人也可以根据发话人所采用的时体推断出发话人的立场、态度和情感。汉语动词没有时体和形态变化，一般利用词汇手段表达时体，从而表达说话者的感情和态度。例如：

（23）I hoped you would give me a hand with the painting.

（24）我已经等了你三个小时了！

例（23）中的 hoped 并不表示过去发生的动作，而隐含着说话者主观上认为自己与受话人之间存在一定的心理距离，即双方的关系还没有达到那种亲密无间的程度。运用过去时态是出于说话人为了表示对受话人的客气、礼貌的目的，从而表达说话人的一种感情或态度。例（24）中的"已经"表示完成体，如果说话者的语气很重，则有不耐烦之意。

7.2.2.3 修辞

说话人还可以通过修辞手段来表达自己对同一情景或实体的感情、情绪、意向、态度等等。例如：

（25）原文：He was like a cock who thought the sun had risen to hear him crow.

译文：他像一只自傲的公鸡，自以为太阳升起来是为了听他唱歌。

（26）原文：The hallway was zebra-striped with darkness and moonlight.

译文：月光下泄，门廊地面被照得明一道暗一道的，宛若斑马之躯。

（27）原文：Money talks.

译文：金钱万能。

（28）曲曲折折的荷塘上面，弥望的是田田的叶子。叶子出水很高，像亭亭的舞女的裙。层层的叶子中间，零星地点缀着些白花。有袅娜地开着的，有羞涩地打着朵儿的；正如一粒粒的明珠，又如碧天里的星星，又如刚出浴的美人。微风过处，送来缕缕清香，仿佛远处高楼上渺茫的歌声似的。（朱自清，《荷塘月色》）

在句（25）中，说话者通过使用明喻修辞手段，把他比作了一只自傲的公鸡。在句（26）中，说话者通过使用隐喻手段把门廊地面比作了斑马之躯。在句（27）中，说话者通过使用拟人修辞手段，把金钱看作会说话的人。在例（28）中，朱自清利用词的重叠形式，把荷花描绘得淋漓尽致、楚楚动人。其中有名词的重叠，如田田、星星；量词的重叠，如层层、粒粒；形容词的重叠，如曲曲折折等。这些重叠形式，有的是为了加强语气，有的是表示语气的减轻。又如：

（29）她手里抱着一个胖胖的孩子。
（30）他在冬天穿着薄薄的衣服。

在例（29）中，"胖胖"不是很胖，而是比较胖之义，并表示程度的减轻，带有喜欢的感情色彩。在例（30）中，"薄薄"意为很薄，表示程度的加重。

以上我们从情感所包含的语气、修辞、时体等方面探讨了情感在话语中的作用。人们对一个表达式或语篇情感的正确把握，对理解原表达式或语篇的意义至关重要。

7.2.3 情态

传统语言学对情态的研究主要集中在情态助动词的研究，而且多以英语为研究对象。虽然这种研究倾向仍然有很大影响，但国内外研究者们已经不断拓展研究视野，对情态意义的研究已向语篇拓展，而且语料也不再局限于英语。国内研究者在介绍西方研究成果的基础上加深了对英语情态的研究，同时将西方的理论运用到汉语研究和外语教学中。李战子（2001，2002，2005）在系统功能语法的框架下讨论了语气和情态研究从句子推广到语篇的重要性，并将语气、情态与评价联系在一起，拓展了考察语篇人际意义的视角。梁晓波（2001）借鉴国外认知语言学的研究成果，从认知角度对情态的产生、演变进行了深入和系统的探讨。国内也有不少学者对英语和汉语的语气情态系统进行对比，如彭宣维（2000）。朱永生（2006）在介绍西方证据型情态的研究基础上讨论了汉语的证据型情态。张楚楚（2007）认为情态动词的意义并不与归一性直接相连，中间还隔着由非情态动词情态表达式表示的客观情态和所谓的评价情态。与这些客观意义相比，尤其是与实义动词表示的零情态断言或陈述相比，情态动词总是主观的。

Biber 等学者（1999）借助语料库考察了与情态表达相关的词汇以及与情态动词共现的某些动词。他们还从态势的语法标记（grammatical marking of stance）角度讨论了广泛的情态表达法（情态助动词、实义情态动词、副词、形容词等）。Barbiers 等学者（2002）在生成语法的框架下考察了情态动词的句法特点。Nuyts（2001）在认知—语用的框架下探讨了荷兰语和德语中的认知型情态，其主要目的是考察四种主要的认知情态表达法(情态副词、情态形容词、心理状态谓词和情态助动词)并在此基础上阐释语言和认知结构与语言处理的关系。而 Papafragou（2003）借鉴关联理论构建了自己的语义—语用框架来讨论四个英语情态动词：can, may, must, should，继而探讨言语理解的语用机制如何利用语法信息进行运作。Facchinetti 等学者（2003）以多样的方式探讨了现代英语的情态意义，涉及主要情态动词的语义和语用特点、新出现的情态表达法、情态的文体变化和社会语言变化等方面的内容。Halliday（1985，1994，2004）在系统功能语法的人际意义框架下对语气和情态做了新的描述，从而将广泛的情态表达纳入考察范围，为从语篇角度研究情态意义提供了相当完整的分析途径。

Palmer(2001：16—17)认为语言一般有三种类型的判断：一种是预测型，表示不确定；一种是推导型，指通过观察得到的证据推测；一种是假设型，指从一般常识推测。同时拥有这三种标记的语言很少。在汉语中，说话者可以借助词汇手段（可能、一定、将/会）分别表示这三种类型的判断。在英语中，说话者可用三个情态动词（may, must, will）分别表示这三种类型的判断：

（31）原文：Mary may be in her office.
译文：玛丽可能在办公室。

（32）原文：Mary must be in her office.
译文：玛丽一定在办公室。

（33）原文：Mary will be in her office.
译文：玛丽会在办公室。

句（31）中的 may(可能)表明说话人不确定玛丽是否在办公室。句（32）中的 must（一定）表明说话人是在有证据的基础上做出的确信判断，比如他看到玛丽办公室的灯亮着。句（33）中的 will（将/会）表明说话人的判断是建立在对玛丽日常生活习惯理解的基础之上。也就是说，may（可能）表达的是一个可能的结论，must（一定）表达的是一个唯一可能的结论，will（将/会）表达的是一个合理的结论。

英语语言系统中又有不完全兼容的两组对比：第一组与判断结论的力度直接相关，在"认知上可能"和"认知上必然"之间有所差别，这就是预测型（may）和推导型（must）的区别。第二组区分在于通过观察进行推测还是通过经验或常识进行推测，这是推导型（must）和假设型（will）的区别。情态在话语中有重要作用，因为话语参与者要表达自己的观点和态度，要与他人互动。因此有些系统是与话语关系直接相关的。例如：

(34) I can't go.
(35) Must I come?
(36) He can swim and so can she.
(37) He will be there.

例（34）是一个否定句，"否定"用来否定他人所说。例（35）是一个倒装句，"倒装"用来确认被怀疑的事。例（36）是一个编码句，"编码"与话语特别相关，因为它可以让情态动词单独出现而不需要后接实义动词，这个实义动词可以从前面出现的实义动词推导出来。例（37）是一个强调句，表明说话者认为"他"肯定在那儿。

汉语中有句末的语气助词：了、呢、吧、哦、啊或呀、吗等。例如：

(38) 我们看了电影《阿凡达》。
(39) 我们才不去看电影《阿凡达》呢！
(40) 我们去看电影《阿凡达》吧。
(41) 我们一定要去看电影《阿凡达》哦。
(42) 你怎么不去看电影《阿凡达》呀！
(43) 我们要去看电影《阿凡达》吗？

例（38）中的"了"表示目前相关状态。例（39）中的"呢"表示对问题的回答。例（40）中的"吧"表示请求同意。例（41）中的"哦"表示友好的警告。例（42）中的"呀"表示缓和语气。例（43）中的"吗"表示疑问。

认知语言学对情态的研究很重视，国内外研究者们既注重共时的现象，也关注历时的演变，同时更强调说话人大脑的认知对其语义的影响。

总之，情态是一个非常复杂的范畴，现在已经引起了国内外学者广泛的关注。如果人们要正确理解一个话语或语篇的意义，也会受到话语或语篇所包含的"情态"的制约，即人们只有理解了原话语或语篇的情态，才有可能正确理解原话语或语篇的正确意义。

7.3 翻译中的主观性与主体性

在英语中，主观性与主体性是同一个词（subjectivity）。在我国，主观性与主体性则有原则性的区别。在翻译研究中人们所探讨的主体性和主体间性，主要讨论的是在翻译过程谁是主体以及主体之间的相互关系的问题。具体来讲就是源语文本作者（源语文本）、译者（译语文本）、译文读者何为主体，即翻译中的主体性，它们之间的关系如何，即翻译中的主体间性。胡牧（2006：66）认为学者们对这一领域的研究澄清了诸多问题：① 主体意识的觉醒是文化研究日益突显的必然产物；② 译者是狭义的翻译主体，作者、译者与读者是广义的翻译主体；③ 译者主体性是指译者的创造性；④ 主体间性是指作者、译者、读者主体之间相互交往的特性。王寅（2008：212）认为人们对同一现实世界进行不同方式的概念化就会产生不同的认知结果，因此，作者和读者之间的理解就不可能完全相同，不同读者对同一文本会有不同的解读和翻译，后现代哲学思潮正是从这一点出发来否定文本和话语有稳定不变的意义。长期以来，一些学者被动地接受这一观点，以为"主观性"本来就是主观的，有很多不确定因素，不可能有一个统一的客观标准，因而很少有人对其进行深入思考，也很少有人深入系统地分析不同读者理解同一文本究竟存在哪些方面的差异，有哪些变化，这些变化是否很大，有何规律可循等，更不见有人从认知角度出发，做出认真、全面的解释。

另外，以往翻译中所谈论的主观性主要指译者在翻译过程中的主观能动性，即译者在寻求与源语文本意义对等过程中译者的创造性和译者创造性的限度问题，而我们所指的翻译中的主观性是指译者在理解和翻译源语文本的过程中，是否应该与源语文本作者的主观性/主观化保持一致的问题。

7.4 翻译中的"主观化对等"

王斌（2001：17）认为一提起翻译，人们立即下意识地触及两个概念：ST（source text）与 TT（target text），即源语篇章与目的语篇章（译语篇章），无论研究翻译是从过程的角度还是从成品（译品）的角度，谈来谈去都摆脱不了在 ST 与 TT 之间的关系上纠缠不清，归根结底在意义或信息是怎样由一种文化与篇章移向另一种文化与篇章上莫衷一是。传统的概念认为翻译是一种隐喻，即 ST 是 TT。TT 是 ST 在目的语文化中的再现，翻译是由源语篇章向译语篇章的映射（source domain → target domain），是两个认知域之间的活动或关系。事实上 translation 与 metaphor 拥有同样的词源 carrying across。既然翻译是将某个东西由一个地方搬向另一个地方，人们自然不愿意搬到另一个地方的东西与原来的不一样，源语文本与译文相同或对等也就顺理成章。然而，这一对等却引来无限争辩。

于是人们开始解释"对等"，将之化解成各项次分类。Nida（1964，1993）将对等分为形式对等（formal equivalence）和功能对等（functional equivalence）。形式对等着眼于信息（message）本身，即相同的形式和意义（the same form and meaning），动态对等强调受众效果，即译文在译语读者中能产生与源语文本在源语读者中相同的效果。其他学者用不同的标签标记事实上是相同的分类，如 Newmark（1981）将对等分为语义对等和交际对等（semantic vs. communicative），House（1981）分为显性对等和隐性对等（overt vs. covert），Nord（1991）将对等分为文本对等和功效对等（documentary vs. instrumental），雅柯布逊（Jakobson，1994）分为仿效对等与功能对等（imitative vs. functional），等等。其他的分类更为细致复杂，Koller（1979）和 Retsker（1993）将对等分为若干级阶层次，如：功能、文体、语义、形式或语法、计量和篇章，并根据文本类型和交际情况为它们划定优先的级阶。譬如，文学翻译中，通常认为形象与概念，即文体与语义对被认为首位。不同意对等或相同字眼的人用其他文字进行标识，Holmes（1988）将之说成匹配（matching），维特根斯坦（Wittgenstein，1953）和 Toury（1980）将之称为同类相似（family resemblance），Chesterman（1996）说成相似（similarity）等等。

实际上，自从奈达提出"形式对等""功能对等"以后，在翻译界一度出现"言必谈奈达、言必谈对等"的局面。而现在的翻译界很少有学者再论翻译中的对等问题，因为对等实在害人不浅，这在现实中是无法实现的。真正的对等意味着 ST 中的 X 能毫不改变地换成 TT 中的 Y，反之亦然（王斌，2001）。

翻译界近年来争论的又一热门话题是翻译是否只应从文本出发，即翻译工作者的任务是确定文本的意义并在译语中找到适当的形式表达出来，或是还要揣摩作者意图？翻译中所必须依据的，也是检验译文时所必须参照和依据的是文本还是读者反应？如果说词句意义和说话者意义本来就密不可分，那么试图把文本意义和作者意图截然区分开来，也肯定是徒劳的。这就是说，认知语言学的体验主义认识论认为意义是人的思维模式，它不是独立存在于人体之外的绝对的客观之物。因此，离开文本不可能揣摩出作者意图，但不考虑作者写作时的时代背景以及社会、文化、自然环境，不经过译者、读者根据自己的经验进行解读、理解，也不可能判断出文本的意义。至于检验译文时所必须参照和依据的是文本还是读者反应，当然两者都必须兼顾，不可偏废。认为文本中的词语有固定意义，只考虑文本，是客观主义；只考虑读者接受，认为"读者决定一切"，"读者有万能的解释权"，尤其是只考虑某个具体读者的反应，译者可以不受任何约束随意想象，爱怎么译就怎么译，那就是典型的主观主义。因为有一千个读者就有一千个哈姆雷特，读者的反应和译文在读者间产生的效果当然要考虑，但只能是在某一语言文化中绝大多数读者整体的反应，并且必须受文本的制约和限制（陈道明，2002：42—43）。

随着世界的全球化和信息化，随着中外文化交流的日益频繁，人们对翻译提出了越来越高的要求。如果说在早期翻译工作者只要能把原作的信息基本传达出来就可以了，那么如今再这样做就不够了。"译述""达旨"，甚至"编译"，已经远远满足不了人们对外国文化的强烈需求。人们不仅要求译文优美流畅，更要求译文尽可能地完整、准确地传达原作的意义和文化意象（谢天振，1999）。因此，对于意义对等的问题，不能因为在翻译现实中无法实现，就不再谈对等的问题，而还是应该加以重视。众所周知，西方传统译论主要有两条线，一是文艺学派，另一条是语言学派。文艺学派是从泰伦斯等古代戏剧翻译家一直延伸到现代翻译理论家（如捷克的列维、苏联的加切奇拉泽、英国的斯坦纳等）的文艺翻译线。语言学翻译线是从古代的奥古斯丁延伸到20世纪的结构主义语言学翻译理论线。受传统结构主义语言学的影响，翻译研究过分强调形式对等、文本对等，而忽略了真正的意义的对等，因为结构主义语言学过分强调意义的客观性，不注重意义的主观性。近年来，随着语言学"人文主义"的复苏，尤其是功能语言学、认知语言学的兴起，认知语言学家们逐渐认识到：语言不仅仅能够客观地表达命题式的思想，还有表达说话人的观点、感情和态度的功能。我们认为说话者/作者在构建一个话语或语篇的过程中必然会涉及"主观性"所包含的"视角、情感和情态"这三个主要维度,也就是说,说话者/作者在说话或语篇的构建过程中必然会受到这三个主要维度的制约,那么,说话者/作者在说话或语篇的构建过程中受到"主观性"所包含的"视角、情感和情态"这三个主要维度制约的过程,实际上就是一个"主观化"的过程,因为"主观化"是包含"主观性"的。

由于认知语言学和功能语言学的发展,在现代文体学的研究中,人们逐渐把注意力转移到从语言的运用、语言的选择和语言的功能的角度来研究文本。当今最有影响的文体理论是:① 把文体视为选择(包括选择意义和适当的语言形式);② 把文体视为偏离,即在常规的基础上产生的意义及形式变化;③ 把文体视为功能,即在特定的情景语境中所起的作用(张德禄,1998:39)。实际上,作者在构建文本意义的过程中总会受到"主观性"所包含的这三个主要维度的制约和限制。翻译中的客观性与主观性,主观性与客观性应该是一个程度问题,有时界限并非泾渭分明,特别是在翻译过程中,我们不能只强调问题的某一方面的重要性,而忽略了问题的另外一面。我们所说的翻译中的主观性、主观化,并非翻译中的自由性和主观随意性,也并不是要否定翻译的客观性。我们所提出的翻译中的"主观化对等"指的是:从广义来讲,翻译的过程实际上就是译者寻求与源语文本"主观化对等"的过程,即译者在理解和翻译源语文本的过程中均会受到"主观化对等"的制约。

7.5 "主观化对等"对文本理解和翻译的制约

根据认知语言学的观点,翻译是一种认知活动,具有体验性。作者的认知和感受来自体验性活动,其创作灵感来自生活也高于生活;译者是源语言的第一读者,译者对源语言的感知理解程度取决于自己对事物的认知和感受。译者基于对源语篇的认知和体验,将其用目标语言转述出来。转述过程中译者的思维具有创造性,同时也存在一定的局限性,不同译者对同一语篇必然会有不同的理解。下面我们将在主观性/主观化理论的框架下,从主观化所包含的视角、情感和认识情态三个层面,对李白的《静夜思》的六种英译文进行比较,以便考察译者在古诗英译的过程中是否实现了与源语文本的"主观化对等"。

原文：**静夜思**

李白

床前明月光，疑是地上霜。

举头望明月，低头思故乡。

《静夜思》六种英译文：

译文1：**A Tranquil Night**

Before my bed a pool of light —

Can it be hoarfrost on the ground?

Looking up, I find the moon bright;

Bowing, in homesickness I'm drowned.（许渊冲 译）

（崔永禄，2001：511）

译文2：**Thoughts on a Quiet Evening**

The floor is flooded with moonlight

Frost covered the old earth like that

I gaze at the moon

Shimmering in a dark court

Sad and homesick

I bow down my head（王守义、约翰·诺弗尔 译）

（崔永禄，2001：515）

译文3：**Homesickness in a Silent Night**

Before my bed the silver moonbeams spread —

I wonder if it is the frost upon the ground,

I see the moon so bright when raising my head,

Withdrawing my eyes my nostalgia comes around.（屠笛、屠岸 译）

（吴钧陶，1997：250）

译文4：**The Moon Shines Everywhere**

Seeing the moon before my couch so bright,

I thought hoar frost had been fallen from the night,

On her dear face I gaze with lifted eyes,

Then hide them full of Youth's sweet memories. (Fletcher 译)

(吕叔湘，2002：136)

译文 5：**In the Quiet Night**

So bright a gleam on the foot of my bed—
Could there have been a frost already?
Lifting my head to look, I found that it was moon-light,
Sinking back again, I thought suddenly of home. (Bynner 译)

(吕叔湘，2002：138)

译文 6：**Still Nights Thoughts**

Moonlight in front of my bed—
I took it for frost on the ground!
I lift my eyes to watch the mountain moon,
Lower them and dream of home. (Watson 译)

(王斌，2001：53)

　　以上译者对《静夜思》的不同英译，充分展示了古诗英译中译者寻求"主观化对等"的意图。原诗短短四句，写得清新朴素，明白如话，它的内容单纯，却又丰富。它容易理解，却又体味不尽。诗人所没有说的比他已经说出来的要多得多。它的构思细致而深曲，但又脱口吟成、浑然无迹。从这里，我们不难领会到李白绝句的自然、"无意于工而无不工"的妙境。

　　首先，"视角"选择有利于准确理解和翻译整个诗篇。汉语是主题显著的语言，它突出主题，在没有主语的情况下，中国读者能理解。英语是主语显著的语言，突出主语，因此主语在英语语言里非常重要。在汉语诗歌里，主语经常被省略。众所周知，任何伟大的作品都是作家内心世界真情的流露和自我表白，诗歌更是如此，一般情况下，诗人创作时的"最佳视点"（vantage point）是诗人自己。中国诗歌传统是"诗言志""诗缘情"，要求诗人以自我为出发点，但在对待自然的态度上是天人合一，而不是主客两分，因而就产生了"直导"（钟嵘）、"不隔"（王国维）的趋势，出现了"无我"之境或"忘我"之境。诗中不用第一人称代词便是这种反映，主语省略使诗歌直接与读者有关，这样便增加了移情和当下效果。刘若愚说，中国诗歌这种非个人性和普遍性反衬出西方诗歌以"我"为中心的性质。华兹华斯说"I wandered lonely as a cloud"（我似浮云孤独游），中国诗人则可能说"行若浮云"

(龚光明，2004：398)。仔细阅读原诗，我们会发现诗人从自己的立场出发，表达了天涯孤客在夜静月明下的思乡情怀。从这六种译文来看，译者在视角上，都选用了第一人称"I"，这样的译文实现了与原诗视角的对等。

其次，对原诗"情感"的感悟有利于理解和翻译整个诗篇。在认知诗学研究者们看来，情感是一种认知现象（Stockwell，2002：171；Herman，2003：10），并不神秘，而是涉及认知、功能和交际。以往林林总总的文学理论都讨论了情感，但或是强调其教化的、伦理的作用，或是强调其逃避的、娱乐的作用，而认知诗学则强调其交际功能，着眼于其认知特性，并且认为文本中那些能够引起情感反应的、认知的诗学暗示或线索是可以探究的。认知诗学认为，情感是文本中意义密度的中心。对作者和读者而言，它们是人的意义之所在，不一定和文本中提到的情感一致。文学效果的取得不仅因为情感是信号，显示某一事件指向某个重要的目标或抱负，而且因为情感是我们内心深处价值观的试金石（Gavins & Steen，2003：168）。Stockwell 指出：认知诗学意在涵盖种种感觉，比如文学作品引发的情感——沉浸于文本世界中似乎与真实世界别无二致的真实情感。后浪漫主义文学价值观把虚构和想像看作是"对怀疑的乐意悬置"（willing suspension of disbelief）。认知诗学则试图做出自己的解释，认为现实和虚构在认知上并不是分离的，两种现象根本上说都是以同样方式进行处理。这一观点必然带来这样一种原则性的认识：文学——无论是否虚构——对读者和对我们生活于其中的真实世界来说，都具有情感的和实质的影响。这种情感影响之所以发生，根本原因在于文学阅读必然涉及人物心理的分析。Stockwell（2002：152）认为这种分析依赖于读者对人物的重新建构，包括认同与移情，伦理上的认可与同情，以及读者强烈维护的各种其他形式的情感依恋。

因此，读者对源语文本"情感"的把握有助于理解和翻译源语文本。但我们这里所说的情感主要指作者在创作过程中，通过使用不同的语气、措辞、修辞等手段来表达自己的态度、感情和情绪。王斌（2001：54）认为诗的一、二两句以叙述的语气，描写了孤身远客在月明如霜的深夜不能入眠的情景和迷离恍惚的情绪。这两句的意思是月光洒在床前地上，一片洁白晶莹，让人疑惑是地上铺上一层秋天的白霜。诗的三、四两句直抒胸臆，表达了天涯孤客在明净的月光下的旅思情怀。这两句的意思是抬起头来望着皎洁的明月，不禁思绪万千，低下头更加思念起故乡来。英语有两时两体之说，英语时体带有强烈的主观色彩。通常情况下，一般现在时用于客观的描述，而过去时和完成体则带有主观性，所以翻译时就要考虑译文中采用什么时体。诗中发生的事是过去的事还是在追忆，这样的时间特征又该如何表现在译文中。只有 Fletcher，Bynner 和 Watson 三位外国译者的译文采用的是一般过去时，三位中国译者都采用了一般现在时。这里译者采用不同的时态，体现了译者对诗人的情感和心理过程的不同理解。诗人一开始提出明月光，然后说刚才在不清楚是月光时将其误认为是地上霜，继而抬头望月亮。这个过程是隐藏在诗句中间的。因此，过去时的使用很好地体现了诗人的情感和心理变化的过程。这是因为过去时具有情感功能，可以表达说话人的愿望。

最后，对原诗"认识情态"的把握同样有助于理解和翻译整个诗篇。如前所述，情态一般分为三种类型，即义务情态、认识情态和能力情态。说话人的"认识情态"主要跟情态动词和情态副词有关。原诗第二句"疑是地上霜"表达了诗人的主观推测。许渊冲的译文是 Can it be hoarfrost on the ground；王守义、约翰·诺弗尔的译文是 Frost covered the old earth like that；屠笛、屠岸的译文是 I wonder if it is the frost upon the ground；Fletcher 的译文是 I thought hoar frost had been fallen from the night；Bynner 的译文为 Could there have been a frost already；Watson 的译文是 I took it for frost on the ground! 从这六种译文来看，除了王守义、约翰·诺弗尔的译文外，其余译者都从不同的角度较好地实现了与原文"认识情态"的对等。

7.6 小结

译者在翻译中对原文所蕴涵的"主观性／主观化"的把握，对于忠实原文的意义、形式和风格是非常重要的。广义来讲，翻译过程实际上就是一个寻求与原文语篇"主观化对等"的过程，因为"每一部著作，每一篇文章都是作者个人的观察、研究所得，都是个人的经验所总结出来的成果，如自然科学的发现和发明、社会科学的创见、哲理上的探讨、艺术上的创作"（刘靖之，1996：359）。也就是说，每一话语、每一部著作、每一篇文章都带有作者的"主观性"色彩。

第八章 框架与翻译

8.1 引言

翻译作为一种跨语言的交际活动,其结果表现为在目标语言文化中起到某种功能的文本,其过程则体现为译者的认知操作。翻译认知过程研究成果表明:翻译是一个问题解决、决策和策略选择过程,涉及信息资源的提取与操作。即不管是原文理解还是译文表达过程中,译者都需要对文本所涉及的背景知识进行认知操作。对此,翻译过程研究需要了解以下一些问题:首先,译者理解原文时如何利用已有知识,理解所依赖的背景知识以何种形式存在,其内在结构和特征是什么?其次,在理解与表达之间,是否存在一个认知操作的中间环节?如果存在,其特征和具体形态是什么?另外,认知操作的结果如何实现为译文?译者的再表达需要考虑哪些因素?这些因素对于译者认知操作有何影响?

对于这些问题的解决,归根结底,需要从读者对文本理解的基本认知机制,即认知资源的作用中寻求,也就是说,需要探讨译者如何以原文读者身份,激活相应的背景知识,获得对原文的理解。同时,译者又以译者身份,如何对目标读者可能具有的相应背景知识做出预判,如何在概念层次上通过认知操作,解决目标读者和原文读者可能具有的知识系统差异对目标读者造成的理解困难。

根据认知心理学的观点,知识的基本单位是概念,有关知识表征的理论就是要对人们头脑中可及的概念建立模型(Evans & Green, 2006:223)。认知心理学家 Barsalou(1992)和人工智能专家 Minsky(1975)的研究表明,框架是知识系统在大脑中的表征形式,在记忆中以数据形式储存,在需要时可被提取。认知语言学家的观点(Fillmore, 1975, 1976, 1977, 1985)进一步表明,框架是人类经验的图式化结构,人类经验中有一个图式库,用于对经验进行建构、分类和解释,以各种方法对这些图式进行提取,并且有不同的程序对这些图式进行操作。词汇与句法的意义都要依赖框架来理解。这就为知识系统在文本意义理解中的基本认知机制提供了很好的解释视角。

由此，我们可以从框架理论视角出发，对翻译的基本认知过程做出更加符合其内在规律的解释，建立一个有关翻译认知过程的理论模式，探索译者在概念层次上的认知操作，并对翻译中一些在语言转换层面上无法清晰解释的现象做出更为合理的解释。本章首先简要介绍框架的基本概念及其属性，然后提出框架理论视角下的翻译认知过程模式以及译者在翻译过程中的认知操作模式。

8.2 框架的定义、构成及基本属性

8.2.1 框架的定义

框架主要用于解释有关知识的单位"概念"在头脑中表征方式。传统上对概念的表征有两个模式，一是概念的经典理论模式，即每一个概念与一系列充分必要条件相关，并由充分必要条件决定。但是 Wittegenstein（1953）和 Rosch（1978）的研究表明，概念的特征并非处于同等的平行地位，而是存在地位差异，呈现家族相似性。因此，经典理论所持的充分必要条件决定论并不能解释概念特征的地位差异。有关知识表征的另一个理论模式是特征表模式，即可以通过列举一些特征来描绘概念，但是认知心理学家（Barsalou, 1992）认为，人们有关概念实体的知识是相互关联的，即特征之间存在特定的关系，这是概念范畴化不可忽视的重要方面，特征表理论最大的问题在于忽略了概念特征之间的关系。正是在批判这两个理论模式的基础上，认知心理学家（Barsalou, 1992）和认知语言学家（Fillmore, 1976）提出了有关知识表征的框架理论。

Fillmore 摒弃了描述知识表征的其他术语（如"图式""脚本""情景""观念架构""民俗理论"等），选择"框架"作为一个涵盖所有以上术语内容的总术语，用于表示"具体的知识系统，或经验的连贯图式化"（Fillmore, 1985: 223）。另外，其他学者如 Minsky（1975）、Tannen & Wallat（1993）、Barsalou（1992）也用"框架"来表示人类经验、预期及概念结构的图式化表征。其定义如下表所示。

表 8.1 框架的不同定义

提出者	Fillmore, 1976	Fillmore, 1985	Minsky, 1975	Tannen & Wallat, 1993	Barsalou, 1992
定义	与场景的各种典型实例相关联的语言选择任何系统。	涵盖"图式""脚本""情境"等概念的总术语。	表征常规情景的数据结构。	期望结构;指对当下参与活动和说话者表意方式的意识。	表征所有类型范畴的复杂概念结构,知识表征的基本模式。
结构	有空白的图式框架	有参与角色、目的和事件序列的期望抽象结构	高层和由默认值填充的底层终端(即空槽)	预期形式的有机知识;由语言和非语言互动构成	特征—值,结构常量,限制条件
特征	认知/心理结构	语言结构	认知/心理结构	认知/心理结构互动/语用方式	动态认知结构,依赖语境变化
类型	句法、语义、主题、叙述框架	词汇、语法和语言范畴集合	互动框架,认知框架	事件,物体,人,语境,交际活动,内容	典型与成员关系,从属于分类关系,概念组合,事件序列,规则,计划等。

综合以上学者的观点,我们把框架定义为:

框架是人类经验在概念层次上图式化的表征,反映知识系统的结构,由成分和关系构成,与人类经验中特定文化场景的实体相关,与语言表达手段(词汇和语法)对应,可由语言激活,是意义理解的背景参照。框架成分、框架和框架系统呈立体结构,具有典型效应,遵循隐喻和转喻等认知机制,具有文化性和动态性,在人的社会化过程中逐渐习得。

由此看来,框架是知识系统在大脑中的表征方式,是文本意义理解的背景参照。对翻译而言,原文读者对于原文的理解需要通过激活框架所表征的知识系统,目标读者对于对应译文的理解也需要激活相应框架表征的知识系统。由于框架在文化间存在差异,面临两种读者群在对应知识系统方面存在的差异,译者需要对通过原文激活的框架进行认知操作,使其与译文读者可能具有的知识系统形成对接,才能促进目标读者的理解。那么译者是否有可能对框架进行操作呢?如果可能,译者可进行怎样的认知操作呢?框架的构成和属性可为这些问题的答案提供更多的信息。

8.2.2 框架的构成

认知心理学家 Barsalou（1992）的研究表明，框架由特征—值（attribute-values）、结构常量（structural invariants）和限制条件（constraints）构成。

8.2.2.1 特征—值

框架的核心是一组共现特征。Barsalou（1992：30）认为特征"至少描述一些范畴成员一个方面的概念"，如"引擎""驾驶员""燃料"，都描述"汽车"范畴中的其中一个方面，"颜色"描述了"鸟"这个范畴的色彩。当一个概念用于描述一个更大整体的某一方面时，才成为特征。而值是表征特征次类型的从属概念。作为从属概念，值从对应的特征概念继承属性。例如，在"汽车"框架中，特征"引擎"的值有"四缸""六缸""八缸"等，"四缸"从"引擎"继承"燃烧燃料"、"产生动力"等属性。特征—值的结合产生范畴中的范例。每当人们看到一个具体的范例，就从脑中激活框架，并将范例的特征附加于特征—值之上。比如看到一辆汽车，人们可能做出这样的指派，特征"驾驶员"的值为"张三"，"引擎"为"四缸"，"传动系统"为"手动"，"车轮"为"合金"等，这个范例就通过特征—值具体化为"张三开的四缸手动合金轮毂汽车"。

8.2.2.2 结构常量

结构常量描述框架特征间的常规关系。Barsalou（1992：35）认为："框架内的特征并不是独立的空槽，而是在关系和概念上彼此相关。框架的核心特征彼此高度相关，在不同的语境中总是同时出现。"也就是说，框架内的特征总是彼此关联的，比如对于任何一辆车而言，"驾驶员"总是控制"引擎"的速度，同样，"引擎"转动带动"传动系统"的转动，这些关系总是在概念层次上体现，并适用于"汽车"框架的大多数范例（即范畴成员各种汽车），这是相对不变的，因而称为"结构常量"。框架的结构常量可解决语义特征清单论对于特征间关系的忽视，告诉我们框架内特征间的结构常量反映各种关系概念，包括空间关系、时间关系、因果关系和意图关系等（Barsalou，1992：36）。

8.2.2.3 限制条件

结构常量描述框架特征间的规定性事实，即框架特征一定要满足的结构关系，而限制条件描述框架特征的值之间的系统多样性，其基本思想为，框架成分的值并非彼此独立，而是处于复杂的相互制约。Barsalou（1992：37）认为框架的限制条件有如下几种：特征限制、值限制、语境限制和优化。特征限制是指对特征—

值进行总体限制的规则,值限制是值之间的具体限制规则,优化是指参与者的目标和选择。

以上对框架的构成做了较为细致的分析。总的来看,框架由特征、值、结构常量和限制条件构成。特征反映框架内大部分范例某一方面的属性,特征在每一个具体范例上的属性则是值。不同的特征及值之间并非彼此孤立存在,而是存在概念上的相关性,规定性的关系称为结构常量,而具体情境下的关系则是限制条件。框架的跨文化差异主要就体现在框架构成成分的差异上,对于译者而言,对框架的操作也即对框架成分的操作。

8.2.3 框架的基本属性

根据前述定义,框架是人类经验概念化的结果,具有层次性、典型效应、动态性和文化差异性。

8.2.3.1 框架的层次性

框架的层次性指框架所表征的概念系统呈现的树形结构。框架的层次性体现在两个方面。第一方面,框架特征的值可作为下层特征进一步的值,同时,一个框架里某特征的值可能是另一个框架里的特征;第二方面,框架的特征本身可能成为一个次级框架,具有特征和值,依次往下,直至满足交际需要或达到知识细化所提供的最具体信息而出现框架范例对应的框架值。框架层次的多少与特定情境下语言使用者的交际意图和所具有的背景知识有关,交际意图对框架层次在信息细化程度上提出要求,而背景知识为框架信息的细化程度提供可能。

8.2.3.2 框架的典型效应

框架的原型效应指框架成分的地位差异。首先框架的不同特征处于不同的地位,有的处于核心地位,有的则处于边缘地位。Barsalou(1992:34—35)以特征出现的频率和概念必要性来描述框架的"核心特征",他认为每当一个框架被激活,其核心特征的值便会出现,并且适用于该框架的所有范例,即使没有被语言表达直接激活,人们也会根据默认方式获取。比如"商业事件框架"的核心特征包括"买方""卖方""商品"和"价格"。另外,在概念上来讲,核心特征是了解框架对应概念所必需的,如没有"买方""卖方""商品"和"价格","商业事件"框架并不能被理解。实际上,框架成分的地位差异并不是"核心"与"非核心"的二元对立,而是存在级阶上的程度差异,即有的特征比其他特征更靠近中心,Bednarek(2005:691)以中心特征和边缘特征来描述,因为很难说究竟哪些特征是框架所必需的,哪些是选择性的,这与具体的情景和文化有关,没有"床"的房间可能也被看做"卧室",比如某人刚搬进一个房子,而且还睡在地上。在韩国,人们一般都睡在地上,他们的"卧室"并没有"床",房间的"功能"则成为中心特征。

框架的典型效应也存在文化差异,一种文化里的框架中心特征与另一种文化里的对应框架可能具有不同的中心特征。因此在翻译中,译者需要对框架成分的地位作调整,以适应目标读者的期望和心理习惯。

8.2.3.3 框架的动态性

框架的动态性指框架随着人的经验增加不断修正或创建。首先,框架不是人天生就具备的,而是在社会化过程中逐渐习得的。其次,框架会随着人经验的增加而不断得到修正和补充,这些修正体现在框架特征和值的增补和增删。同时,不仅框架成分会发生变化,而且人们会根据遇到的新情境,创建新框架。总之,框架是动态生成并不断修正的。Fillmore(1976:23)认为,语言的进化一定包括逐渐习得框架库、对框架库进行操作的心理过程,以及最终创造新框架、传达框架的能力。

8.2.3.4 框架的文化差异性

框架是人类经验图式化的结果,处于不同文化环境中的人具有不同的经历和知识系统,因而必然具有不同的框架。框架的文化差异首先体现在框架的非对应性,即在一种文化里存在的框架在另外一种文化里空缺。"节日"是中西文化差异较大的一个框架,中国的传统节日是中国日常生活中非常重要的部分,这些节日如"春节""端午节""清明节""中秋节"等在西方文化中并不存在,因此这些节日框架在英语读者心中并不存在,出现框架空缺。另外,许多独具中国特色的文化现象,如"武术""武侠小说"等文化概念,在英语文化里也都难以找到对应的框架。框架在两种文化间的"零对应"是翻译的最大障碍,因为读者缺乏理解语言表达所需要的框架,因此将以这些文化框架为背景的表达翻译为另外一种语言时,往往会给读者的理解造成困难。

框架的文化差异也体现在框架成分的差异上。首先,文化间对应的框架可能具有不同的框架特征和值。比如中西方的"早餐"框架,其特征"时间"可能大体相同,都是晚上睡觉起床后第一顿餐,但是"内容"特征却存在不同的值,中国的早餐典型地包括"馒头""稀饭"等,而西式早餐却一般以"面包""牛奶""咖啡"为主。即便在西方,不同国家的早餐也有不同的内容,所以在"早餐"框架里区分出"英式早餐"和"欧陆早餐"下级框架。

不过，不管是框架的成分差异还是框架空缺，都是在一定层次上的不对应。由于框架是立体的，在某个层次上不对应的框架，向上追溯，到了某个层次，便能找到对应的框架，因为人的认知到了一定抽象程度，总是共通的。框架成分的差异可以在框架层次上建立对应。对应空缺的框架，其上层框架可能具有跨文化的对应性，如果依然没有，我们可以循着框架层次向上，直到找到框架对应的层次为止。这是翻译中解决框架文化差异的主要思路，也是译者认知操作的基本思路。

8.3 框架视角的翻译认知过程

根据框架理论的基本观点，知识系统（即信息资源）在大脑中的概念化表征为框架。框架是文本意义理解的背景参照，由特征—值及其关系构成，具有层次性、典型效应、动态性和文化差异性。由此，我们可以提出，译者对原文的理解需要激活框架，而译文读者对于译文的理解也需要相应的框架作为其背景参照。由于框架的文化差异性，译者需要在翻译过程中对通过原文激活的框架进行认知操作，使其与目标读者可能具有的框架形成对接，才能使目标读者获得对译文的理解。这样来看，前述有关翻译认知过程的几个问题便可在框架理论视野中得到解决。翻译的认知过程实际就是译者进行框架操作的过程。框架的动态性和文化差异性是翻译中进行框架操作的根本原因，而框架的层次性和原型效应使翻译的框架操作成为可能。其框架理论视角的翻译认知过程基本模式如下图所示：

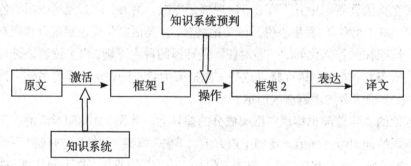

图 8.1 翻译的框架操作过程

第八章　框架与翻译

在这一认知过程中，译者通过阅读原文，以原文的语言形式激活头脑中的知识系统，获得框架1，框架1包括了有关原文意义的所有信息，然后根据对目标读者知识系统的预判，对框架1进行认知操作，形成框架2，再通过对目标语言表达的选择，实现为译文。

在翻译的框架操作过程模式下，译者的任务不再被看做寻求语言形式层面对等的过程，而是通过对语言形式激活的知识系统表征结构，即对框架进行认知操作，实现框架对应的过程。例如：

(1) 原文：不爱红装爱武装。
　　译文：To face the powder and not to powder the face. (许渊冲 译)

(许渊冲，2003：2)

中国读者阅读(1)这个汉语句子时，通过"红装"这一词汇激活"打扮"框架，通过"武装"激活"战争"框架。"打扮"框架包含"着装""擦粉""佩戴首饰"等框架特征，"战争"框架包含"着装""配备武器"等特征。在中国文化背景下，红色衣服是漂亮衣服的一种。因此，读者通过"红装"获取"打扮漂亮"的意义理解，通过"武装"获得"上战场"意义，但英语读者并不具备这样的联想。许渊冲将"打扮"框架的成分"着红装"置换为"擦粉"，将"战争"框架的"着武装"置换为"配备武器"，因为他们同样都能激活分别对应的两个框架。语言形式不对等并不妨碍意义的传递，因为原文和译文所激活的框架是对应的，所以原文读者和译文读者可获得类似的意义理解。

翻译的认知操作过程可回答这样的问题，即译者究竟如何翻译才能使处于不同文化语境中的读者获得对同一文本意义的理解。目前多数学者已有共识，语言形式层面的对等并不能解决这一问题，于是 Nida(1964，1993)将形式对等和功能对等区别开来，以动态对等强调原文读者和译文读者在阅读效果上的对等，Newmark(1981)以语义翻译和交际翻译、House(1981)以显性翻译和隐性翻译、Nord(1991)以文本功能对等、Baker(1992)以文本词语、语法、主位结构、衔接和语用等各层次的对等、Bassnett(1990)以翻译改写、文化移植等概念和理论来突破语言形式对等对意义的跨文化传递的制约。但是，这些研究观点由于各自侧重点的不同，并不旨在，也不能回答文本背景信息通过怎样的处理，才能为处于另外一种文化语境的读者所理解和接受这个核心问题。许多研究者（如吕叔湘，2002；徐珺，2010等）注意到了文化经典翻译中的误读误译现象，但是对于如何突破这种误读误译，避免文化在翻译中被肆意改写，造成对目标读者对源语文化的误解，并没有提出切实有效的办法。

我们认为，这个问题要从认知层面加以解决。文化信息即潜藏于文本后的知识系统。从框架理论来看，知识系统在人脑中以框架形式存储，意义理解的根本在于理解者激活长时记忆中的框架。译者翻译时，面临框架在文化间的差异，需要在概念层次上进行认知操作，通过对原文读者框架的把握和对译文读者可能具有相应框架情况的预判，对框架进行修正、调整或者框架移植，使两种读者群的框架实现对接，才能使译文读者既获得原文意义，又逐渐获得原文背后潜藏的框架，即文化信息。

在这个翻译认知过程模式中，译者的框架操作是核心。由于框架的文化差异、文化间的权力地位差异和意识形态制约、翻译诗学功能的需要以及译者根据翻译目的所确立的翻译意图，译者会对翻译行为做出选择，这种选择需要在认知层面上通过框架操作来实现。

8.4 翻译中的框架操作

总体上来看，翻译中的框架操作有两种情况，第一种情况为理想化的框架操作，即原文框架与目标框架能实现直接对应，译者的任务便是将原文框架与目标框架直接对应，实现框架的语言转换。第二种情况为非理想化的框架操作，这是翻译创造性产生的认知基础，即原文框架和目标框架存在非对应现象，需要译者进行框架成分的更换、增添、删减，框架层次的调整、框架创造或者原文框架向目标语言文化的移植。由于非理想化框架操作涉及译者认知努力更多，对译文的影响更大，下面主要对非理想化的框架操作做出更进一步的解释。

框架的文化差异不仅体现在框架对应的空缺，也有可能存在框架成分差异，如框架特征数量、值的数量的差异，还有可能存在框架层次的差异，即原文所体现的框架某一层次特征在目标语言文化中可能是对应框架的另一层次的特征，即读者所能激活的知识系统的详细程度不同。原文读者理解原文所依据的框架及其成分，在译文读者所具备的相应框架知识结构里，并不对应，因而译文读者可能无法获得与原文读者相同或类似的理解。为了解决这一矛盾，译者需要在翻译过程中，对自己作为原文读者所激活的原文框架（即框架1）进行认知操作，要么增加或减少框架成分，要么改换部分框架成分，要么调整框架或特征的层次，要么更换框架视角，形成目标框架（框架 2），然后再现为译文。译文读者通过译文，便能激活该框架，获得对译文的理解。这里的框架 2，既不同于原文框架(框架 1)，也不完全等同于目标读者已有的对应框架，而是介乎原文框架和目标读者已有框架之间的一种中间性临时框架。框架 2 以框架 1 为基础，结合了译文读者的知识系统、认知能力和阅读期待进行成分、关系、视角操作的结果，是在目标读者可理解基础上包含了部分框架 1 的信息，又根据目标读者对应的知识在同一框架内进行更换或增删后的新框架。由于框架 2 是以目标读者的知识系统和认知经验为参照，同时融入部分框架 1 的信息，既使译文读者能够获得对译文的理解，而且也部分性地传递了原文及其背后的文化信息，实现了翻译的目标，即让译文读者获得类似或接近于原文作者的理解和阅读效果。

非理想化的框架操作主要包括四种类型，框架内部操作、框架层次调整、框架视角更换和框架移植。

8.4.1 框架内部操作

框架内部操作涉及框架成分更换、增删以及框架关系的改换。框架成分增删是指，原文读者通过阅读原文获得的框架与目标读者可能具有的框架总体对应，但是存在框架成分的差异。这时，译者可通过框架成分的更换、增添或删减实现为框架 2。如前述的有关"不爱红装爱武装"一句的翻译，译者在"打扮"和"上战场"框架内，将两个框架 1 的成分"着红装"和"着武装"分别更换为"擦粉"和"配备武器"，框架成分做了更换，译文读者和原文读者激活的整体框架仍然一致。

框架关系改换包括框架成分地位的调整和框架成分间关系以及框架成分与框架间关系的改换。原文激活的框架与目标读者可能具有的框架，其成分地位可能存在差异，在原文框架里处于中心地位的核心成员成分可能在目标语言文化框架里处于边缘地位或者并不存在。这时，如根据文本意义表达的需要，将在原文框架里处于更为边缘地位的框架成分置换为目标语言文化框架的中心成分。如在中国文化里，"商业事件"框架的次事件成分"按揭购买"对于购买汽车而言并不处于中心地位，一般比较典型的购买方式为"全款购买"，所以"全款购买"是中国读者有关"商业事件"框架的核心成员，处于更为中心的地位，而在美国文化的某些语境中，"按揭购买"则更为典型，处于更为中心的地位，译者此时就需要对中文语境下的原文框架成分地位进行调整，使"按揭购买"更为突显。框架间的关系、框架成分间的关系和框架成分与框架间的关系包括转喻和隐喻关系，转喻是同一个框架内的转指，如以框架成分转指框架，或框架成分间的转指。隐喻是不同的框架之间的成分映射。翻译中，译者可能需要对框架的转喻或隐喻关系做调整或更换，如改换转喻所涉及的框架成分，即以同一框架内另一成分来转指该框架，改换框架隐喻的始发框架成分，或者取消框架转喻或隐喻等。

8.4.2 框架层次调整

框架呈现出嵌套式的立体结构，上层框架包含的特征可作为为次框架，次框架的特征又构成下一级框架。越往上级的框架，所表征的概念越抽象，越往下的框架层次，所表征的概念越具体。框架的文化差异可能体现为框架层次的不对应，即在源语言文化里存在的某个概念，在目标语言里并不对应地存在，但是在该概念的上一级概念则在目标语言里能找到对应。这时，译者便可进行框架层次的调整，以上一级框架来翻译。如杜牧的《清明》一诗中有如下两句（译文选自许渊冲，2003：15）：

（2）原文：清明时节雨纷纷，路上行人欲断魂。
　　译文：On the day of mourning for the dead it's raining hard,
　　　　　My heart is broken on my way to the graveyard.（许渊冲译）

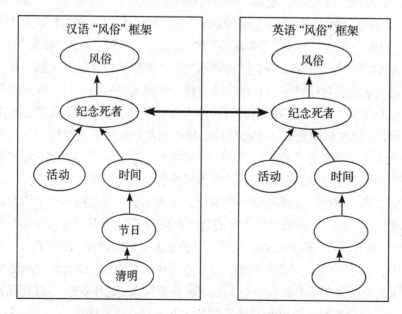

图 8.2　英语与汉语文化中"风俗"框架的层次对应

如图 8.2 所示，"清明"在汉语中是"节日"框架的值（"节日"可看作其上级框架的特征，"清明"为特征"节日"的值），虽然中西方都有"节日"框架，但是并不对应，因为英语文化中并不存在类似于"清明节"一样专门用于纪念死者的节日，不过再向上一级抽象，汉语和英语文化中都存在着"纪念死者"的风俗，因此，可以在"纪念死者"这个框架层次上找到对应，实现目标语言的表达。据此，许渊冲将其译为：the day of mourning for the dead（纪念死者的日子），该译文使英语读者激活"纪念死者"框架，获取相关的背景知识，从而获得该诗的意义。

8.4.3 框架视角更换

框架的视角即识解的认知视角，包括视点和焦点，即观察者的视点以及所注意焦点的选择（文旭，2007：73）。观察者的视点选择既体现在框架选择上，也体现在框架成分的选择上。Fillmore（1976）认为 coast 和 shore 的区别主要在于所激活框架的不同，前者激活的是"大陆"框架，而后者激活的是"海洋"框架。而"商业事件"框架中对"购买者、卖方、商品、钱"的选择和突显会表达为不同的句子，如 John paid five pounds for the book. 一句即是以购买者为视点，钱和商品被突显，而卖方被背景化。在翻译中，译者可能保留与原文一直的框架视角，也有可能改变原文框架成分的前景、背景关系，将原文中处于背景的框架成分前景化，处于前景的框架成分背景化，改换原文的视点和焦点等。如下例：

（3）原文：他们是在北京打工的外地民工。

译文：They are *non-local labourers* in Beijing.

译例（3）涉及的"工作"框架包含成分"人"和"地点"。原文"在北京打工的外地民工"是以"外地"为观察视点，将"北京"看做焦点，因而"民工"被看做"外地去北京的劳动者"，而译文 non-local labourers in Beijing（在北京的非本地劳动者），观察视点转为"北京"，来自外地的民工则被看做"非本地的劳动者"。

框架视角的转换不仅涉及框架成分间的空间关系，时间关系也有可能在框架操作中进行转换，如下例：

（4）原文：这些是我们今后的任务。

译文：These are our tasks for the period *ahead*.

译例（4）涉及"时间"框架，原文"今后"表达未来时间，即以"现在"为视点，将过去时间作为观察视角，而未来时间则是"从今往后"的时间。英语译文 the period ahead 以"现在"为视点，但观察视角则是"将来时间"，未来则是"从今往前"的时间。

8.4.4 框架移植

框架移植是指在两种文化间的框架对等空缺时，将源语言文化的框架直接移植到目标语言文化中，实现框架所包含文化元素的跨文化移植。在语言形式上，框架移植表现为对原文的音译、直译，将原文的文化信息整体搬迁到目标语言文化中。框架移植是将原文的框架整体植入目标语言文化中，是异域文化元素的直接迁入，必将给目标读者的理解造成更大的困难，因此，译者需要采取多种手段对原文框架的背景信息进行补充，如文中解释、脚注、尾注等。文学典故、文化意象、文学体裁等常常会被译者以框架移植的方式进行翻译。

对于源语言文化系统里的一些特殊风俗习惯，如果要让译文读者不仅读懂原文，而且还要了解源语言文化习俗，就往往需要通过框架移植，将源语言文化里的文化框架整体移植到目标语言文化框架里。比如中国传统的婚姻风俗习惯讲究特别多，旧时的传统婚礼也包含诸多与西方文化中的婚礼完全不同的习俗，为了让目标读者了解原文的文化内涵，就需要将这一婚礼风俗移植到目标文化里，如下例：

（5）原文：严监生戴著方巾，穿著青衫，披了红绸，赵氏穿著大红，戴了赤金冠子，两人双拜了天地，又拜了祖宗。王于依广有才学，又替他做了一篇告祖的文，甚是恳切。(吴敬梓,《儒林外史》)

译文：Meantime Mr. Yen put on a scholar's cap, a blue gown and red silk sash, while Concubine Chao dressed herself in crimson and put a gold chaplet on her head. *As they worshipped heaven and earth and the ancestors*, Wang Jen drew on his vast erudition to write a most moving announcement of this marriage to the Yen ancestors.(杨宪益、戴乃迭译)

在例（5）中，原文包含了传统婚礼仪式的主要内容，即夫妻两人拜天地、拜祖先。当然还包括拜父母和夫妻对拜，不过这里并没有提到。译文为了传递中国传统婚礼的内容，采用直译的方式，直接将中国婚礼框架整体移植到英语文化中，原文的婚礼框架和框架成分"拜天地""拜祖先"也都直接移植过去。

当然，有必要指出的是，这样的框架移植对目标读者的要求较高，需要读者有一定的中国文化知识储备，或者对相关的文化框架有一定的了解，才能读懂移植过来的文化框架。如果没有这样的知识储备，读者要么只能通过上下文来推测该框架所指向的文化内容，或者要么通过查阅相关背景资料予以补充，或者要么译者为读者减轻负担，通过加注释的方式为读者提供相关背景知识，为所移植的框架提供理解该框架所需的知识，如下例：

（6）原文：五更鼓出来拜堂，听见说有婆婆，就惹了一肚气。出来使性撺气磕了几个头，也没有茶，也没有鞋。拜毕，就往房里去了。（吴敬梓，《儒林外史》）

译文：At the fifth watch, when it was time for the bride to pay her respects to her husband's ancestors, she was furious to learn that she had a mother-in-law. She kowtowed sullenly a few times, *without offering tea or shoes*, then went straight to her room.

without offering tea or shoes: It was the custom for a bride to present tea-leaves and shoes which she had made herself to her father- and mother-in-law as her first gift to them.（杨宪益、戴乃迭 译）

中国的婚礼框架移植到英语文化里时，由于一些框架成分对于目标读者而言过于陌生，译者需要通过注释来对部分框架成分进行补充性解释，方能使目标读者获取相关知识，然后获得对该框架的理解。这里，原文框架的婚礼框架包括给婆婆和公公敬茶、赠送自己做的鞋子等，译者通过注释补充这一信息，让移植的框架不至于因过于陌生而造成目标读者理解的困难。

8.5 小结

本章以框架理论为视角，讨论了译者的翻译认知过程以及在此过程中的框架操作，力图对译者如何处理激活、调用和处理知识系统，实现原文读者和译文读者在文本理解中的知识系统对接等问题做出解释。

从以上分析来看，框架是知识系统的图式化表征，是文本意义理解的背景参照。框架的文化差异性要求译者在翻译过程中进行概念层次的认知操作，通过建立两个读者群知识系统的对接促进译文读者的理解。框架的层次性和动态性使框架操作成为可能。框架的成分、成分间的关系、框架的层次是框架操作的目标指向，即通过内部操作对框架成分及其关系进行调整，对框架层次进行选择性调整，对框架视角进行改换，或者进行框架移植。这是翻译认知过程中译者框架操作的主要模式。

  译者的框架操作是译者在概念层次上的运作，外显为译者对具体文本翻译时的语言转换策略。但是，需要强调的是，语言转换策略，或一般所称的翻译策略，都只是翻译认知操作的外在表现，只着眼于语言转换策略的研究并不能反映译者的翻译转换的内在机制，因为旨在实现语言形式对等的语言转换策略并不能确保翻译的成功，不管是对原文意义和审美效果的传递而言，还是对目标读者的理解和接受度而言，实质上都是译者在概念层次上对知识系统、审美习惯和阅读期待进行预判，与原文读者的相关知识系统、审美习惯和阅读期待进行比较，从读者的认知接受能力和译者的翻译意图出发，进行认知操作的结果。语言层面的转换为我们提供了线索，使我们能够由此获得通向译者认知操作的路径，从而分析译者框架操作的具体方式。

第九章 认知识解与翻译

9.1 引言

英语中"识解"(construe)一词有一种旧用法可指翻译、直译或口译,即:*dated* translate (a passage or author) word for word, typically aloud(《新牛津英汉双解大词典》,2007)。识解似乎天生与翻译有联系,如今"旧事"重提,尤其在认知语言学视野下的认知识解与翻译,那只能是"新瓶装新酒"。《朗文当代英语字典》(1987)将 construe(识解)定义为:to place a particular meaning on(a statement, action, etc.);understand or explain in a particular way。识解要么是赋予一种语言表达或行为等特定或独特的意义,要么是以一种特定或特别的方式去理解或解释。识解一方面产生意义,但另一方面也探寻意义。本章将探讨认知识解与翻译的关系,首先论述认知识解的四个维度,即:具体性、焦点化、突显和视角,然后分别从这几个维度去探讨这种关系以及其背后的认知本质。

9.2 认知识解与翻译中的意义

按照王寅(2011)的观点,语言的普遍性在于人类面对的是同一或基本相同的客观世界,共享自然规律,拥有相同或类似的身体器官、感知能力和认知能力,这就决定了使用不同的语言的人具有基本共通的思维,这是人类能够交际、理解和互译的认知基础之一。另一方面,人类世界从本质上讲就是意义的世界;一个没有意义的世界,绝对不是一个"人"的世界(文旭,2007: 35)。人类世界是一个"意义暗流涌动"的世界,人一边产生意义,一边探寻意义。于这场意义的游戏中识解扮演了"双面人"的角色,它既能产生意义也能探寻意义,意义都是它惹的"祸"。对说话者或作者来说,不同的识解产生不同的意义,不同的意义要求能反映出情景中被突显的不同的成分、成分之间关系及时空顺序,因而形成不同的语法构式,甚至不同的语篇构式。人类语言的绚丽多姿由意义决定,而归根到底由识解决定。语言的丰富性要求人们在翻译中能穿越语言的迷雾,探寻其真正意义,寻求翻译的意义对等,此时意译就显得非常重要;而有时人们在对同一个场景或对象进行意义建构时即使识解不同,产生不同的表达,但不同的表达所引起的概念内容大致一致或相关。同一意义可由不同的语法构式去表达,但意义基本不变,这将是语言理解和翻译的又一基础。既然大致相同的意义由于识解可有不同的语言表达,这就为翻译形式不对等的重要性提供了理论支持,为翻译中的归化(顺化)找到了认知根据。在源语到目的语的翻译过程中,译者就有充分的时间和空间施展自己的创造性,并考虑在源语被翻译成目的语过程中读者到底有什么样的需求。毕竟不管什么样的译本,无视读者群体的译文也就没有存在的理由。对听话者、读者或译者来说,识解就是对意义的追寻。对意义的追寻表现在两方面,一是对语言编码和外化的思想和意义顺藤摸瓜,追本溯源,找出语言表达所体现的不同的识解方式及维度变量,因为不同的语言表达反映了人类不同的识解方式;另一方面,在对讲话者或作者识解方式的追寻中,想象性地构建或还原讲话者或作者识解时的场景,从而对这个构想的场景(conceived situation)以听话者、读者或译者的识解方式再去加以识解。从这个角度上讲,翻译也是意义建构或概念化,意义建构或概念化是识解的结果,是识解化,因此某种程度上翻译也是识解化。

  认知语言学的识解观强调识解是人的一种认知能力,它一方面产生意义,一方面探寻意义,在语言产出和理解中扮演了双重角色。在翻译实践中,它有助于听者或读者准确理解说话者或作者的真正意义,为人们正确理解一个表达式及源语文本的意义提供了一个崭新的视角,因此认知语言学的识解观将会对翻译研究和实践带来全新的启示。

9.3 认知识解及其维度

  语言学的传统观点认为语言就像一面镜子,把外部世界的成分映射到语言形式上。客观世界的情景可以分解为许多成分,每个成分都可以与语言的某个成分对应,因此从外部世界向语言的映射是直接的。大体上讲,情景的成分向语言的映射涉及一对一的编码关系,而这一过程是由语法的形式规则来支配的。认知语言学则持不同的观点,认为语言与情景之间并不存在直接的映射关系。一个情景可以用不同的方式去"识解"(construe),并且编码情景的方式构成了不同的概念化。也就是说语言系统为我们提供了不同的识解方式。"横看成岭侧成峰,远近高低各不同",这种用不同的方式观察同一情景的现象,在认知语言学中称为"识解"(construal),或"认知识解"(cognitive construal)。它是说话人心理形成和建构一个表达式的语义内容的方式。一个语言表达式的语义不但牵涉概念的内容,而且涉及识解那一内容的特殊方式。当我们观察某一情景的时候,实际所见取决于观看的仔细程度,选择看什么,注意观看哪些成分以及从什么角度看。按照 Geeraerts & Cuyckens(2007)的观点,识解就是以不同的方式去观察一个特定的情景,它是所有语言表达意义的一个特性,是作为这样一个事实的结果:语言为范畴化情景、情景的参与者和特征以及涉及情景中的各种关系提供各种各样的方式。作者在此的大意是:只要谈到意义,就无法不涉及识解,识解和意义形影不离;一种意义就是一种识解方式,一种意义就是对一种识解方式的选择;语言系统地为各种各样的识解提供方式。识解的不同方式产生不同的意义,不同的意义决定不同的语言表达。即使是相似或相同的意义,由于识解方式不一样,也会有不同的语法构式表征。

识解有不同的维度,但不同学者有不同的观点。Langacker(1987)把识解的维度分为:选择(selection)、详细程度(level of specificity)、图形—背景(figure-ground)、视角(perspective)、突显(prominence)、指示(deixis)、主观性与客观性(subjectivity/objectivity)、心理扫描(mental scanning)、实体与相互联系(entity/interconnection)、勾勒(profiling)等;Lakoff & Johnson(1980)提到了隐喻;塔尔米(Talmy, 2000)提到的识解维度有:结构图式化(structural schematization)、注意的发展(development of attention)、注意的分布(distribution of attention)和语力(force dynamics)。Croft & Cruse(2004:46)把识解的维度分为四大类,每一类包含一些小类:①注意/突出——A. 选择(包括转喻)、B. 等级调节(抽象化)、C. 图式化、D. 结果扫描/序列扫描、E. 勾勒;②判断/比较——A. 图形—背景、B. 隐喻、C. 范畴化;③处所/视角——A. 视点(视点和方所)、B. 指示、C. 共同背景和移情、D. 主观化/客观化;④组织/完形——A. 实体/相互联系、B. 结构图式(有界,分布等)、C. 语力(动力、阻力等)。Langacker(2008:55)又将识解的维度归纳为具体性、焦点化、突显和视角。这四个维度在语言结构的组织及其语义表达中都扮演着重要的角色,因此是解释语言结构成因的重要机制,也为语言表达的差异性提供了解释渠道。

9.4 认知识解与翻译

9.4.1 具体性与翻译

具体性（specificity）是指说话人用不同的精确度和细节对同一情景进行描写的属性。例如，一个物体可描写为是"红色的"，或者更详细些的"鲜红色"或"粉红色"，或者是更不具体、更概括，只说成是"有色的"。又如，我们可以说今天的气温"很暖和"，"大约19度"，"19.5度，适度40%"。与具体性相对的是图式性（schematicity），也叫抽象性。

（1）thing → creature → bird → bird of prey → hawk → red-tailed hawk

例（1）中所列事物在图式性上从左至右依次递减。从认知的角度来看，语言的这种差别就像是从不同的距离观看事物一样：距离越近，事物就看得越具体、越详细；距离越远，事物就看得越不清楚、越不详细。

不同识解的形成与对外界观察的详细度密切相关，人们可从不同的具体性程度来认识或描写一个事体。也就是说，说话人/作者可以用不同的细节或详细程度对同一情景进行描写。所谓详细度，就是指同一个物体可以在不同细节层次上得到描述。它可能出现在词汇层面，如名词、动词等，它也可能出现在句子、段落，甚至整个语篇层面（王明树，2010：66）。如将这些词语运用到适当的语句中，同一情景就会有多种表达方法，出现详细度和精确层级不同的分句，它们能构成一个描写同一情景但精细程度逐步变化的语言连续体。对事物的描述，可以根据所提供细节的程度，形成一种梯度。

在翻译中，一方面应正确把握说话者或作者对某一场景或事物描述的具体程度，从而准确理解原文意义，实现同一具体程度的对应；另一方面，在很多具体的场合下，由于源语与目的语之间的差异，翻译中要做到源语与目的语之间在具体性上的完全对等是很难的，尤其是在不同语系中语言间的转化，这时就需要详细度的互化，即详化略或略化详。

（2）原文：They took the flag out, and they were hitting. Then they put the flag back.

译文1：他们把小旗拔出来，打球了。接着他们又把小旗插回去。

译文2：他们拿出了旗帜，接着打起来。他们随后把旗子放回。

丁国旗（2011：60）认为，译文2比译文1在详细度方面更忠实于原文。因而我们认为译文2达到了与原文在详细度上的对应。译文1呈现了一个详细度更高的场景："拔"（to pull）和"插"（to stick）比原文中的take和put更具体、更精确；原文中hit的关系性表述结构中所涉及的动作承受者是隐含而非明示的，因而是图式化的，而译文却给hit添加了宾语"球"来具体指明参与者而使之例示化；译文1将flag(旗帜)这个图示化的描述变成了更加详细的描述，将它译成"小旗"而成为flag的例示化。因而我们认为译文2在详细度上与原文保持了较高程度的对应。有时，在翻译的过程中，若能保持原文与译文在详细度上的对应，这对保持原文意义，维护原文意象会起到很大的作用。

（3）原文：宝玉见王夫人起来，早<u>一溜烟</u>跑了。（曹雪芹、高鹗，《红楼梦》）

译文：Pao-yu had vanished *like smoke* as soon as his mother sat up. （杨宪益、戴乃迭译）

（4）原文：相公可怜，抬举你做个提辖，比得<u>芥菜子大小</u>的官职，直得恁地逞能！（施耐庵，《水浒传》）

译文：Our lord pitied you and raised you to be a captain, but as an officer you are no longer than *a mustard seed* and yet you are mightily arrogant as this.

（5）原文：吾视曹操百万之众，<u>如群蚁耳</u>！（罗贯中，《三国演义》）

译文：Cao Cao's million men in my eyes are just *a swarm of ants*. （Zhang Yiwen译）

例（3）—（5）引自《大学汉英翻译教程》（王治奎，2001），源语画线部分与译语斜体部分基本上达到了详细度的对应，原文的意义得到了保留，译文也最大限度地忠实了原文。但译者在翻译中，有时需针对语言之间的不对称性采取必要的转化手段，要么将原文更为抽象的表达具体化，或者将原文更为具体的表达抽象化，才能使译文更加符合译文读者的认知习惯，便于理解和接受。例如：

（6）原文：...it sometimes happens that a person departs this life who is ... a good Christian, a good parent, child, wife, or husband.

译文：……偶然也有几个死去的人……真的是虔诚的教徒，慈爱的父母，

孝顺的儿女，尽职的丈夫，贤良的妻子。（杨必 译）

杨译对原文中 good 的翻译可以看成是详略度互化的典型例子。good 一词高度图示化和抽象化，它是"善"和"好"的很多具体属性的抽象，它与"虔诚""慈爱""孝顺""尽职"和"贤良"这些词语的关系是抽象与具体，共性和个性，一般与特殊，整体与部分之间的关系。一提到 good，人们心目中便会激活很多关于它的具体属性，这些具体属性就是 good 一词的每个例示，它们之间可以相互转化。杨译通过详略度的互化对 good 的翻译，使译文读起来朗朗上口，极富文采。又例如：

（7）原文：I marveled at the relentless *determination* of the rain.

译文：雨无情地下个不停，令我惊讶不已。

（8）原文：Teaching gives me *pace* and *variety*, and challenge and the opportunity to keep on learning.

译文：从事教学使我的工作进程有了规律，使我的生活变得丰富多彩，既向我提出了挑战，也为我提供了不断学习的机会。

（9）原文：Tell me, do our *years together* mean *nothing*?

译文：难道我们多年的厮守就这样一钱不值吗？

（10）原文：His mind was *in turmoil* these days and he was quite unable to *think straight*.

译文：他这些天来心里如同十五个吊桶打水，七上八下，老是宁静不下来。

例（7）—（10）中的英文斜体部分在中文译文里都得到了详略度的互化，都进行了抽象与具体，共性和个性，一般与特殊，整体与部分之间的转换。从上我们可以看出，每一个具体特定的词汇和表达都能激活一大批相关的认知域，至于选择所激活的相关认知域的哪一方面是译者的自由，这也是翻译的创造性所在。

9.4.2 焦点化与翻译

通过语言表达，我们可以进入概念世界的特定区域（Langacker，2008：57）。焦点化（focusing）包括为语言表征而进行的概念内容的选择以及为概念内容选择所描述的区域，这两方面的关系可以概括为前景（foreground）与后景（background）的关系。焦点化就是被注意的区域，它在语言中的体现突出地表现在"图形/背景"

第九章 认知识解与翻译

（figure/ground）这一认知结构中。例如，在运动事件中，相对于静止的环境来说，运动的实体倾向于作为图形。

(11) 原文：孟子曰："鱼，我所欲也；熊掌，亦我所欲也。二者不可得兼，舍鱼而取熊掌者也。生，亦我所欲也；义，亦我所欲也。二者不可得兼，舍生而取义者也。"

译文：Mencius said, "I like fish and I also like bear's paws. If I cannot have the two together, I will let the fish go, and take the bear's paws. So, I like life, and I also like righteousness. If I cannot keep the two together, I will let life go and choose righteousness."

（Legge, 2011: 218）

在(11)例中，"鱼""熊掌""生""义"都处于前景中，因此翻译时应得到突显，但 Legge 并未在英语译文中将这四个概念放入前景中去审视，导致形式上不对等。当谈到"生"和"义"之间的选择时，"鱼，我所欲也，熊掌，亦我所欲也；二者不可得兼，舍鱼而取熊掌者也。"这个当前话语空间被刷新，成为理解"生、义"选择的后景。既然意义的突现不是由前景或后景单独决定，是由前景/后景这一组合整体决定，Legge 在译文中用 so 将后景与前景组合有机地联系起来，这又是译文中的高明之处。又例如：

(12) 原文：Scientists are studying synesthesia because they believe it may help explain how the human mind takes in and deals with information from the world outside it. *The condition was first reported by an English doctor more than one hundred years ago.* Since then, scientists have found many different kinds of synesthesia. They say the two most common kinds are sounds and tastes that produce colored picture in the mind.

文中斜体部分可有几种译文：

译文1：一百多年前，一位英国医生首次报道了这种牵连感觉。
译文2：通感现象一百多年前由一位英国医生首次提到。
译文3：这种现象首次由一位英国医生百多年前报道过。

135

李运兴（2003）认为，当读者读到译文1时，他对下文的预期是英国医生在一百多年前做了些什么，而下文讲的其实仍是"牵连感觉"；这就破坏了译文在读者头脑中的连贯性；译文2用"通感现象"做话题，顺理成章地引出了下文的内容。李还指出："语法意义常常被忽略，从而造成误译。"为什么译文1不符合我们的认知期待而破坏它在读者头脑中的连贯性呢？我们可从前景/后景的角度去解释。英文第一句中的主句里，Scientists是前景，synesthesia是后景，但通过原因状语从句话语被继续展开，主句这个当前话语空间被刷新而变成后景，原因状语从句则成为当前话语空间，通过they believe（他们认为）这个后景将第一个it（回指通感）变为前景而成为注意的前台区，这就预示着随着话语的推移，当原因状语从句甚至整个第一句这个当前话语空间再被刷新时，第一个it会将是下一个话语空间的前景。因此The condition（这种现象）自然而然地成为注意的前台区——前景而得以突显。如果要打破这种意义上的连贯性，我们就会用转折性连词去实现，但文中并没有出现我们期待的连词。在这种情况下在认知期待上我们不会允许无缘无故从半路上杀出的新生事物出现，故作者用了被动语态解决了这一矛盾，而不是将English doctor推向前台并前景化得以突显。当英文第二句作为当前话语空间被刷新成为后景时，synesthesia会继续作为前景进一步得到解释和说明。

按照Langacker（2008）的观点，除了前景之外，焦点化还包括为语言表征而进行的概念内容的选择。选择的一方面是在一般的或给定的场合下为一组特定的认知域提供通路；另一方面涉及在所进入的认知域中一个表达所覆盖的范围：该表达实际激活和利用了这些认知域的哪些部分作为其意义的基础。对矩阵中的每一个认知域，每一个表达都有一个由它所在认知域的覆盖范围所构成的辖域。辖域指人们在对某一事体进行描述的过程中被激活的概念内容的配置，至少应包括基体（Base，一个述义所参照的辖域基础）和勾勒（Profile，被突显的某一部分）。辖域与认知域基本相当。辖域有明显的认知基础：在任何一个时间点上我们心智所能包囊的事物都有限度。比如，我们的视觉器官限制了我们在任何一个时间点上所看到的东西。从经验上讲，我们有一个有限的视框（viewing frame）——视域（visual field）——当我们看世界的时候它界定了我们视觉所能看到的。在任何一个时间点上，只有空间环境的有限的部分进入我们的视野。对于一个表达所唤起的每一个认知域，该表达的辖域就是概念内容，出现在内在于对其理解的主观的视框中。一个辖域是有边界的，从理论上讲它有有限的区域。比如cousin一词会唤起一个构成亲戚关系的非基本的认知域。这个亲戚关系网络可以朝任何方向无限制延伸,但只有一小部分就足够概念化 cousin 这种亲戚关系。但有界性并不意味着辖域的边界客观清晰可辨。在很多情况下,辖域的边界是模糊的。Langacker(2008)根据辖域的范围大小,将其分为"最大辖域"(maximal scope)和"直接辖域"(immediate scope),最大辖域指整个视野中的内容,或一个表达式所能激活的最大内容;直接辖域是最相关、最邻近的概念,相当于"舞台表演区"(onstage region),即观看注意的通常区域。直接辖域通过最大辖域被前景化而得以突显。

(13)原文:She has been a widow only six months.
译文1:她当寡妇只不过半年时间。
译文2:她死丈夫只不过半年时间。
译文3:她丈夫去世只不过半年时间。

例(13)中三种译文在一般情况下我们都会认可。尤其是第三种译文"在一些英汉翻译教程中被列为'意译(free translation)'的典范"(丁国旗,2011:66)。三种译文都对同一场景进行了描述,而且描述的是同一事实,其真值条件一样。但从前景/后景的角度去审视,第一种译文最好,因为它最符合我们的认知规律。英文中的"She"是前景,"a widow"是后景,至于"her husband"更是隐含的后景中的一部分,译文一般不会将其纳入前台认知而概念化。可是当我们从辖域的角度去看时,三种译文从激活的直接辖域到最大辖域从译文 1 至译文 3 在程度上依次递增。第三种译文可以看成激活了该句所要表达的概念的最大辖域,第二种译文介于第一和第三两种译文之间。这与辖域的级阶有关。语言中的每个表达式都有一个对应的认知域,其管辖的范围有大有小,也就是说人们在理解一个事体时所涉及的辖域有大有小,这就构成了辖域的级阶(scale)。我们可以说如果译文激活了源语所要表达的概念的最大辖域,那么译文就可能是意译或归化译法。如果超过了最大辖域,译文则会成为错译或误译。

9.4.3 突显与翻译

语言结构体现出各种不对称性,这些不对称性实际上就是突显问题。突显有许多不同的维度,这里我们主要谈两种突显:勾勒(profiling,又叫侧显)与基体(base)、射体/界标组合(trajector/landmark alignment)。勾勒是一种突显方式,是突显某一情景中的某个或某些成分。王寅(2011:94)认为,一个词语的基体就是它能在相关的认知域中所涉及的范围,这是意义形成和理解的基础;与其相对的是侧显,是基体内被最大突显的某一部分。在言语事件中,说话人的任务就是要建立一个视点(vantage point),决定哪些实体是参与者以及识别这些实体之间的互动形式。

Langacker(1987:217)将射体定义为关系性勾勒中的图形(突显),界标则充当射体的背衬角色。丁国旗(2011:69—70)认为,射体是一个关系之中被更加着力刻画的参与者,而界标是关系中显著但并非被着力刻画的实体。王寅(2011:94)认为,射体是最突显的参与者,表示了关系述义中被聚焦的一个实体,处于一对或一组关系中最突显的位置;界标则标示了关系述义中其他被次突显的实体,为射体的定位提供参照点。语言表达式可以有相同的内容,勾勒同样的关系,但意义上有别,因为它们选择了不同的射体和界标。

翻译中的识解可能体现出突显与压制情况。语词就像一个个指针,将那些有意义的峰尖从绵延在地平线上的山脉轮廓中突显出来(阿恩海姆,1998:315)。任何翻译都不可能是原文所有意义因素的完全再现,一方面原文的某些地方可能是模糊的,翻译者不可能对他本人还不清楚的东西予以保留;另一方面两种语言之间的差异也决定了完全再现的不可能性(单继刚,2007)。"如果我们在翻译时想从原文中突出一种对我们很重要的性质,那么我们就只有让这同一原文中的其他性质不显现出来或者完全压制下去才能实现。这种行为恰好就是我们称为解释的行为。正如所有的解释一样,翻译也是一种突出重点的活动。谁要翻译,谁就必须进行这种重点突出的活动。"(加达默尔,2004:498—499)

翻译中我们不能只重意义(内容)而不重形式,也不能只重形式而不重意义,这种说法看起来很辩证,但实际上可能是一种悖论。在翻译过程中,如果图形—背景不能得到分离,场景中的事物不能得到突显,这时我们面临的就是不成形的刺激物,"人的全部心理功能便成紊乱状态,他的社会调节、平衡能力和思维能力均会受到极大的损害"(阿恩海姆,1998:24)。西方很早就有人提出"等值翻译"理论,其实质是:"等值机制的基本条件是用译语的等值语法和词汇替换源语的语法和词汇。也就是说,转换中的双语如果不具备双双等值的语法和词汇,'等值'的实现只能是在语义平面上的对应而不是'等值'"(刘宓庆,2005:25)。等值翻译是在语法和词汇平面上对形式的突显,而有时候我们却是在语义平面上对意义的突显。正如刘宓庆(2005:6)所说:"二者并重而以意义作基础、以意义优先。从汉语文字的独特性考虑,中国翻译理论应该更加注重意义的转换规律,而不要追求形式的对应，以'形'害'义'。"翻译要有翻译之美，许渊冲（2003：85）将鲁迅的"三美"（意美以感心、音美以感耳、形美以感目）应用到翻译中来，认为翻译应讲究意美、音美和形美，这也是人类不断追求至善、至真和至美的完美心理的表现。但美在哪里？我们可以说有背景衬托下的图形（突显）美才是美。

杜甫在《登高》中有两句诗句："无边落木萧萧下 / 不尽长江滚滚来"，许先生将其译为：The boundless forest sheds its leaves shower by shower. /The endless river rolls its waves hour by hour. 许先生的译文通过 shower by shower 和 hour by hour 最大化地突显了诗歌的形式，使诗歌的音美和形美得以最大化地保留。但诗歌所要表达的意义和恢宏气势在追求形美的过程中仍然受到一定程度的压制。在"不尽长江滚滚来"这句诗句中，"滚滚"表达了长江奔流不息的浩荡气势，但"来"这一字却非常传神，诗作者站在长江携裹汹涌的波涛不断扑面而来这个视角上去观察感受长江，加之"无边落木萧萧下"，顿时一种肃杀、凋零和压抑的气氛油然而生。所以从这个角度上讲，可表观看视角的"来"字不译出，则诗句所要表达的内容在译文里会受到很大程度的压制。刘宓庆、章艳（2011：273）谈到，庞德为了再现中国诗歌的意境美和意象美，不惜打破英语的语法结构，创造了所谓的"脱体句法"（disembodiment）和"并置结构"（juxtaposition）。他将李白的诗句"抽刀断水水更流，举杯消愁愁更愁"译为：Drawing sword, cut into water, water again flows. /Raise cup, quench sorrow, sorrow again sorrow.。由此我们可看出，庞德在译中文诗歌时，为了突显原诗歌中的意象，不惜牺牲英语的"形"，压制英语中的"形"，这也是突显与压制的一个典型的例子。

9.4.4 视角与翻译

视角（perspective）是指人们观察认识事物所采取的时空位置角度和所持立场态度及方向。视角对于空间描述必不可少，但视角也可见于非空间概念化过程中：除了我们所处的时空位置所具有的视角之外，我们还有一种建立在我们的知识、信仰和态度之上的视角（丁国旗，2011：70）。根据 Croft 和 Cruse（2004：58）的观点，这种从广义上理解的视角具有其认知基础，并反映在我们在世界中的"所处"（situatedness）这一哲学概念中。这里的所处指的是广义上的不但包括在空间位置的自我确定，而且包括自身在时间的、认识的（epistemic）、文化的情景中的定位……我们无时无刻不处于一定的位置中，并从特定的位置去进行释解（丁国旗，2011：70）。塔尔米（Talmy, 2000：68）认为"视角"就是在心理上观察某一事物或场景的位置,涉及诸如位置、距离和方式等因素。王寅(2006:28)认为,视角指人们对事体描述的角度,涉及观察者与事体之间的相对关系;人们的观察角度可能会直接影响对事体的理解和语言的表达,不同的视角会产生不同的认知参照点,这样就有不同的认知途径,在语言中就自然会有不同的表达形式。因此我们可以说视角一方面涉及我们观察认识事物的时空角度和立场态度、价值取向等心理情感因素;另一方面我们的视角选取决定了语言的表达方式,从语音语调到词汇,到句子,到话语,到文本,到译本,无不受到主体视角的影响。世界之所以丰富多彩,人类语言表达之所以丰富多彩,我们认识观察事物的角度起到了关键的作用。视角一般包括视点,指示,识解的主观性和客观性。Langacker(1987)认为,视角主要包括视点和焦点。文旭(2007)认为视角这一概念是认知语言学家强调观察者在情景中的重要作用的反映:尤其是观察者的视点以及所注意的焦点成分的选择。例如,我可以把同一个人叫做"张三的妻子""李四的女儿""小张的妈妈"。在每一个情景中,我都是通过与所叫的人具有显著关系的另一个人来指称的。这个例子也表明"范畴"的选择(妻子、女儿、妈妈),即实体的范畴化方式,在某种程度上反映了说话人所采取的视角。视点是说话人在表达情景时所采用的"心理路径"(mental route)。本节主要从翻译中他者视角的选取和视角与归化翻译两个方面去讨论视角与翻译。

9.4.4.1 翻译中他者视角的选取

德莱顿曾形容"直译者之笨拙就像戴着脚镣在绳索上跳舞(dancing on ropes with fettered legs)"(转引自 Munday,2008:32)。不同的译者对"戴着脚镣在绳索上跳舞"可能有不同的理解。那么,在翻译过程中束缚我们的"镣铐"到底是什么?它是由什么样的铁环组成的链条?一经追问,我们不难发现这副"镣铐"的链条环环相扣。第一环是作者所处的国家或地区的历史社会文化背景;第二环是作者,包括作者成长境遇,甚至个性特征及行文风格等;第三环是作者对源语言文本创作的认知视角;第四环是作者使用的源语言文化内涵特征;第五环是作者的源语言文本特征;第六环是译者的双重身份登场:译者不仅是译者,他或她首先是读者;第七环是译者兼读者的历史社会文化背景;第八环是译者兼读者的个人成长境遇,甚至个性特征及行文风格等;第九环译者的认知识解视角;第十环是译者语言的文化内涵等特征对译语的制约;第十一环是译文必须面对读者,否则译文就没有存在的必要,译文读者从某个角度上讲是上帝,翻译是转化,是为了文化交流,否则交流失败,译文无意义可言;第十二环是一个国家或地区的翻译政策对翻译者及译文的影响。

辜正坤（2010：55—64）在谈到中西诗歌鉴赏时，提到中西诗歌鉴赏的十个角度，它们分别是：①时间角度。辜强调鉴赏一首诗时应把注意力集中在该诗的时代性上。他认为同一部作品在不同的时代将会有不同的含义和审美效果。他甚至认为连气候、季节的转换，都会大大影响审美主体的审美心理趋向，早晨读诗和晚上读诗的感受不同，秋天读诗和春天读诗的感受也不同。②空间角度。它是指赏诗者依据地域和不同的社会环境时采取的角度。辜认为不同的地域或环境，尤其是不同的国度意味着不同的文化传统和审美主体，不同的文化传统和审美主体意味着不同的审美情趣，不同的审美趣味意味着不同的审美价值判断。即使在同一个国家，不同地区的人对同一首诗的看法也是多种多样的。"橘生淮南则为橘，生于淮北则为枳。"翻译也同样会遇到"水土迥异"的问题（阮红梅、高然，2009：143）。③作者角度。它是指我们欣赏一首诗时，非常看重诗作者本人的生活经历、文学素养、哲学观点、人格特征等。布封说过"风格即其人"，我国古代也有如此说法，即文如其人，法国大批评家圣·佩甫认为欣赏作品当从作者的人格、遗传、境遇、生涯等方面入手。孟子说过，"颂其诗，读其书，不知其人，可乎？"④作品角度。辜的观点是欣赏者把诗歌作品看成是独立自主的封闭艺术文本，就作品而论作品，把作品放在欣赏、研究作品本身的语言结构、修辞、文体风格、意象、韵律、节奏等纯形式的因素上，同时不管或忽视其他因素，如作者、社会文化传统、读者反应等。欧美流行的形式主义、新批评、结构主义等大都倾向于从这一角度研究作品。这是文学上的本体论。⑤读者角度。它是指纯粹从诗歌欣赏者（读者）本身的鉴赏心理出发来欣赏诗作的角度。这里辜注重的是主张读者要充分发挥自己的主体性，随心所欲地运用自己的主观欣赏能力。⑥年龄角度。它是指不同年龄的人对同一首诗的理解往往不一样。欣赏一首诗和我们的文化素养、生活经历相关，那么审美判断也不一样。不同的年龄之间存在代沟，他们对同一事物也有不同的看法。⑦性别角度强调性别不一样，人们看问题的角度也不一样，对同一事物的理解也大相径庭。⑧社会文化角度是指欣赏者把一首诗产生的社会环境、文化传统看做理解该诗的关键。⑨阐释者角度是指职业性鉴赏者角度。文学教师、评论家、辞典鉴赏条目撰稿人均处于这个角度。⑩译者角度是指欣赏者在兼通双语的情况下根据原文来欣赏译文。辜谈到，"我们鉴赏一首诗，可以取一个角度，也可以取若干个角度，如有可能，还可以取全方位角度。每一个角度意味着一个特定的视点（the point of view），在每一个视点上获得的感受必不同于在别的视点上获得的感受。角度越多，感受越丰富；角度越明确，感受也越清晰。上文辜提到的十角度，相当于诗歌鉴赏时的不同视角。视角不一样，感受体验就不一样，对事物的理解认识结果也不一样。

英语中有一个短语 in someone's shoes，它与汉语成语"设身处地"相当，意思是设想自己处在别人的那种境地。朱熹《礼记·中庸》注："体谓设以身处其地而察其心也。"孙犁《秀露集·耕堂读书记（一）》："创作者触景生情，评论家设身处地，才能相得益彰。"鉴于此，从识解的维度之一——视角出发，站在后现代哲学视点上，尤其是后现代视角主义立场上，提出翻译中他者视角的选取，以及他者视角在翻译中的重要性。王治河（2006）认为，事实上，设身处地和换位思考一直是后现代思想家所推崇的原则；后现代存在于现代的局限之处，其核心是对夜郎自大心态的拒斥。从他者视角出发，在翻译中我们不能只站在自己的立场以自我为中心的视角看待事物，不能将个人的、本国的和本地区的文化价值观强加于异域文本。诺斯若波认为："我们必须使自己的直觉、想象力甚至灵魂向与我们自己的视野、信仰和价值观不同的视野、信仰和价值观开放。"我们可以说世界上所有的翻译都是翻译者根据自身的理解、体验和态度将自己的认识观和价值观强加于源语文本。他者视角要求我们在翻译中认识到我们视角的有限性，从视角的多样性出发，尽可能地降低自己的偏见与先入之见的影响，尽可能地不将自己的文化价值观强加于对源语文本的理解，达到翻译中最大化地靠近意义的本真。这样一个国家或民族的文化在国际交流和交往中才能走出去，才能走得更远。

辜正坤（2010）在其《中西诗比较鉴赏与翻译理论》答疑中，用了很大的篇幅（共 70 页）谈到他与江枫关于狄金森"Wild Nights"的争论。江坚持从艾默斯特修女的视角去翻译这首诗，而辜则坚持从一个普通的有七情六欲的恋爱中的女人的视角去处理这首诗。既然翻译就像戴着镣铐跳舞，在受限制的范围内要跳得轻巧、细腻、优美，打动人心，那么我们在翻译时就必须将受限制的范围考虑周全，翻译链条中的十二环节都应引起我们的重视。既要认清自己（翻译链条中 6—12 环），又要明白他者（翻译链条中 1—5 环），不固执己见，也不随心所欲，对他者开放，对他者包容，我们才能将翻译之舞跳得更加优美。江辜之争中，彼此都坚持自己的视角，但我们更愿意看到"鉴赏的角度迥然不同，翻译出的风格也就大大不同。如果这首诗的主旨是歌颂浓烈的爱情，则我的处理对策是对的；如果这首诗的主旨是严肃的宗教冥思，则江枫先生的处理就是对的（辜正坤 2010：530）。"谈到这里，我们有必要去看一下原诗及江、辜的译文：

第九章 认知识解与翻译

原文：**Wild Nights — Wild Nights!**
Emily Dickinson

Wild Nights — Wild Nights!
Were I with thee,
Wild nights should be
Our luxury!

Futile — the Winds!
To a Heart in port, —
Done with the Compass, —
Done with the Chart!

Rowing in Eden —
Ah, the Sea!
Might I but moor — To-night —
In Thee!

译文1：

暴风雨夜，暴风雨夜！
我若和你同在一起，
暴风雨夜就是
豪奢的喜悦！

风，无能为力——
心，已在港内——
罗盘，不必，
海图，不必！

泛舟在伊甸园——
啊，海！
但愿我能，今夜，
泊在你的水域！（江枫 译）

译文2:

暴雨夜!狂雨夜!
但我若能和你同在
这夜夜暴雨狂风
便成奢华!

心儿一旦如港——
百种风飚,又有何用——
收起吧—罗盘仪,
卷起吧—航海图!

驾轻舟在伊甸——
啊!大海!
我但愿——今夜——抛锚于
你的胸怀!(辜正坤译)

  Langacker(2008:73)认为视角(perspective)就是观看方式(viewing arrangement),其中最明显的方面就是所设定的视点(the vantage point),它指说话人和听话人所处的观察位置。与此紧密相关、微妙但重要的识解方面是识解的主观性和客观性。它们与视觉感知有关。Langacker(2008:77)让我们设想在剧院看一场激动人心的戏剧时,我们所有的注意力都指向舞台,尤其聚焦于演员目前的讲话。我们完全沉浸在戏剧里,达到忘我的境地,忘记了我们所处的当下环境。这种观看方式最大化了观看者和被观看者之间的非对称性。观看者和被观看者又被称为感知主体和感知客体。在这种两极化的观看方式中,观看角色的非对称性得到最大化,观看主体得到最大主观性的识解,观看客体得到最大客观性的识解。主观性识解的特征是观看者的角色——后台感知中心,其自身并未得到感知。相反地,客观性识解刻画的是注意的前台焦点,它不参与观看。由于受到注意,被客观识解的实体比它得到主观识解时更加清晰地突显。当感知主体专门执行非明示的在场并且自身不被感知时,它们得到最大主观性识解;另一极端是最大化客观性识解——注意的焦点:一个表达置于前台并突显的实体。客观性识解与突显和明确注意相关;主观性识解与非明示的意识的焦点有关。非明示并不意味不在场。构成一个表达之意义的概念化超越了其前台内容,还进一步包含了后台概念

第九章 认知识解与翻译

化者在整体观看方式背景下的理解模式。非明示的概念化主体总是支撑一个表达之意义的概念底层。如果那是它们唯一的作用,它们总是非明示的并且得到最大的主观性识解。然而概念化主体能不同程度地充当概念客体,受到突显而得以更加客观化识解。极端层次是让概念化者走上前台成为注意的焦点:通过使用一人称或二人称代词(我,你,我们及其变体),概念化主体——说话者和听话人受到突显,受到明确注意及客观性识解。还有一个中间层次,概念化主体既不是完全主观性识解也不是完全客观性识解,它们在后台仍然未充分侧显和明示。例如:

(14) The rock is in front of the tree.
(15) The tree is behind the rock.

Langacker 认为例(14)与(15)两句中说话人和听话人不仅仅只是概念化主体,他们也是观察者,其视点和视线由 in front of 和 behind 所唤起。他们出现在所描述的场景中,但他们的作用并不是全部主观,也非充分客观。他们在后台,未得到突显并且非明示。受 Langacker 的观点的启发,翻译中我们既要做到识解的主观性,又要做到识解的客观性。识解的主观性要求我们翻译时,达到忘我的境地,必须深入到源语文本,源语文本的作者,作者的自身背景及其社会文化历史背景的灵魂深处,达到入戏,使文本、作者及其相关达到最大化的突显,达到最大化的客观性识解;同时,译者也要出戏,达到审视自我的境地。这里的自我不是以自我为中心,自以为是,为所欲为,隐喻性地将自己的主观见解和文化价值随意地迁移植入他者,而是要将译者——概念化主体推上前台,成为注意的焦点得以突显,得以最大化的客观性识解。译者必须审视目的语、读者受众、译者自身及其相关,利用优势,压制弱势,翻译中不得随意将自身经历观点强加于译文,从而达到翻译识解的最大客观性。

辜正坤(2010:520)谈到诗歌有多种含义,多种艺术象征性,因而可有多种风格的译文,不是只有一种译文可以一劳永逸地解决问题。从这里我们不难看出译者自身及其相关对译文会产生多么大的影响。江枫译狄金森的诗坚持从艾默斯特修女的视角去审视,但他没有将自己推向翻译过程中的前台,达到翻译识解的最大客观性。在了解到狄金森的历史文化背景及其自身之后,我们倾向于辜正坤的观点:"*Wild Nights — Wild Nights!*"是一首爱情诗,并且是一首表达浓烈爱情的爱情诗!徐晓东(2006:190)认为,19世纪60年代早期是狄金森诗歌创作的丰收季节,其中1862年就得诗366首,数目可谓惊人;从其诗歌、书信上判断,这期间她显然经历了一番爱情风波,这首诗也恰恰是在这一年写成。翻译中不知己知彼,译文则不会"信达雅"。这也正如郭沫若所说:"译雪莱的诗,是要使我成为雪莱,是要使雪莱成为我自己。译诗不是鹦鹉学话,不是沐浴而冠。"既然这是一首表达炽热爱情的诗歌,我们就有理由构想站在女性的视角以强烈的爱情为视点去识解翻译这首诗,从而译出较浓的爱情味道。因此该诗可试译成:

> 狂风暴雨夜啊——狂风暴雨夜啊!
> 只要你我同在
> 它们只会为
> 我们更添兴致!
>
> 狂风暴雨啊——无能为力——
> 对于一颗入港的心啊——
> 管它何方——
> 管它哪里!
>
> 只求——今夜——与你!
> 共浴爱河——
> 啊,没入幸福的汪洋!

对狄金森这首诗的试译,我们的目的只是想使这首诗读起来更女性化一些,爱情味道更浓一些。诗里第一段中的 Wild Nights 是指狂风暴雨夜,隐喻性地暗示"阻止爱情的世俗力量",越是 Wild Nights,主人公对爱的追求就越是无法阻挡,就越是强烈,于是诗人说 Wild Nights 是她们的 luxury,只会使她们的爱更加浓烈,大有"让暴风雨来得更猛烈些吧!"的味道,因此试译中完全跳过字面意义,译成了"更添兴致"。诗中的 winds 也是转喻用法,指"狂风暴雨",也隐喻性地指"阻碍男女主人公相爱的世俗力量"(徐晓东,2006:202)。诗中的 Compass 以及 Chart 可以转喻性地分别代指方向和位置,故译成"何方"和"哪里"。诗中的 Eden 译为"爱河"更为通俗,而诗歌最后一段中,英文将突出的重心——"Rowing in Eden—Ah, the Sea!"放在段首,而中文常将其后置,故试译将诗中重心做了颠倒,更符合中文习惯以及中文读者感受。从试译中可以看出,如果我们不只站在男性的视角,更从女性及爱情诗的视角去处理问题,得出的结果会大不一样。

9.4.4.2 视角与归化翻译

Langacker(2008:43)认为一个意义是由概念内容以及识解那一内容的特殊方式两者构成,而识解是我们显而易见的以交替的方式对同一场景加以构想和描绘的能力。Langacker(1990a:61)提到:一个能准确观察星星的空间分布的讲话者能以许多不同的方式去描述它们:可以把它们叫做星座(constellation)、一群星星(a cluster of stars)、群星点点等(specks of light);这些表达在语义上是有差异的;它们反映出讲话者对一个场景的交替识解,而每一种识解都与客观给定的特性是相容的。从 Langacker 的观点可以看出:一个人可以对同一场景进行不同的交替的识解;不同的识解产生不同的表达;不同的表达源于对同一场景这个大"背景"中不同的"图形"(注意的中心或焦点)的突显;识解是以客体的客观属性为基础。无论是把观察到的星星空间分布叫做"星座"也好,"一群星星"也好,"群星点点"也好,对同一场景或对象识解不同,产生不同的表达,但不同的表达所引起的概念内容大致是一致或相关的,这是语言理解和翻译的基础之一。比如人们对马铃薯从不同的视角有很多种叫法:我国有些地方分别称它为"地蛋""洋芋""山药蛋""地瓜""土豆",意大利人称它为"地豆",法国人叫"地苹果",德国人叫"地梨",美国人叫"爱尔兰豆薯",俄国人叫"荷兰薯"。从以上称呼不难看出,出于不同的观察认识角度,马铃薯才有如此丰富多彩的名字。也正因为如此,人类的语言才能如此绚丽多彩。马铃薯的命名表明这样一个事实:人类认识世界是通过解释的多元性来实现的,这与后现代视角主义哲学相吻合。

Schleiermacher(1813/1992:41—42)认为译者要么尽可能地不打扰原文作者,让读者向原文作者靠拢,要么尽可能地不打扰译文读者,让原文作者向译文读者靠拢。读者向原文作者靠拢是异化(alienating)的翻译方法,原文作者向译文读者靠拢是顺化(naturalizing)的翻译方法。异化和顺化的对立在韦努蒂那里则是归化(domestication)和异化(foreignization)的对立。韦努蒂(Venuti,1995:20)认为译者可以选择归化或异化的译法,前者以民族主义为中心,把外国的价值观归化到译语文化中,把原作者请到国内来,后者则离经叛道,把外国文本中的语言和文化差异表现出来,把读者送到国外去。韦努蒂(Venuti,2009:1—5,张景华等译)认为通顺在英语译文中明显占主导地位,翻译评论者都褒扬通顺的译文,贬斥离经叛道者,评论所有译作的标准只有一个:通顺。为什么通顺的归化翻译策略会凌驾于其他翻译策略之上?因为在翻译过程中,译者常出于一种以自我为中心的惯性思维,总是站在自我这个视点上,将自我的文化价值观强加于异质文化。文旭（2010）把归化翻译的实质看作是一种视角转换。这是因为人们在处理问题时，一般不会从不熟悉的、不习惯的、不利于自己的视角去看问题。在翻译的视角转换过程中，趋利避害是我们的本能，是人类长期进化的结果，这种本能已经深深地植入我们的基因。我们总是站在利于自己的视点和视角上去对待源语文本，将自己的文化价值观通过隐喻性的思维方式迁移到源语文本中。翻译中这种自然的、有利于自己、有利于自己文化的视角转换是译者不从他者视角出发、以自我为中心的思维惯性的结果。归化的翻译策略大行其道这种趋势无法避免，并且会一直继续下去，除非我们能在翻译中将译者自己纳入识解的最大客观化。

(16) a. The hill rises gently from the bank of the river.
　　　b. The hill falls gently to the bank of the river.

文旭（2011）认为例（16）中的两个句子描述的是同一场景，但不能说它们表达了同一的意义，其中的差异与视角有关，涉及人们观看同一场景的方式不同。翻译中认知视角的转换涉及词类转换、句子成分转换、语序调整、正反表达方式转换、语态转换等方面。

英汉之间动词和名词的使用频率差别较大，英语倾向于使用名词来描述事件，并用形容词、副词或介词取代动词来描述关系，而汉语在描述事件、属性等时，使用动词的频率较高。英汉翻译时，我们常常有意无意地进行词类间的转换。关于这一点，我们可以运用 Langacker 的"心理扫描"去解释。心理扫描是一种认知过程，是说话人为了描写事件而采用的一种构建情景的方式（文旭，2007）。Langacker（1987：248）区分了两种心理扫描：序列扫描（sequential scanning）和概括扫描（summary scanning）。它们是说话人识解一个情景所使用的不同方式。序列扫描就是把一个过程看成是事件成分的一个序列；概括扫描就是把一个过程看成是一个完整的单位，其中所有事件成分被看成是一个整合的整体。它们之间的差别体现在语法的许多方面，其中包括说话人在描写一个事件时是决定用名词还是用动词。例如，某人进入一个房间，我们既可以根据序列扫描的方式用动词进行描写，也可以根据概括扫描的方式用名词进行描写：

(17) a. Peter entered the room.
　　　b. Peter's entrance into the room.

通过例（17）可见，序列扫描就好像是观看一个运动图像序列，而概括扫描就好像是观看一幅静止的照片。动词在此所勾勒的是一个过程,而名词所勾勒的是一件东西或事物。这两种扫描的差别也体现在英语的 -ing 形式和不定式中。例如,同一个事件,我们既可以根据序列扫描的方式用 -ing 形式进行描写,也可以根据概括扫描的方式用不定式形式进行描写,如例(18)所示。例(19)—(22)涉及英汉翻译的此类转换,(23)—(26)涉及句子成分转换,(27)—(28)涉及次序转换,(29)—(31)涉及正面表达与反面表达的互化,(32)—(34)是主动语态与被动语态之间的转换,(35)—(37)是分句转换,(38)—(40)涉及标点符号的转换,(41)涉及中心转换,(42)—(45)是分合转换。

(18) a. I saw him beating his wife.

　　　b. I saw him beat his wife.

(19) 原文:The streets are *marked* by *an absence* of color.

　　 译文:街上明显缺乏色彩。

(20) 原文:He was not to appeal for the *end* of poverty and ignorance and disease; he called for the *destruction* of the system which was responsible for these evils.

　　 译文:他并不满足于呼吁消除贫困、愚昧和疾病;他更号召摧毁那个造成这一切的罪恶制度。

(21) 原文:我先是诧异,接着是不安,似乎这话与我有关。

　　 译文:My initial *astonishment* gave way to a deep *uneasiness*; I felt that this had something to do with me.

(22) 原文:数以百万计的非洲人已意识到他们的生活状况异常贫穷落后,这就促使他们采取坚决的措施去创造新的生活条件。

　　 译文:The *awareness* by millions of Africans of their extremely poor and backward living conditions has prompted them to take resolute measures to create new ones.

(23) 原文:He will *give an immediate reply*.

　　 译文:他会立即答复。

(24) 原文:*To err* is *human*.

　　 译文:是人就会犯错。

（25）原文：*Frailty, thy name* is *woman*.
译文：女人的名字是弱者。

（26）原文：Sense makes no sense in *him*.
译文：他可以把有理说成无理。

（27）原文：Slowly climbs the autumn moon.
译文：秋天的月亮慢慢爬上来。

（28）原文：Here comes the bus.
译文：汽车来了。

（29）原文：Wet paint!
译文：油漆未干！

（30）原文：You can't be too careful.
译文：你要特别小心。

（31）原文：As if I cared!
译文：我才不在乎呢！

（32）原文：Most people agree it is students who will be hit hardest.
译文：大多数人同意这一看法：对学生的打击会最大。

（33）原文：Soap bubbles should be seen and not touched.
译文：肥皂泡可看不可摸。

（34）原文：The incident was passed on by mouth.
译文：众口相传，这事便传开了。

（35）原文：While pigeons do have a strong homing sense, they also have very short memories.
译文：鸽子的恋巢意识虽然十分强烈，但是它们的记忆力却是十分短暂的。

（36）原文：Both players, neither of whom reached the final, played well.
译文：两名运动员虽未进入决赛，但都表现出色。

（37）原文：Galileo was a famous Italian scientist by whom the Copernican theory was further proved correct.
译文：伽利略是意大利著名的科学家，他进一步证明了哥白尼学说是正确的。

第九章 认知识解与翻译

（38）原文：The rain may hold off, but it won't hurt you to take an umbrella with you.

译文：雨可能会停，但带把伞又何妨呢？

（39）原文：To be, or not to be, that is the question.

译文：是生是死，怎么办？

（40）原文：I know it. I know if I come to that dinner, I'd have drawn the sword. I'd have killed that son of bitch. Yes, killed that son of bitch. And his dog too.

译文：我知道，我知道如果我去参加宴会，我就会大动干戈，杀掉那个狗东西，是的，杀掉那个狗东西，还有他那只狗。

（41）原文：It is mean of a man to bite the hand that fed him.

译文：恩将仇报的人是卑鄙的。

（42）原文：Bad weather prevented us from starting.

译文：天气不好，无法动身。

（43）原文：The ancients tried unsuccessfully to explain how a rainbow was formed.

译文：古人力图解释彩虹是怎样形成的，但没成功。

（44）原文：有个年轻人，名叫颜回。家里穷，缺吃少穿。住的房子又小又破。

译文：There was a young man called Yanhui who was so poor that his family lived in a small, dilapidated house without enough food and clothing.

（45）have a wolf by the ears 骑虎难下

a velvet paw 笑里藏刀

to grow like mushroom 雨后春笋

a long way going 漫漫不归路

a long way coming 姗姗来迟

He is a lucky dog. 他是个幸运儿。

Love me, love my dog. 爱屋及乌

One boy is a boy, two boys half a boy, three boys no boy. 一个和尚挑水吃，两个和尚抬水吃，三个和尚没水吃。

If you ever think he is lazy, think again. 你认为他懒的话，那就错了。

例(45)中的短语和句子都进行了通顺的归化处理,对中文译者或读者来说,我们会认为这些翻译恰到好处。按照认知语言学的观点,语言对意义建构或概念化来说,只是提示物,语言所要表达的意义只是冰山一角。Langacker(2008: 57)认为词汇意义的百科观告诉我们一个词项意义常规值的一部分,这个词项会提供直接的通路让我们进入一组具有中心度等级的认知域(被激活的可能性)。这组认知域库代表了对概念内容的选择。从更容易进入的角度上讲,中心域通过边缘域被前景化(foregrounded)而得到突显。在给定的情况下矩阵中所有的认知域里只有少数几个认知域被激活,这是一种选择。被选择的认知域被激活到各种程度,高度激活的认知域作为前景而得到高度突显。比如上文中的 Love me, love my dog. 其意义常规值可能会激活无数个相关的认知域,"爱我,爱我的狗。"在这里激活的是最临近的、最相关中文概念内容:爱屋及乌。这个概念内容被推上前台而得以突显,加上人类保守不易吸纳新事物新观念的趋向以及趋利避害的心理作用,我们自然选择了我们熟悉的东西去理解新鲜的东西,这也是隐喻思维的结果:用已知的、熟悉的、具体的、方便的、经济的、省力的去理解未知的、陌生的、抽象的、不方便的、不经济的、不省力的,然后将前者迁移进入后者并通过整合而得到突现的东西。一个词项或表达之意义常规值可以提供认知域通路让我们得到近义激活、反义激活、上下义激活、具体抽象义激活、部分整体激活、共性个性激活等。例如反语可以被看成一个词项或表达的常规语义值在给定的情况下激活了它的最大的相关认知域范围——其反面。

9.5 小结

本章首先从认知识解与翻译的关系出发,探讨了认知识解在翻译实践中的作用和意义:它有助于听者或读者准确理解说话者或作者的真正意义,为人们正确理解一个表达式及源语文本的意义提供了一个崭新的视角。翻译也是意义建构或概念化,意义建构或概念化是识解的结果,是识解化,因此某种程度上翻译也是识解化。本章还介绍了认知识解的基本含义及其维度,然后分别从识解的四个维度论述了其与翻译的关系。从以上论述中可以看出,认知语言学视野下的认知识解观符合辩证唯物主义史观,它强调一切从观察实际出发,具体问题具体分析,从而从较为科学的角度避免了许多无谓的理论和派系之争。

第十章 概念整合与翻译

10.1 引言

从文本的角度来看,翻译涉及原文和译文两种文本,很多翻译研究者关注文本,开展文本对比,讨论原文与译文的近似程度(或对等性)。但是从心理过程来看,翻译是一个从源语言系统到目标语言系统的认知过程,有关这一个过程中所发生的复杂情况,近来受到越来越多研究者的关注。本章从认知语言学的概念整合理论出发,探索译者概念运作的特征和规律,并以此为理论框架,讨论翻译中的一些重要现象。

10.2 概念整合理论

10.2.1 概念整合的基本思想

概念整合理论是在心理空间理论的基础上发展起来的。Fauconnier把心理空间定义为一种"局部结构,随着我们的思考和交谈而扩展,使得我们的话语和知识结构的细密切分成为可能"(Fauconnier,1997:10)。心理空间是人们在语言交际过程中建立起来的临时性的实时动态概念,是人们在思考或谈论已知、想象、过去、现在或将来情境时构建起来的部分的、暂时性的表征结构。心理空间的建立依赖于更广泛、更固定的知识框架(Grady et al., 1999)。

概念整合理论的核心思想是将概念整合看做人类的一种基本的、普遍的认知方式,涉及人们日常生活的方方面面。概念整合理论的框架包括两个输入空间:输入空间1(input space 1),输入空间2(input space 2);一个合成空间(blended space);一个类属空间(generic space)和层创结构(emergent structure)。两个输入空间的共有结构和共有信息被投射到类属空间里;同时,通过跨空间的部分映射、匹配，两个输入空间的成分被有选择地投射到合成空间。合成空间是对输入空间里的概念进行整合操作的中介地带。它从两个输入空间中有选择地提取部分结构，形成层创结构。这四个空间通过投射链彼此连接，形成了一个完整的概念整合网络。

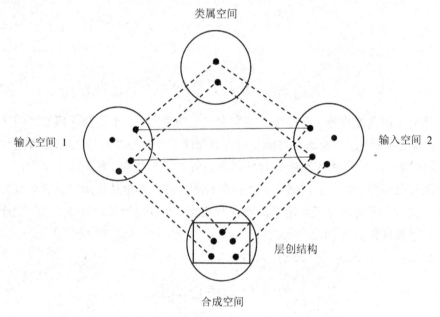

图 10.1　概念整合基本思想

整合两个输入空间（输入空间1和输入空间2）需要满足一定的条件，包括：跨空间映射，即输入空间1和输入空间2之间对等成分的部分映射；类属空间，即该空间映射到任何一个输入空间，反映的是输入空间共同的、更为抽象的共享结构和组织，并决定空间映射的核心部分；整合空间，输入空间1和输入空间2被部分地投射到第四个空间，即合成空间；层创结构，整合空间自身的层创结构不是由输入空间直接提供的。Fauconnier & Turner（1996）认为，认知运作主要在合成空间的层创结构中进行。层创结构是一个其他空间所没有的新结构，它是概念整合的核心部分，也是形成新概念的结构。

以上谈到，层创结构并非由输入空间直接提供，而是经过了组合、完善和扩展这三种心理认知过程的相互作用。组合（COMPOSITION）即将来自输入空间的投射组合在一起产生新的关系，新的关系并不存在于任何单个的输入空间中。

完善（COMPLETION）指运用背景框架、认知和文化模式等知识把来自输入空间的组合结构视为整合空间中更大的独立结构的一部分。扩展（ELABORATION）即根据整合空间自身的层创逻辑对结构进行认知加工。

10.2.2 概念整合网络的类型

以上谈到，四个空间之间通过投射链接，形成完整的概念整合网络，这个概念整合网络包括四种类型：简单网络、镜像网络、单域网络和双域网络（Evans & Green, 2006: 426—432）。

简单网络是一种最基本的概念整合网络，包含两个输入空间，其中一个包括具有角色的框架，另一个包括价值。它之所以成为一个整合网络是因为它生成了一个整合空间，而这个整合空间所包含的结构不是来自于任何一个输入空间。

第二种概念整合网络是镜像网络。根据 Fauconnier & Turner（1996）的观点，镜像网络的定义性特征是在网络中所有的空间共享一个框架，包括合成空间。

在简单网络中，只有一个输入空间通过框架而构建起来，镜像网络中所有的空间共享一个框架。而在单域网络中，两个输入空间都包含框架，但各不相同。且只有一个输入空间的框架构建起合成空间。

最后是双域网络。在双域网络中，两个输入空间都包含不同的框架，但合成空间是通过从每个框架中提取的结构而组织起来的。因此，"双域"是与"单域"相对的。可能出现的一种结果便是合成空间有时会包括来自输入空间的不相容的结构，因此会产生冲突。正是双域网络的这个方面使得它们尤为重要，因为这种整合网络具有高度的创新性并可生成新颖的推论。

10.2.3 概念整合的优化原则

人们是如何在不同的空间里进行认知处理的呢？Fauconnier & Turner（1996）认为，人们在构建复合空间时，普遍遵循六条最优化原则。一是整合原则（integration principle），即整合空间必须构成一个高度整合的场景，该场景可以被视为一个单位而对其进行操作。二是网络联系原则（web principle），不同输入空间里存在的映射关系可以投射到复合空间里，它能使复合空间里的概念内容得到有效延伸。三是意义拆分原则（unpacking principle）：整合空间自身必须能够被理解者拆分以重构输入空间、跨空间映射、类属空间以及所有空间之间的连接网络。四是拓扑结构原则（topology principle），即对投射到整合空间中的任何空间和该空间的任何成分来说，整合空间中成分之间的关系与其对等成分之间的关系相匹配是最佳状况。五是充足理由原则（good reason principle），凡是进入复合空间里的相关语义成分都必须服从复合空间的目的和功能，与此相背者，不能进入复合空间。六是转喻投射原则（metonymy projection principle），输入空间的某些成分往往通过转喻等压缩手段进入复合空间，而不必在复合空间里塞入某一输入空间的所有相关成分。

10.3 概念整合理论视角的翻译本质

概念整合理论并不是专门的翻译理论，但把其作为方法论来考察翻译认知过程可以得到许多有启发意义的发现。概念整合理论解释了认知运作过程中，在既有结构的基础上新结构的生成过程，对新生成的结构有较强的解释力。翻译活动中目的语文本的生成亦可被视为新结构的出现，概念整合理论同样适用于指导翻译活动。

目前译界存在一种现象：对翻译成果标准评论多，对翻译过程思索少，正如詹朋朋（2000：23）所指出的那样："近代从事翻译理论研究的学者多讨论的是翻译的结果，对结果提出各种各样的标准和原则；近几年来，有关翻译的性质，即翻译是科学还是艺术的争论更是方兴未艾，而对翻译内部规律的探索较多地注重于具体技巧的研究，对翻译过程的研究尚显不足。"（王正元，2009）我们把翻译活动视作过程而不是结果，揭示翻译过程中译者的认知活动的规律，从而从认知的视角剖析翻译的本质。

翻译的过程即是作为两个输入空间的源语文本空间和译者空间进行跨空间的部分映射。类属空间涵盖了两个输入空间共有的结构。两个输入空间被部分地投射到整合空间。整合过程遵循优化原则，生成目的语文本空间。通过组合、完善和扩展三种方式生成两个输入空间都不具备的层创结构。

源语文本空间：源语文本空间为输入空间1。原文文本只是一个充满不定点和空白、空缺的图式结构，它需要通过人们的理解活动来填充和确定（吕俊、侯向群，2001：63）。译者在翻译之前，需对原文的意义进行解读，填充这些不定点和空白、空缺的图式结构。

Turner（1991：206）认为："语言表达形式没有意义，语言表达形式是推动人们运用熟知的过程构建意义的动力，词语的意义绝不是存在词语中。"钱冠连

（2005：225）也说过："在人参与理解之前，文本只是没有意义的文字符号，在理解中才能产生出意义或确定意义。"语言符号本身不具备任何意义，其唯一的作用是引导读者去发现符号后面的意义潜势。译者对原文的不定点和空白、空缺的图式结构进行填充，是译者认知的过程。因此，原文文本与译文文本之间不存在镜像的反映关系。译者的认知是基于体验的，语言符号起到对读者的心智体验的激活作用。

在概念整合的视阈中，翻译的过程就是源语文本空间中的符号激活译者大脑中的认知框架，在译者的心智空间中经认知加工而形成的语言表达，可激活译文读者头脑中相同或相似的认知框架，用以引导译文读者的理解。译文文本与原文文本认知框架具有范畴域的一致性、顺应性，翻译的任务实际上就是需要找到能够激活与源语相同或相似的认知框架的语言表达式（汪立荣，2005），译文质量的高低体现在是否能够激活译文读者心智空间中与原文文本相同或相似的认知框架。而译者能力的高下则体现在如何选择恰当的语言表达以激活译文读者心智空间中的这种认知框架。

译者空间：译者空间为输入空间2。译者理解原文本的过程，并不是在绝对真空的状态下进行的。译者对原作进行阅读和阐释的过程中，必定根据自己的审美经验、先在知识和期待视野对作品未定的空白进行填补。译者自己的经验和认知模式不可避免地介入文本理解和阐释过程，而这些不同的经验和认知模式必然使不同的译者，甚至同一译者，在不同时期和历史条件下对相同文本产生不尽相同的理解和阐释。（这正是同一译者重译同一作品的原因之所在。）正所谓"有一千个读者就有一千个哈姆雷特"。鲁迅先生也曾说过，一部《红楼梦》，"单是命意，就因读者的眼光而有种种：经学家看见《易》，道学家看见淫，才子看见缠绵，革命家看见排满，流言家看见宫闱秘事。"

类属空间：源语文本空间与译者空间中所共享的框架组织和元素构成类属空间。在翻译的过程中，译者首先要在内心对作者所创作的源语文本空间进行一番梳理，徜徉于作者的民族文化所形成的集体无意识之中，揣摩原文的主题和时代背景，品味原文作者的创作意图、生活经历、写作风格等，以期与原文在更多层面上达到最大程度的契合，使译者与原作共享更大的类属空间，为跨空间映射、为层创结构的生成做好更坚实的物质准备。

正如我国著名翻译家傅雷先生所言："译事虽近舌人，要以艺术修养为根本：无敏感之心灵，无热烈之同情，无适当之鉴赏能力，无相当之社会经验，无充分之常识（即所谓杂学），势难彻底理解原作，即或理解，亦未必能深切领悟。"

译者越熟悉源语文本，熟悉原作的创作背景、时代主题，译者越了解源语文本作者，了解作者的心路历程、创作意图，译者的认知框架、经验结构与源语文本作者的认知框架、经验结构就无限接近。源语文本空间和译者空间在类属空间中便共享更多的元素，为目的语文本空间的生成提供保障。这便可以为下面的现象提供理论解释：很多翻译家都擅长翻译某位（某几位）作家的作品，如，朱生豪译莎士比亚的作品，张谷若译哈代的作品，孙致礼译奥斯丁的作品，方重译乔叟的作品等。郭沫若以擅长翻译雪莱的作品而闻名，郭沫若曾说过："译雪莱的诗，是要使我成为雪莱，是要使雪莱成为我自己。……我爱雪莱，我能感听得他的心声，我能和他共鸣，我和他结婚了——我和他合而为一了。他的诗便如像我自己的诗。我译他的诗，便如像我自己在创作的一样。"作为译者，郭沫若寻求自身的译者空间与雪莱作品的源语文本空间的最大契合，思雪莱之所思，感雪莱之所感，倾听雪莱的心声。在类属空间中与雪莱共享更多的元素，产生共鸣，与雪莱合而为一，为目的语文本空间的生成，高质量的层创结构的诞生奠定了坚实的基础。

目的语文本空间：经过输入空间1和输入空间2跨空间的部分映射、匹配并有选择地投射到合成空间，即译文空间。经过组合、完善、扩展等运演方式，在整合空间中生成了层创结构。层创结构是一个其他空间所不具备的新显结构，它是概念整合的核心部分，是译者对原文本进行创造性加工所产生的译语文本。

概念整合理论虽属舶来品，但我国的传统译论有许多思想也体现出概念整合理念。严复曾提出："此在译者将全文神理融合于心……则下笔抒词，自善互备。""融合于心"何尝不是概念整合思想的体现，即原文空间与译者空间的整合。而"下笔抒词"又何尝不是两个输入空间投射到整合空间，生成译文的过程！钱锺书的"化境"论认为文学翻译最高标准是"化"，把作品从一国文字转变成另一国文字，既不能因语文习惯的差异而露出牵强的痕迹，又能完全保留原有的风味，那就算得入于"化境"。"化"何尝不可理解为概念在心智中的整合。诸如此类的说法，在此并不一一枚举。因此，我们有理由说，语言的认知观并非西方学者的专利，我国学者已有述及，只是在描述的方式与方法上与西方学者有不同的表述而已。同时我们也为中外学者超越时空，在理论研究上达到心灵上的契合而叹服。

10.4 翻译中的两种概念整合类型

10.4.1 单域网络的概念整合

单域网络的两个输入空间具有不同的组织性框架，整合空间的框架只继承其中一个空间的组织框架。具体可有三种情况。第一种情况为对应投射，即源语文本空间与译者空间在认知上存在某种对应关系，输入空间 1 的某些成分可触发输入空间 2 的对应成分。即图 10.2 所示的 a 与 a' 及 b 与 b' 的关系。输入空间 1 中的 a 与输入空间 2 中的 a' 的语言表达式不仅具有相同的指称意义，而且两者具有相同或相近的意象图式且两者所激活的认知框架也相同或相似，在类属空间有共同的抽象结构。沈家煊（1994）指出，"人同此心，心同此理，人的认知不仅古今相通，而且中外相通。"这便为对应投射提供了理论上的依据。则输入空间 1 中的 a 与输入空间 2 中的 a' 相对应地投射到目的语文本空间，形成译文。如下例：

strike while the iron is hot	趁热打铁
to be on thin ice	如履薄冰
a drop in the ocean	沧海一粟
Walls have ears.	隔墙有耳
plain sailing	一帆风顺

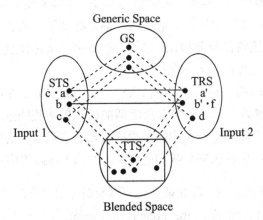

图 10.2　翻译的概念整合过程

STS（Source Text Space）源语文本空间　　　TRS（Translator Space）译者空间
TTS（Target Text Space）目的语文本空间

如若把英文视为源语文本即输入空间 1，经过与输入空间 2 即译者空间的对应投射，在目的语文本空间中形成了相应的汉语译文。输入空间 1 中的源语文本不仅与译者空间中汉语的对应表征有相同的指称意义，且两者的意象图式和激活的认知框架也相同。

单域网络整合的第二种情况是，输入空间 1 的成分 a 在输入空间 2 没有对应成分。输入空间 1 的成分 a 与输入空间 2 中的某一成分虽然有相似的指称意义，但两者的意象图式和激活的认知框架大相径庭，在类属空间中不存在共享结构。在此情况下，输入空间 1 的成分 a 投射进整合空间，直接植入目的语内。

如 crocodile's tears 可译为 ① 猫哭老鼠，② 鳄鱼的眼泪。译文 ① 在指称意义上与原文相似，但其意象和引发的心理联想与原文相去甚远。原文中鳄鱼的意象凶恶丑陋，阴险狡诈，而译文 ① 中猫和老鼠的意象幽默滑稽，让人忍俊不禁。译文 ② 完整地保留了原文的意象，消除了不同意象所引起的心理联想差别，使译文读者准确地理解了原文的隐含意义。

虽然输入空间 1 的成分 a 在被引进到目的语的初期可能会加大目的语读者在认知上的风险，造成他们理解上的困难，要求其付出更多的认知努力，但从文化传播的角度来看，此举保留了源语文本空间中的意象，为目的语输入了新鲜的血液，提供了新的表达方式，使目的语读者感受到异质文化的魅力，从而为促进两种文化的交流及丰富和发展目的语文化做出了贡献。汉语中"酸葡萄、特洛伊木马、武装到牙齿、因特网、蓝图、肥皂剧"，英语中的 lose one's face, long time no see, paper tiger 等不胜枚举的例子毫无例外都是移植了源语文化的意象，并且这些意象经过目的语读者的反复应用，已被目的语读者普遍接受，融入目的语文化之中，成为目的语文化不可或缺的一部分。

单域网络整合的第三种情况是，输入空间 1 中的成分 a 在输入空间 2 没有对应的成分，但 a 与输入空间 2 中的 b 所激活的认知框架相同或相似，触发的认知联想相似。这样，把输入空间 2 中的 b 投射进整合空间，将空间 1 中的 a 所触发的认知框架用目的语表达出来。我们通过下面的例子加以说明：

（1）原文：三五明月满，四五蟾兔缺。（《古诗十九首》）
  译文：On the fifteenth, the moon is full again;
     On the twentieth, the moon begins to wane.

（汪榕培，1998：67）

第十章 概念整合与翻译

这两句诗引自《古诗十九首》之十七《孟冬寒气至》的五、六句。这是一首描写寒冬长夜里深闺思妇思念丈夫的诗,表现了思妇对丈夫坚贞的爱情。"蟾兔"指蟾蜍和玉兔。中国的神话传说中,后羿的妻子嫦娥盗吃不死之药飞入月宫,化身蟾蜍。又有月亮之中有兔子的神话传说,兔子浑身洁白如玉,称为"玉兔。"后"蟾兔"成为月亮的代称。月亮在汉语中被赋予了太多的文化内涵,在汉语中月亮的别称不下百种。在此情况下,译者如若一味强调所谓"忠实"进行直译,而忽视了其所激活的认知框架和触发的认知联想,得到的只是形式上"忠实"而内容上"死译""硬译"的译文。例如,"蟾兔"若译成 toad and rabbit(Watson,1986:102),虽然表面上看语言形式上达到了"忠实",但"蟾兔"所激活的认知框架(月亮)和 toad and rabbit 所激活的认知框架(两种动物)迥异,两者所触发的认知联想也大相径庭。这样的译文堪称败笔。而"蟾兔"与 the moon 所激活的认知框架相同,触发的认知联想相似。以后者译前者可谓得当。再例如:

(2)It was another one of those Catch-22 situation, you are damned if you do and you are damned if you don't.

"Catch-22"源自美国作家 Joseph Heller 于 1961 年出版的同名小说《第二十二条军规》(*Catch-22*)。根据第二十二条军规,只有疯子才能被获准免于飞行,可前提是必须由本人提出申请。但一旦你提出申请,恰恰证明你精神正常,最终难逃出勤飞行的命运。第二十二条军规还规定,飞行员出勤满 25 架次就能回国。但军规同时规定,你必须绝对服从命令,否则就不能回国。因此,上级可以不断地增加飞行员出勤飞行的次数,而飞行员却不得抗令。这部小说风靡一时,以至于 Catch-22 已作为一个独立的词条被收入字典。例如,《新牛津英汉双解大辞典》里指出,本词的意义为"进退两难的窘境;(因受互相冲突或互相依存的情况所掣肘而)无法摆脱的困境。"但这一术语只能在源语文化环境中引起读者的共鸣,汉语中没有对应的说法,将其直译为汉语也根本无法传递其意义。因此,只能在译者空间中寻求能激活与其相同的认知框架的表征,投射进整合空间,形成译文。所以这句话只能译为:这真是又一个左右为难的尴尬局面,做也倒霉,不做也倒霉。

这种情况也体现在物质文化层面。东西方历史文化不同,生活习惯各异,名物有别。在此文化中司空见惯的事物,在彼文化中就不一定存在。在翻译过程中就只能抛开原文的语言形式,而将其触发的认知联想在目标文本中表达出来。

（3）原文：将道人肩上褡裢抢了过来背着，……（曹雪芹、高鹗，《红楼梦》）

译文1: He transferred the sack—from the Taoist's shoulder to his own, ...（杨宪益、戴乃迭 译）

译文2: But Shi-yin merely snatched the satchel that hung from the other's shoulder and slung it from his own, ...（Hawkes 译）

（4）原文：陋室空堂，当年笏满床。（曹雪芹、高鹗，《红楼梦》）

译文1: Mean huts and empty halls
Where emblems of nobility once hung.（杨宪益、戴乃迭 译）

译文2: Mean hovels and abandoned halls
Where courtiers once paid daily calls.（Hawkes 译）

（郭建中，2010）

"褡裢"是昔日我国民间长期使用的一种布口袋，后来被背包、提包所取代。"笏"是中国封建社会大臣上朝拿着的手板，用玉、象牙或竹片制成，用以记事。而"满床笏"则是一个典故。唐朝名将汾阳王郭子仪六十大寿时，七子八婿皆来祝寿，由于他们都是朝廷里的高官，手中皆有笏板，拜寿时把笏板放满床头。"满床笏"这一典故被用来借喻家门福禄昌盛、富贵寿考。

"褡裢"和"笏"对生于斯，长于斯的现代中国人来说已然比较陌生了，更不用说异域人士了。这一类浸润着中国历史和传统文化的东西很难在英语中找到对应物。但"褡裢"所激活的认知框架是"装物品的袋子"，与sack或satchel所激活的认知框架是相同的。因此，杨宪益先生把"褡裢"译为sack（麻布袋），而Hawkes译为英美人更为熟悉的satchel（小背包）。同理，对于"笏"的处理，杨宪益译为emblems of nobility（族徽），而Hawkes译为courtiers once paid daily calls（曾几何时达官显贵日常拜访的地方）。

东西方文化背景迥异，东方人西方人对事物的认知不同，文化认知图式也不同。这种译法克服了存在于人们头脑中的文化差异，可激活相同的认知框架，触发相同的认知联想，有其存在的必要。但这种翻译策略的弊端也显而易见。翻译就是交际，翻译的目的之一就是进行文化的交流。但通过这种译法，译者在某种程度上武断地剥夺了译文读者接受异质文化的权利，筑起了横亘在两种文化之间的高墙，客观上阻断了两种文化的交流。原文的文化形象不可避免地缺失，译文读者无法领略到源语文化的魅力，这也可谓是一大憾事。

10.4.2 双域网络的概念整合

双域型整合网络指源语文本空间和译者空间的组织框架均部分投射到目的语文本空间中。整合空间的组织框架包括来自两个不同的输入空间的部分结构。层创结构的生成在双域型整合网络中体现得尤为明显,因此,双域型整合网络的创造力最为显著。译文既保留了源语的语言形式,又可体现出源语语言形式所激活的认知框架及触发的认知联想。我们通过下面的例子说明:

(5) 原文:"难道这也是个痴丫头,又像颦儿来葬花不成?"因又自叹道:"若真也葬花,可谓'东施效颦'了,不但不为新奇,而且更是可厌!"(曹雪芹、高鹗,《红楼梦》)

译文:"Can this be some silly maid come here to bury flowers like Frowner." he wondered. This reminded him of Zhuangzi's story of the beautiful Xi-shi's ugly neighbour, whose endeavors to imitate the little frown that made Xi-shi captivating produced an aspect so hideous that people ran from her in terror. The recollection of it made him smile. "This is 'imitating the Frowner' with a vengeance," he thought, "—if that is really what she is doing. Not merely unoriginal, but down-right disgusting!"(Hawkes 译)

其中"东施效颦"的典故出自《庄子·天运》。美女西施病了,皱着眉头,捂着胸口。大家都觉得西施的病态很美。于是同村的丑女东施举手投足也学西施的样子,想变得美丽,但结果却适得其反,大家都觉得东施更丑了。对于熟悉中国文化的读者,这个典故的认知图式早已根植于他们的头脑中,不需要付出很多的认知努力就可以理解这个成语的意义。但对于大部分西方读者而言,由于他们缺少相应的认知图式,在认知过程中推理风险加大,付出很大的认知努力也可能导致推理失败,不能准确地理解这个成语的真正含义。因此,如果把"东施效颦"仅译为 Dong Shi imitating Xi Shi 将导致交际失败。霍克斯通过增译法,对该典故的来源和意义进行了补充说明。源语文本空间中的语言形式在整合空间得以保留,并通过增译法在译者空间激活了相同的认知框架,所触发的认知联想也相同。源语文本空间和译者空间的相关成分同时投射入整合空间形成译文。这样为西方读者理解该成语建立了一个新的文化认知图式,使他们在阅读译文时无须付出太多的认知努力就可领略中国传统文化的精深，获得交际的成功。

（6）原文：Every family is said to have at least one skeleton in the cupboard.
译文1：据说家家户户多多少少都有自家丑事。
译文2：据说每户人家的壁橱里至少都藏着一具骷髅。
译文3：常言道：壁橱里藏骷髅，家丑事家家有。

（曾文雄，2007）

译文1只是把原文的意义译出，却失去了原文表达鲜活的形象。原文空间的语言形式激活了译者空间的认知框架并触发了译者空间的认知联想，译者空间的元素被投射到译文空间。译文2倒是保留了原文的形象，但原文的深层意义没有被译出。即原文空间的语言形式未能激活译者空间的认知框架，未能触发译者空间的认知联想，只有原文空间的元素被投射到译文空间。译文3神形兼备，既保留了原文的形象又译出了其深层意蕴。原文空间的语言形式不仅激活了译者空间的认知框架，而且触发了译者空间的认知联想，原文空间和译者空间的元素被共同投射到译文空间。

10.5 翻译系统的八大要素

如果我们不单单把从原文到译文的生成过程纳入研究对象，而是把视野扩展到从源语文本的生成到译语文本的接受的整个过程所构成的广义的翻译系统，我们将对整个翻译过程有更加系统的认识。在概念整合理论的视角下，广义的翻译系统是一个立体交织的网络，包括三个主体空间要素、四个客体空间要素及一个类属空间。创作主体（作者）空间、翻译主体（译者）空间、接受主体（译文读者）空间三个主体空间要素；客观世界空间、原文空间、译文空间、读者接受空间四个客体空间要素；一个共享客观世界空间和作者空间共同抽象本质的类属空间。把翻译置于一个立体的网络系统中加以考察，将动态地梳理翻译的整个过程。在这个系统中，译者居于整个网络的核心位置，起到中枢和桥梁的作用。根据三个主体空间要素，广义的翻译系统可被分成三个子系统，分别为：创作系统、翻译系统和接受系统。

在创作系统中，客观世界空间和作者空间作为两个输入空间，原文空间是合成空间。两个输入空间进行跨空间映射形成类属空间。在整个创作系统中，原文

第十章 概念整合与翻译

作者是创作的主体,作者要深入生活,作品要"来源于生活",使作者空间与客观世界空间在更广泛的层面上建立联系,为类属空间添加更丰富的内容,为作品的生成提供充分的物质准备。

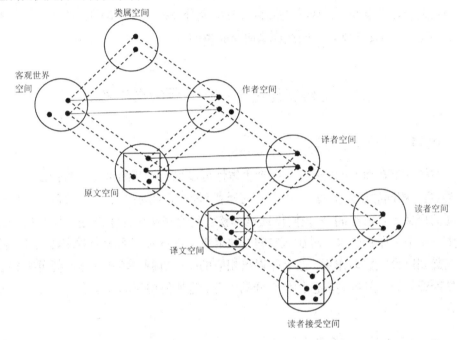

图 10.3　翻译系统中的八大要素关系(于连江,2007)

每位作家都有自己最擅长的体裁,都有自己熟悉的领域。在这些体裁中,作者空间和客观世界空间才能有更多的成分被激活,在类属空间中具备更多的共有元素,为原文空间的形成提供物质保障。

同样,不同的作者对客观世界和同一客体事件有不同的识解方式,不同作家会激活同一客体事件中不同的元素,形成不同的类属空间,从而形成不同的原文空间,造就了不同作家相异的文体风格。

在翻译系统中,原文空间和译者空间是两个输入空间,译文空间是合成空间,作者空间是类属空间。关于这一部分前文已有涉及,此处毋庸赘述。

接受系统:在接受系统中,译文空间和读者空间是两个输入空间,读者接受空间是合成空间,译者空间是类属空间。读者阅读译文时,他的大脑中并不是一张白板,而是有自己的先在知识和经验结构。读者并不是被动地接受译文,而是能动地阐释译文。读者自身的认知框架介入译文文本的阐释过程中。读者对译文的阐释不可避免地打上主体性的烙印。读者空间中的某些元素激活译文空间中的"空白",读者对译文空间中的"未言部分"进行识解,译文空间和读者空间共核的部分映射到译者空间中。读者在阅读过程中充分发挥主观能动性,阅读译文才能产生共鸣,才可能达到译者阅读原文时所获得的效果。

10.6 对传统译论中一些问题的再思考

10.6.1 关于译者主体性

在概念整合理论的观照下,译者主体性可以得到重新的审视。为什么相同的原文(即,相同的输入空间1)由不同的译者(即,不同的输入空间2)翻译会得到不同的译文(合成空间)?我们借助概念整合理论来探讨这个问题。我们把关注的焦点集中在译者空间。对输入空间2映射机制进行研究无疑会对译者主体性的研究起到巨大的推动作用,如果能得出相应的映射机制,译者主体性便可得到全新的诠释。而映射机制应包括什么样的内容,应如何构建起来还有待于进一步的研究。

10.6.2 互文性与概念整合

我们可以尝试将概念整合理论作为方法论,指导互文性理论视阈下的翻译研究。互文性理论是在西方结构主义和后结构主义思潮中产生的一种文本理论。法国著名理论家克里斯蒂娃(Kristeva)在《符号学:符义解析研究》(1969)一书中首次提出了"互文性"这一术语。她认为每一个文本都是用马赛克般的引文拼嵌起来的,每一个文本都是对其他文本的吸收和转化。任何文本都不能孤立地存在,它总是同别的文本发生千丝万缕的联系,没有哪个文本能完全摆脱它以前及其同时代文本的影响。它们都与别的文本相互交织、相互参照、相互指涉,共同构成一个无限开放的互文网络,任何所指都是这个庞大网络中的一个节点。

在翻译过程中,译者需首先阅读原文,并运用其所具备的源语社会历史文化知识,识别出源语文本的互文标志。在确认源语文本的互文标志后,译者需进一步追溯互文性标志产生的源语前语篇(即互文标志的出处)。源语前语篇可分为两大类:第一类由实际的语言系统成分组成,可分为词、短语、词组、分句、句群。

第十章　概念整合与翻译

第二类由符号系统单位组成,分为体裁、语篇、文本类型、修辞方式。从某个互文标志追溯到其前文本的过程中,所穿越的符号领域被称为"互文空间"。译者在"互文空间"中确认互文性指涉标志的含义,展现隐藏在互文标志后面源语作者的隐含意义和深层信息。译者以互文标志为线索,追溯相关源语文本,辨识源语文本,在词、句等实际语言系统成分及在体裁、语篇等符号系统单位两个层面上达成互文模式。

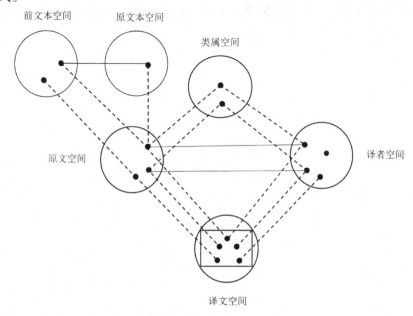

图 10.4　翻译中互文性与概念整合

在概念整合理论指导下,互文性理论视阈中的翻译研究可以看做一个多重整合网络。根据互文性理论,前文本与原文文本构成了互文本,译者在对原文本的理解阶段需要运用自身所具备的源语社会历史文化知识识别原文本空间中的互文标志,并穿越"互文空间"在前文本空间中实际的语言系统成分和符号系统单位两个层面上追溯互文标志的源语前语篇。跨越原文本空间和前文本空间追溯互文标志的过程与概念整合理论中关键关系的压缩具有对应关系。前文本空间与原文本空间作为两个输入空间相互作用,其成分被有选择地投射到合成空间(即,原文空间)。而作为输入空间1的原文空间实际上是前文本空间与原文本空间整合的结果。这样,一个多重整合网络便构建了起来。

10.7 小结

经过近二十年的不断发展，概念整合理论已基本成熟，成为认知语言学的重要组成部分。概念整合理论为揭示人类表层的思维能力背后所隐藏的，即后台认知的东西做出了不懈的努力，取得了丰硕的成果。把概念整合理论引入翻译研究，为翻译研究提供了新的视角，揭示了翻译过程中译者认知活动的规律，从而从认知的角度剖析了翻译的本质。但真正实现该理论所声称的揭示言语解读认知机制的普遍性规律，似乎还任重而道远。

第十一章 关联理论与翻译

11.1 引言

关联理论（relevance theory）是在扬弃格莱斯合作原则的基础上发展起来的。它将认知与语用研究结合起来，指出语言交际是一个明示—推理的动态过程，话语的理解就是一种认知活动（Sperber & Wilson, 1986 / 1995）。关联理论给传统语用学带来了一场革命，成为认知语用学的基础和核心。

翻译是一种语际间的交际活动，也是一种语用行为（Gutt, 1991）。关联理论对翻译具有较强的解释力。1991年，Wilson的学生Gutt撰写了第一部关联翻译论的著作《翻译与关联——认知与语境》，拓宽了关联理论的研究领域，同时也为翻译研究找到了新的视角。本章首先介绍关联理论，然后在关联理论的框架下探讨翻译问题。

11.2 关联理论的基本思想

关联理论是语用学利用认知理论去解决语用问题的产物，是认知语用学的核心。作为语用学的最新发展，关联理论自然能帮助我们更好地理解翻译的本质以及翻译所涉及的一些典型问题。本章的研究是在关联理论的框架内进行的，因此，下面我们将首先谈谈关联理论的一些基本观点。

11.2.1 交际的推理特征

根据关联理论，交际不但需要编码过程、传递过程以及解码过程，而且更需要推理。例如：

（1）A: Will Mary be long?

　　B: She is with Peter now.

这里，B 并没有直接回答 A 的问题，相反，他告诉 A 说：She is with Peter now. 现在我们假设有这样一种情况：大家都知道，Peter 办事效率高、速度快。在这种情况下，A 就可以从 B 的回答中推断出：玛丽要不了多长的时间就会来。让我们假设相反的情况：大家都知道，Peter 办事效率低、速度很慢。在这样的情况下，A 会推断出玛丽要很久才会回来。

同一个话语怎么能传递相反的意义呢？这里显然有一个重要原因，即意义不但依赖其语义内容，更重要的是依赖话语的语境，尤其是与话语相关的语境信息。由此我们可以得出这样一个结论：交际的成功主要取决于听话人是否使用了正确的语境，也就是说话人预期的语境（speaker-intended context）。使用错误的语境信息就会导致交际的失败。这里也给我们提出了一个问题：如果正确语境的使用在话语理解中非常关键，那么怎样获得这样的语境呢？这就是我们下面将要谈的问题。

11.2.2 认知语境

在关联理论中，语境被称为认知环境（cognitive environment），它由三种信息组成：逻辑信息、百科信息和词语信息。认知环境是一个心理结构、一个假设集，这些假设在一个人的心理可以表征，并且当成事实予以接受。也就是说，一个人的整个认知环境或曰认知语境（cognitive context）是他能够感知或推理的所有事实的集合：所有这些事实对他都是明显的。由此可见，关联理论中的语境有别于传统的语境，其涵盖的范围涉及人类心智所能接受的任何内容，包括话语的上下文（co-text）。

关联理论中语境的另一个重要特征是：语境是一个有机体，它会影响特定情景中语境信息的可及性（accessibility）。例如，当讨论翻译时，我们会立即想到与翻译有关的术语或事情，但不会立即想到飞机、大炮之类的事，尽管飞机、大炮等信息也是认知语境的组成部分。由此可见，在信息的可及性与回忆信息所付出的努力之间有一种对应关系。明白了这一点，我们就可以转向另一个问题：听话人是如何发现并使用正确的语境信息去正确理解说话人的意图？

11.2.3 最佳关联

根据关联理论，交际成功的重要因素就是寻求最佳关联（optimal relevance）。Sperber 和 Wilson 认为，话语解释的标准是以关于人类认知的一个基本假设为基础的：人类认知是以关联性为基础的。人们倾向于注意最关联的现象，建构这些现象的最关联的表征，并在一个使关联性增大到最佳程度的语境中加工这些表征。说话人所讲的每一句话语都明显需要听话人的注意，即需要听话人付出心理努力，因此，话语就创造出一种认知报酬的期望，即关联性期望。关联性由两个因素决定：语境效应（或认知效应）和加工力。在相同情况下，关联性与语境效应成正比，与加工力成反比。交际和认知的每个方面都是由寻求关联性支配的。如同其他认知过程，话语理解的整个过程也是由寻求关联性制约的。人类的认知倾向于获得最大的关联性，即是以最小的加工力获得最大的认知效应，这就是"关联的认知原则"。说话人说出的任何话语都会自动传递其自身的关联性假设，即以最少的加工力获取足够的认知效应，这就是"最佳关联性假设"。交际是一种认知过程，它必须具有关联性，否则，交际就毫无意义。"每一种示意交际活动都传达其自身的最佳关联性假设"，这就是"关联的交际原则"或称"关联原则"，它直接来自于关联的认知原则。话语理解要达到最佳关联性需要具备两个条件：① 话语能够产生足以引起听话人注意的效应；② 话语让听话人为获取这些效应确实付出了一番努力。总之，在关联理论的框架里，话语理解可以归结为一个简单的公理：理解一个话语就是证明其最佳关联。

Sperber 和 Wilson 声称，话语解释必须遵循与关联原则一致的标准，即一个话语的解释要与关联原则一致，当且仅当说话人期望该话语做那种解释时与听话人最佳关联。这一标准是话语理解的关键。说话人的任务就是要确信他意欲传递的思想是与关联原则一致的，否则，他的话语就得不到听话人的正确理解；听话人的任务就是要发现与关联原则一致的解释，否则他就会误解甚至曲解说话人的话语。根据 Sperber 和 Wilson 的观点，说话人发现的与关联原则一致的第一个解释就是正确的解释，这是因为听话人获得的第一个解释花费的加工力最少，提供的语境效应最丰富。这一解释是与关联原则一致的唯一解释，也是说话人意欲让听话人得到的解释。因此，寻求最佳关联不但可以帮助听话人找到说话人期望的语境，而且可以帮助他找到说话人期望的解释。当然，值得一提的是，人们通常不会意识到大脑中话语的解释过程，因为这些解释过程是潜意识的。

11.2.4 语言的解释用法和描写用法

关联理论的另一个重要观点是,语言有两种不同的用法:描写用法和解释用法。当一个话语用来对可能世界中事态的真实情况进行判断时,这就是描写用法;当一个话语用来表征他人的话语或思想时,这就是解释用法。例如:

(2) a. John: Mary and Peter have got a divorce.
　　b. John: Fred said, "Mary and Peter have got a divorce."

这两个例子中都有话语"Mary and Peter have got a divorce"。在(2a)中,John 用该话语来声称话语所描写的事态是真实的,即是说,Mary 和 Peter 已经离婚这件事是真实的。但在(2b)中,John 不一定是声称 Mary 和 Peter 已经离婚,他所说的只是重复 Fred 的话。因此,(2b)中的话语是一种解释用法。即使 Mary 和 Peter 没有离婚,(2b)中 John 的话也不会是错的,但是如果 Fred 没有说那样的话,那么 John 的话就是错误的。

11.2.5 解释相似与"忠实"

解释用法中一个最关键的因素就是,在原话语与表征它的话语之间存在一种解释相似关系(relationship of interpretive resemblance)。话语之间这样的解释相似在于具有共同的明说(explicature)和暗含(implicature)。这表明解释相似是一个程度问题。因此,两个话语彼此解释越相似,它们就越具有共同的明说和暗含。例如,(2b)作为一个直接引语,就与原话具有最高程度的解释相似:它和原话具有共同的明说和暗含。

与直接引语相对的是,摘要、改写、缩写等与原话就表现出不同程度的解释相似。例如,如果问某人有关一个演讲的内容,他的回答就有很大的选择余地:

(3) a. 他可能会详细地介绍演讲的内容,因而具有很大程度的解释相似。
　　b. 他可能只对演讲的某一部分进行详细的介绍,而对其余部分只作简单的总结。
　　c. 他可能只简单介绍演讲的主要观点。

这里就给我们提出了一个重要问题:什么因素决定说话人的选择?在从事解释用法时,受关联原则的限制,说话人会尽力使自己的话与原话解释相似,以满足最佳关联期望。因此，在解释用法里，说话人的话语具有"忠实"（faithfulness）的特征，即翻译学中所说的"信"。例如 Wilson & Sperber（1988：137）指出："说话人保证他的话语是原话的足够忠实的表征，即是说，在相关方面与原话足够相似。"

因此，在（3）里，如果说话人知道听话人对整个演讲的内容都感兴趣，他就会选择（3a），即对演讲的内容进行详细的介绍。如果说话人意识到听话人只对其中的一部分感兴趣，他就会选择（3b）。由此我们可以发现，在关联理论中，"忠实"是一个依赖语境的概念，适合于所有语言的解释用法。

11.3 翻译的关联理论解释

在翻译研究的历史长河中，虽然"翻译"的定义不胜枚举，但评论家们对其并不满意。结果，翻译理论的历史被一些人看成是"对'翻译'一词的多义性的讨论"（Wilss，1982：28）。

然而，根据关联理论，翻译的本质实质上就是一种语言的解释用法，即翻译是译者用一种语言的话语去表征或再现另一种语言的话语。因此，从原则上来讲，翻译可以与语内用法（intra-linguistic use）中的引语、言语报道等相比，唯一不同的是，翻译中原文与译文属于不同的语言。因此，作为语言的一种解释用法，翻译也将受到"忠实"这一概念的限制。换言之，译者在翻译中应该使他的译文与原文在相关方面足够解释相似。

既然翻译是一种解释用法，并受"忠实"概念的限制，那么，译者如何把原文准确地翻译成译文呢？前面我们已经谈到，同一话语在不同的语境中可能会有相反的解释，这就意味着一个话语的正确解释，或说话人希望的解释，是高度依赖语境的，这是因为人类交际具有推理特征。

11.3.1 翻译的本质

作为跨语言跨文化的交际过程，翻译的复杂性远远超过语内交际。翻译全过程涉及三个交际者。翻译行为包含双重的明示—推理交际过程。即整个翻译的过程是原文作者、译者、译文读者所构成的三元关系在语内与语际的两轮明示—推理过程中相互作用的动态过程。

第一轮明示—推理交际过程发生在语内。原文作者向原文读者明示其信息意图，作为原文读者的译者根据明示的信息意图推理出其背后的交际意图。如果原文的信息意图与交际意图相匹配，存在最佳关联，译者用较小的认知努力就可获得足够的语境效果，在语内达到交际的成功。在第一轮的明示—推理过程结束后，译者进入到跨语言的第二轮明示—推理交际过程。在译入语中，译者所提供的译文向译语读者明示其信息意图，译文读者根据译者所明示的信息意图推理出其交际意图。在理想的状态下，译文的信息意图与交际意图相匹配，存在最佳关联，译文读者用较小的认知努力就可获得足够的语境效果，在译入语内获得交际的成功。

但实际情况并非如此。翻译是一种跨语言跨文化的交际过程，两种文化中的认知环境客观上存在很大的差异。

在第一轮的明示—推理过程中，原文作者和原文读者所共享的认知环境和存在于两者大脑中的不言自明的语境假设，在经过翻译进入到第二轮的明示—推理过程时，在译者和译文读者之间便不复存在。有时原文作者所具备的文化图式、先有的知识在译语读者的认知环境中并不存在，有时原文作者与译语读者所拥有文化图式迥异。所以经过跨语言的翻译后，译文的明示刺激无法激活译文读者大脑中相关的语境假设，造成关联性不足，最终导致交际失败。因此，从关联理论的视角出发，翻译实际上就是认知语境的转换。为保障交际成功，译者所需关注的是原文作者的认知语境在多大程度上能被译文读者所共享。正如王佐良先生所说："翻译之难，在于在一种文化里有一些不言而喻的东西，在另一种语言里要花大力气去解释。对本族语者不必解释的事情，对外族语者得加以解释。"（朱燕，2007: 254）

在第一轮的明示—推理过程内部，原文作者通过提供明示信息而力图实现的语境效果同译者从原文的明示信息和语境中寻找关联进行推理而获得的语境效果已经有所不同。而由于跨越了不同的文化，存在于源语文化的语境假设，在译语文化中不复存在。在第二轮的明示—推理过程内部，译文读者阅读译文的明示信息而进行推理所产生的语境效果与译文的明示信息所产生的语境效果则有更大的不同。最终，译文读者通过推理所得的译者的交际意图而获得的语境效果与原文作者明示的信息意图所产生的语境效果可谓"差之毫厘，失之千里"。

11.3.2 关联理论框架下翻译实践的可适性范围

当前关联理论的研究仅把视野囿于语义层面意义的推理，但实际上只要涉及意义的推理，关联理论都是解决问题的利器。可以说关联理论立足于意义，可适性范围涉及从音位到句法乃至语篇的各个层面。

11.3.2.1 语音层面

语言中一些词的发音潜在地暗示着某种意义，经过反复使用，其音与义之间就建立起了某种相对稳定的联系。某些语音能够使人产生对某种事物的联想，被称为语音象征。例如，英语的元音发音时口腔开合大小、肌肉紧张程度、舌位高低、嘴唇圆扁都可以引发各种联想。一般来说，发音短促、音调较高的元音给人轻快急促的感觉；音调较低的元音、长元音、双元音造成沉重、悠远的感觉。

而汉字在创字之初，就强调音、形、义三位一体，音与义同源。章炳麟在《国故论衡·语言缘起说》中谈道："语言不冯（凭）虚起，呼马为马，呼牛为牛，此必非恣意妄称也。"中国诗学认为字义与音响有微妙的关系，声韵不只是声音，而是"意义的声音"（朱光潜，2009）。音韵更可贴切地暗示意义，可帮助感情的强调和意义的集中。通常来讲，汉语中长音宽缓不迫，因而辽远闲静；短音急促剧烈，因而繁杂激动；清音纯净明快，因而愉悦清逸；浊音厚重阻滞，因而粗略慢乱。

由于语音象征的存在，原文作者有时会借助某种语音效果传达一定的意义。译者会根据源语中语音和意义之间的关联性，推理出这些具有语音效果的信息背后的交际意图。在翻译过程中，译者应遵循译入语中语音和意义的关联性把原文作者的交际意图转换为适当的译文形式。译语读者根据本族语中语音和意义的语音象征推理译者所提供的译文，最终获得译者所传达的原文作者的交际意图，达到成功交际的目的。下面几行诗摘自白居易的《琵琶行》：

（4）大弦嘈嘈如急雨，
　　小弦切切如私语；
　　嘈嘈切切错杂弹，
　　大珠小珠落玉盘。

第一行中的叠词"嘈嘈"为拟声词，音调较高。明喻"如急雨"使音响效果形象化，乐声旋律响亮得如一阵急雨；第二行中，如耳语声的叠词"切切"用来模仿小弦的声音，同时明喻"如私语"生动地描绘了音响效果；第三行中，上述两个叠词同时出现，意味着两支旋律轮流奏响。读者能感到袅袅的余音；第四行用"大珠小珠落玉盘"一比，将视觉形象与听觉形象同时显露出来，玉珠晶莹剔透，熠熠生辉。琵琶女演技精湛，琵琶弹奏的音响、节奏有轻有重，有粗有细，有急有缓，有高有低，错杂交混而又玉润珠周，绵密谐和而又活泼跳跃，发出清脆叮当的声响，悦耳动听，生动流转，余韵不尽。

以下是两个译文：

The great strings with a crash resound,
As when the rain-storm strikes the ground;
The small strings whisper manifold,
Like secret confidences told;
And then the vibrant chords outfling
A mingled crash and whispering,
Like shower of pearls, some large some small,
That on a jade-dish pattering fall.（Gaunt 译）

The thick strings loudly thrummed like the pattering rain;
The fine strings softly tinkled in a murmuring strain.
When mingling loud and soft notes were together played,
'Twas like large and small pearls dropping on plate of jade.（许渊冲 译）

第一个译本的前两行中，双元音 /ei/, /au/, /ai/ 发音响亮，拟声词"crash"用于展现大弦的高亢的声调。第三、四行 /s/ 音的重复出现用于描写小弦似耳语般柔和的窃窃私语。许译本中，鼻音 /m/ 表达的声音浑厚、低沉，而头韵 /s/ 模仿的声音轻柔、婉约。原诗的语音象征在译文中得以充分的展现。原文作者的交际意图在译文中得以很好的体现。

11.3.2.2 语义层面

关联理论关注的核心是意义问题。正如上文所述，虽然意义的表现形式体现在从音位到篇章的各个层面上，但意义最直接、最集中地还是体现在语义层面。因此，关联理论研究将关注的焦点放在语义层面也就不足为奇了。我们通过下例来说明：

（5）原文："Did you say pig or fig?" said the cat.

"I said 'pig'," replied Alice.

（Lewis Carrol, *Alice's Adventures in Wonderland*）

译文1："你刚才说的是猪还是无花果？"猫说。

"我说的是猪，"艾丽思答到。（陈复庵 译）

译文2："你刚才说的是'猪'还是'鼠'？"那只猫问到。

"我说的是'猪'，"艾丽思答到。（戎刿 译）

原文具有关联性，信息意图和交际意图相匹配，原文读者可根据其信息意图推理出其交际意图。在原文中，"pig"的发音/pig/与"fig"的发音/fig/近似，才会导致猫发问。经过翻译，在异质的文化中，原文的信息意图和交际意图不再匹配。若如译文1所示，按照原文的信息意图把两个词分别直译成"猪"和"无花果"，则"猪"的发音/zhū/与"无花果"的发音/wú huā guǒ/没有任何相似之处。细心的译文读者可能会质疑：猫为什么听不清楚而提问？原文中的语境假设在译文1中不复存在，原文的关联性在译文1中缺失，译文1没有达到成功交际的目的。

译文2中，"猪"的发音/zhū/与"鼠"的发音/shǔ/相似。原文中的语境效果在译文2中得以较好地保留，译文2具备原文的关联性。译文2达到成功交际的目的。

11.3.2.3 句法层面

奈达（1982）在《译意》一书中就谈到，就汉语和英语而言，形合和意合的对比也许是语言学上最重要的一个区别。王力先生在《中国语法理论》（1954）中也谈到"中国语里多用意合法，联结成分并非必需；西方多用形合法，联结成分在大多数情形下是不可缺少的"。一般来说，英语重"形合"，强调结构的完整性和形态的严谨性，而汉语重"意合"，强调内容和表意的完整性。形合指句子内部的连接或句子间的连接采用句法手段或词汇手段。意合指句子内部的连接或句子间的连接采用语义手段（方梦之，2004）。汉语重意合，英语重形合。汉语和英语不同的句法特点决定了在汉英翻译过程中，对汉语读者来说众所周知的某些默认的明示信息在英语中会缺失，从而造成语境含意的缺失，不能获得最佳关联，最终导致交际失败。因此，在汉译英过程中，译者要根据汉语中的语境假设进行推理，并采取一定的补偿手段，将汉语中由意合手段所表达的隐含信息在英语译文中通过形合手段表达出来。我们将从以下几个方面分述之：

第一,连词的使用。

使用连接词语的句法形合手段是英语语法外显性的显著特征之一。英语中,连词是一种功能词,它不能独立担任句子成分而只起连接词与词、短语与短语以及句与句的作用。英语中的连词可以分为两类:并列连词和从属连词。前者可被分为3类:第一种表示过渡关系(如 but, yet, however),第二种因果关系(如 for, so, therefore, hence),第三种表示其他的并列关系(如 and, or, either...or, both...and)。后者可分成9种范畴,每种分别表示:① 时间(如 when, while, as, before, after),② 条件(如 if, unless),③ 目的(如 in order that, so that),④ 结果(如 so...that, such...that),⑤ 原因(如 because, as, since),⑥ 让步(如 although, though, even if),⑦ 方式(如 as, like),⑧ 地点(如 where, wherever),⑨ 对比(如 than, as)。它们能先于语义而将逻辑关系显现出来。

而汉语则是以神统形、以意统形,其语篇的逻辑关系通常是隐性的。汉语中,较少使用连词。我们通过下例说明问题:

(6)原文:远看山有色,近听水无声。
　　　　　春去花还在,人来鸟不惊。

译文:When you look afar, the mountains are green and clear,
　　　But no sound of stream is heard when listening near.
　　　The flowers remain in full bloom when spring's away,
　　　A human being's approach the bird doesn't fray.

在上例中,原文是靠意合连接,没有使用连词。只有几对对偶形式充当衔接手段,如"远"对"近","去"对"来"。原文的语境含意是隐性的,对于汉语读者而言,是互明的。由于英语句法的形合特点,在汉语中隐含的语境含意在译文中必须以适当的方式呈现出来,补充失去的语境假设,所以译文中不仅使用从属连词"when"表示时间还用并列连词"but"来表示过渡关系。

第二,人称代词的隐与显。

在律诗、绝句等汉语古体诗中,常常不使用人称代词,以表明作者的忘我之境。王国维(1998)对此曾有过阐述:"无我之境,以物观物,故不知何者为我,何者为物。"叶维廉(1983:42—43)也认为:"中国诗的艺术在于诗人如何捕捉视觉事象在我们眼前的涌现及演出,使其自超脱限制性的时空的存在中跃出。诗人不站在事象与读者之间缕述和分析,其能不隔之一在此。中国诗人不把'自我的观点'

第十一章 关联理论与翻译

硬加在存在现象之上,不如西方诗人之信赖自我的组织力去组合自然。诗中少用人称名词,并非一种'怪异的思维习惯',实在是暗含中国传统美学的虚以应物,忘我而万物归怀,溶入万物万化而得道的观物态度。"但在译语中,译者通常根据语境假设做出推理,译出人称代词,以取得最佳关联。我们通过下面的例子说明问题:

(7)原文:银烛秋光冷画屏,轻罗小扇扑流萤。
    　　　天阶夜色凉如水,卧看牵牛织女星。

译文1:Her candle-light is silvery on the bright screen,
    　　Her little silk fan is for fireflies.
    　　She lies watching her staircase cold in the moon,
    　　And two stars parted by the River of Heaven.(Bynner 译)

译文2:Across the screen the autumn moon
    　　stares coldly from the sky;
    　　With silken fan I sit and flick
    　　the fireflies sailing by.
    　　The night grows colder every hour, —
    　　it chills me to the heart
    　　To watch the Spinning Damsel
    　　from the Herd boy far apart.(Giles 译)

(吕叔湘,1980)

原诗中,人物与环境和谐地融为一体。烛光、寒秋、画屏、小扇、流萤、夜色和向往真爱但失意孤独的宫女。诗中并没有刻意强调人的存在,但人和自然交融在一起。在前三句,仅仅一个"扑"字能隐隐地提醒读者有人的存在。最后一句突然使读者意识到主人公的存在。全诗通篇无人称代词,这使读者融入诗所描绘的情境中,步入诗的意境中。整首诗如在陈述诗人的个人经历,或是主人公内心的独白,抑或是读者的亲身经历。在读者所构建的意象中,诗人是女主人公或读者自己的化身,但却不是超脱诗外的叙述者。在这个意象中,人和周围环境的关系简单自然,用不着进行逻辑推理。

汉语的意合特点使得在原诗中不曾出现人称代词,而英语的形合特点导致了两个译文中均使用了人称代词。在两个英文译文中，隐性的人称代词分别被译为 she 和 I。人称代词的使用便是译者根据语境假设进行推理，以期取得最佳关联的表征。在第一个译文中，Bynner 使用了人称代词 she。诗人是一个不带任何主观色彩的叙述者，诗中的内容似乎更显客观。而在第二个译文中，Giles 选用了代词 I。整首诗成了译者自己的个人叙述，更多的个人感情被倾注到了诗中。译者走进了诗的画卷中，他向读者讲述自己的故事，宣泄个人的感情。

第三，关系词的使用。

英语中的关系词可被分成关系代词、关系副词、连接代词和连接副词，用以构成形容词性从句或名词性从句。关系词在汉语中很少见。汉语意合的句法特点使其常借助逻辑顺序来表示这些关系。例如：

（8）原文：儿童相见不相识，笑问客从何处来？（贺知章，《回乡偶书》）

译文：My children, whom I meet, do not know who am I.
"Where are you from, dear sir?" they ask with beaming eye.（许渊冲 译）

在译文的第一行，用了一个非限定性的定语从句修饰名词"children"。在原诗中，诗人与孩子们的关系是不言自明的。而在译文中，作者通过推理，使用了关系代词这种形合手段，把原文中隐含的语境假设变为显性的。

第四，介词的使用。

介词的使用是英语的形合手段之一。英语句子中，名词之间的连接主要通过介词。而汉语介词数量有限，常使用动词。在汉英翻译过程中，很多汉语的动词被译为英语的介词。例如：

（9）原文：青山横北郭。（李白，《送友人》）

译文1：Blue mountains to the north of the walls.（Pound 译）

译文2：Athwart the northern gate the green hills swell.（Fletcher 译）

译文3：Clear green hills at a right angle to the North wall.（Lowell 译）

（吕叔湘，2002：131—132）

在上述三个译本中，汉语动词"横"分别被译为介词 to、副词 athwart 和介词短语 at a right angle to。译者通过推理，原文中"青山"和"北郭"的隐性的位置关系在英语译文中通过上述形合手段被显性地展示出来。

第五，动词非限定形式的使用。

英语中非限定性动词的使用也可被视为形合的表现形式之一。不用连词，非限定性动词就可以表明主句和从句之间的逻辑关系。在汉英翻译过程中，需经译者的推理把汉语原文意合的逻辑关系在译文中显性地表现出来。例如：

（10）

原文：**闻官军收河南河北**

杜甫

剑外忽传收蓟北，初闻涕泪满衣裳。

却看妻子愁何在，漫卷诗书喜欲狂。

白首放歌须纵酒，青春作伴好还乡。

即从巴峡穿巫峡，便下襄阳向洛阳。

译文：**Recapture of the Regions North and South of the Yellow River**

'Tis said the Northern Gate has been recaptured of late;

When the news reaches my ears, my gown is wet with tears.

Staring at my wife's face, of grief I find no trace;

As I roll up verse books, my joy like madness looks.

Though white-haired, I would still both sing and drink my fill;

With verdure spring's aglow; it's time we homeward go.

We shall sail all the way through three Gorges in a day;

Going down to Xiangyang, we'll go up to Luoyang.（许渊冲 译）

原诗充分体现了汉语的意合特点，整首诗通过内部的逻辑关系组成了一个有机的整体。译者通过推理，在译文中运用了各种类型的形合手段以获得语篇的连贯。在原诗的第二句，"初闻"紧随"忽传"，表明捷报传播速度之快，强调了前后动作在时间上的紧密联系。译者经过推理，在译文中用 when 引导的时间状语从句来强调这种时间上的联系。在译文的第三句，译者用现在分词短语强化了与下文的逻辑联系。原诗的第四句中，"漫卷诗书"和"喜欲狂"之间存在潜在的因果关系。在译文中，经译者推理，被显性地译为带有原因状语的复合句。原诗的第五句中，由于"喜欲狂"，即使像作者这样的"白首"老人也禁不住"放歌""纵酒"。译文中，这种逻辑关系通过让步状语从句体现出来。原诗第六句中的动词"做伴"在译文中被译为一个介词短语。如上文所述，这也可被认为是英语的形合手段之一。原诗最后一句的逻辑关系在译文中也是通过现在分词短语得以体现。

11.4 翻译中的关联重构

作为交际活动的一种,翻译的目的是使译文达到最佳关联,再现原文的交际功能。然而,作为跨语言、跨文化特殊交际活动的翻译,交际环境会发生巨大的变化,原文作者和译文读者的认知环境差异很大。在翻译过程中,译文易出现信息意图与交际意图分离、语境假设的缺失及语境含意的丧失等,从而造成译文关联性的缺失,最终导致交际失败。因此,在翻译过程中,译者必须采取一定的措施,在译文中重建关联。

11.4.1 信息意图与交际意图的匹配

原文提供明示的信息意图,译者在译文中根据原文的明示的信息意图推理出原文的交际意图并呈现出来。在理想的状态下,原文的信息意图与交际意图是相互匹配的,即原文读者可以根据原文作者提供的信息意图推理出其交际意图。但经过翻译后,译文所处的文化环境与原文所处的文化环境大相径庭,原文读者与译文读者的认知环境出现断层。这就可能导致原文的信息意图对于译文读者来说没有任何交际意图,使译文缺乏关联,给译文读者的推理过程带来障碍,最终导致交际失败。因此,在这种情况下,译者必须采取一定策略,重现译文的信息意图,使译文的信息意图与交际意图重新匹配,重建译文关联。例如:

（11）原文: 他向来是惯叫农民来钻他的圈套的,真不料这回演了一套"请君入瓮"的把戏。(茅盾,《子夜》)

译文: He had become so used to setting traps for peasants all these years that it came as rather a shock to him to find he had walked into a snare himself.

汉语中"请君入瓮"是一个富含文化意蕴的成语。意指拿整治别人的方法整自己。如果采用直译的方法,只能展示出原文作者的信息意图,交际意图难以得到明示。如果采用直译加注的方法,则要把原文成语典故在注释中向译语读者解释清楚。如前所述,译文要达到最佳关联而不是最大关联,这样过分强调保留源语文化而忽视翻译的交际本质并不可取。为了达到最佳关联,使译文读者以最小的认知努力取得相对较大的语境效果，译者需要发挥创造性，使译文的信息意图与交际意图重新匹配。

（12）She likes talking so much that she is nick-named "magpie".

（曾文雄，2007：47）

这里的 magpie 按字面本应译成"喜鹊"，但这样就会造成信息意图与交际意图的不匹配。对于汉语读者而言，"喜鹊"能带来好运，是吉祥的象征，与喜欢说话并没有必然的联系。如果改译为"麻雀"，那种"叽叽喳喳，话说个不停"的形象便跃然纸上。

（13）原文：What flower does everybody have? —Tulips.（Tulips=two lips）
　　译文 1：人人都有的花是什么花？——郁金香。（郁金香的英文与双唇的英文发音相似）
　　译文 2：人人都有的花是什么花？——泪花。（马红军 译）

（曾文雄，2007：293）

原文的精妙之处在于，作为花的 tulips 与作为人体器官的 two lips 的发音相近。答案巧妙，令读者忍俊不禁。译文 1 拘泥于原文的信息意图，为了传达原文的交际意图，在括号中加了注释，增加了相关的语境假设。但译文读者阅读译文时幽默效果尽失。译文 2 摆脱了原文信息意图的束缚，重现译文的信息意图，使译文的信息意图与交际意图重新匹配，重建关联。"泪花"在构词上属于"花"的范畴，且人人都可拥有。译文 2 通过偷换"花"的概念，重建关联，达到成功交际的目的。

汉语文学作品中的"梅""兰""竹""菊""月""燕""秋水""婵娟""东篱"等词都被赋予了独特的文化内涵。如果在翻译这些词时，译者只关注其信息意图而忽视它们的交际意图，信息意图与交际意图就会错位，关联性就会缺失。如何在译文中使其信息意图与交际意图重新匹配，重建关联是一个值得研究的课题。

11.4.2 语境假设的充实

原文中的明示信息为原文读者所共享，可激活原文读者大脑中存储的语境假设，读者可据此推理出其交际意图。经过翻译后，原文的明示信息不被译文读者所共享，不能激活译文读者大脑中相关的语境假设，导致语境假设不足而失去关联。因此，对于在译文中经过翻译而失去的语境假设，需要通过明示的方式进行及时的补充。对语境假设进行充实是取得关联的有效途径。例如：

(14) 原文：农户们有的在做汤圆，图个团圆之意；有的在准备鱼头，也是想图个年年有余的意思。

译文：Some farmers are making round dumplings. *This is a kind of stuffed dumplings made of glutinous rice flour and served in soup. It's a traditional food for Chinese in some southern parts of China.* The round shape of dumplings signifies family reunion, *for the spring festival is the biggest occasion for family reunion each year*. Others are preparing fish for New Year's Eve Dinner. *As the Chinese character "fish" is pronounced "yu", which is homophonic with another character "yu", meaning "having surplus or more than necessary"*, eating fish at the New Year's Eve means you will have more than necessary in the coming year.

(郭建中，2010：213—214)

在中国的一些地区，过年吃汤圆吃鱼是一种流传已久的民俗，目的是为了图个好兆头，讨个口彩。"汤圆""鱼"很容易激活汉语读者大脑中储存的百科知识，从而建立相关的语境假设："汤圆"代表"团圆"，"鱼"代表"年年有余"。但英美人士无论如何也不会把它们联系起来。在源语文化中习以为常的语境假设，经过翻译，漂洋过海来到异质的文化环境中，原来的语境假设在英文读者的大脑中便不复存在。因此，在目的语中必须及时充实相关的语境假设，才能保证译文读者得到足够的明示信息，使译文读者顺利推理译文的交际意图，以确保交际的顺利进行。又如：

(15) 原文：原来四面皆是雕空玲珑木板，或"流云百蝠"，或"岁寒三友"，或山水人物，或翎毛花卉……（曹雪芹、高鹗，《红楼梦》）

译文：They were beautifully curved with the motifs "clouds and a hundred bats" or "the three companions of winter" —*pine, plum and bamboo*—as well as landscapes and figures, birds and flowers, ...

（杨宪益、戴乃迭 译）

汉文化中,"松、梅、竹"因不畏严寒,傲雪屹立,而被誉为"岁寒三友"。后被人们赋以特殊的文化内涵,用来指不畏逆境强权,有傲骨有气节的人。相对于汉语而言,pine, plum, bamboo 在英语中只不过是三种普通的植物。在英语中也没有"岁寒三友"的概念,英美读者看到 the three companions of winter 也会感到费解。原文中不言自明的信息,在原文中可以产生相关的语境假设,达到最佳关联。但在译文中,相关的语境假设并不被译文读者所共享。因此在译文中必须及时充实语境假设,以获得最佳关联。

语境假设的充实并不是越多越好,而要把握好一定的度。理想状态下译文语境假设充实的程度应使译文的语境效果与认知努力与原文在源语中的语境效果与认知努力相同,从而最终达到译文对于译语读者的关联度和原文对于原文读者的关联度相等。如果译文的语境假设充实的内容少于原文在源语中的语境假设,译文读者阅读译文的认知努力会大于原文读者解读原文的认知努力,最终导致译文的关联度低于原文的关联度。反之,如果译者越俎代庖,给译文提供的语境假设充实的内容甚至超出了原文在源语中的语境假设,译文读者阅读译文比原文读者阅读原文所付出的认知努力还要少,最终导致译文的关联度高于原文的关联度。这看似一件好事,实则不然。欣赏文学作品的乐趣也许就在于不断地需要读者付出认知努力,充分调动读者的能动性,充分运用自己的认知框架,调动自己头脑中的图式结构和百科知识,对作品进行阐释和解读,享受阅读过程中推理的快乐。译者并没有权利武断地剥夺译文读者的这种权利。所以,译文的关联度低于或高于原文的关联度都是不可取的。当然,达到相同的关联度只是一种理想状态,是译者所追求的目标。在实际的翻译过程中,译者只是不断地在过与不及的两个极点之间寻求一种动态的平衡。

11.4.3 语境含意呈现

语境含意呈现是指把在翻译过程中缺失的语境含意采用适当的方式呈现出来。在原文读者头脑中被假定为互明的信息,可以激活原文读者大脑中的语境含意,使读者据此推出其交际意图。在翻译的过程中,遭遇异质文化时,原来共享的历史文化背景不复存在。这一明示刺激无法激活译文读者头脑中的相关语境含意,使得语境含意不足而失去关联。因此,在源语中被认为是不言自明的语境含意,需要在目的语中特别点明,予以清晰地呈现,才能保证交际的顺利进行。

例如：

（16）原文：杭州的春天，淡妆浓抹，无不相宜。

译文：Sunny or rainy, Hangzhou looks its best in spring.

（郭建中，2010：215）

原文中的"淡妆浓抹"被译为 sunny or rainy。中国读者要对原文有透彻的理解一定会追寻原文的语境含意。汉语读者看到原文，都不禁会想到苏轼那首脍炙人口的诗《饮湖上初晴后雨》："水光潋滟晴方好，山色空蒙雨亦奇。欲把西湖比西子，淡妆浓抹总相宜。"

苏东坡在诗中分别描写了晴天和雨天西湖的美丽风光。进而把西湖比为西施，那么晴天的西湖就如浓妆的西施，而雨天的西湖就像淡妆的西施，都是同样的美丽无比。只有原文隐含的语境含意被呈现出来，晴天与浓妆雨天与淡妆的关系才可以被建立起来。所以原文中的"淡妆浓抹"才会被译为 sunny or rainy。

请再看一例：

（17）原文：Some chicken, some neck!
译文1：某个小鸡，某个脖子！
译文2：难对付的小鸡，难对付的脖子啊！

译文1的语境含意缺失，缺乏关联性，令人费解。第二次世界大战初期，希特勒不可一世。1940年法国投降后，他公然叫嚣："三个星期内，英国就会像小鸡一样被拧断脖子。"时任英国首相的丘吉尔义愤填膺，针锋相对地做出响亮的回答 Some chicken, some neck! 以鼓舞民心，用以表示抗战到底，绝不投降的决心。译文2充分呈现了原文的语境含意，使译文具有关联性，译文读者用较小的认知努力就推理出译文的交际意图，从而达到成功交际的目的。

11.5 小结

本章对关联翻译理论进行了扼要的介绍。根据关联理论，语言交际过程是一个交际双方互动的明示—推理过程。而作为交际活动中的一种，整个翻译的过程是原文作者、译者、译文读者所构成的三元关系在语内与语际的两轮明示—推理过程中相互作用的动态过程。关联翻译理论立足于意义，可适性范围涵盖从音位到句法乃至语篇的各个层面。在翻译交际中，由于跨越了不同的语言和异质的文化，译文读者的认知环境发生了变化，导致信息意图与交际意图的分离、语境假设的缺失及语境含意的丧失，从而造成译文关联性的缺失，最终导致交际失败。因此，在翻译过程中，译者必须相应地采取信息意图与交际意图重新匹配、语境假设充实及语境含意呈现等策略以重建译文的关联，确保翻译交际的成功。

第十二章 语篇认知与语篇翻译

12.1 引言

对语篇的研究虽已有很长历史，但语篇语言学的兴起则大约始于20世纪60年代，可算是比较年轻的学科（张美芳，2002：3）。不同学科的研究者从不同的角度对语篇的不同侧面做出了分析，促进了语篇研究的发展。比如，社会学家Hymes（1964）从社会学角度研究社会语境中的语言使用问题；哲学家Austin（1962）、Searle（1969）、Grice（1975）等有关言语行为和会话含意的研究等。功能语言学是语篇研究的集大成者，该学派从交际功能、语境、语用角度出发，考察社会文化情境的影响，关注语言所起的交际功能，通过分析语篇衔接手段、篇章结构、信息排列与分布、主位推进模式等来研究语篇连贯，体现了语篇研究的可操作性，得出了许多有价值的成果。

近年来，部分学者将认知语言学的研究拓展到语篇研究，提出了认知语篇学的概念（如王寅，2003；朱长河、朱永生，2011等），扩大了认知语言学的研究范围，同时也拓展了语篇研究的视野，界定了语篇研究的认知取向，使语篇的构建与理解从静态分析转向动态考察，更加突出语篇构建者和语篇理解者的互动。

语篇研究成果促进了语篇翻译研究。不少学者将语篇作为翻译对象和基本单位（如司显柱，2001），或者尝试构建语篇翻译学（如李运兴，2001）。不过语篇翻译到底是否可行？语篇翻译究竟应该考虑哪些因素？如何解决词汇、句子和语篇翻译之间的界限？语篇翻译主要考虑的是语篇的整体性问题，译者在处理语篇时体现何种认知运作？对译文作为语篇的效果有何影响？本章基于近年来认知语篇学的研究成果，从语篇认知的角度对语篇翻译中的一些重要问题做出探索性回答。本章首先介绍语篇认知的一些基本观点，然后探讨语篇翻译的一些核心问题。

12.2 语篇认知观

语篇认知观有广义与狭义之分。广义的语篇认知观指的是以认知科学（包括认知语言学、认知心理学、人工智能、神经科学、哲学等）的相关理论与研究方法来阐释语言与概念化之间的关系，考察人类交际的心智过程，比如语篇的在线生成与接受、语篇的心理表征、人类大脑对语篇概念结构的加工以及语言交际中各种语境因素对语篇认知加工的作用等问题。这方面的研究包括文本世界理论与以第一代认知科学为基础的人工智能模式。狭义的语篇认知观则主要是指基于认知语言学的基本理论与方法，将语篇研究作为认知语言学的一个分支，以语篇为对象，从认知角度阐释语篇的内部结构，将语篇的生成与理解纳入人类的一般认知模式（朱长河、朱永生，2011：35）。

12.2.1 语篇的文本世界理论

在20世纪70—80年代，认知科学家基于第一代认知科学理论观点，采用人工智能语篇分析方法，从框架结构、激活理论、架构原则等角度来研究世界知识的心智表征，旨在建立语篇常规模式，并基于此来分析连贯，解读语篇，以便进一步研究机器翻译与人机对话。

认知语篇理论的另一个代表是文本世界理论，该理论最早由 Werth 教授在20世纪80年代提出，后又对其做了进一步发展，其成果后来由兰卡斯特大学教授 Short 整理为专著《文本世界：表征话语中的概念空间》（Werth，1999）。文本世界理论借用认知心理学、认知语言学等学科的理论观点，构建了语篇的世界知识观，后来又陆续有多位学者对其进行发展，其中，英国谢菲尔德大学的 Gavins 于2007年撰写了《文本世界理论导论》（Gavins，2007），对文本世界理论做了进一步补充和完善。

文本世界理论有关语言加工过程的理论模式，该理论以认知心理学的心理表征概念和认知语言学的经验主义原则构建了一个语篇理论模式，不仅关注语篇的认知建构，更关注语篇生成和接受的各种语境因素。文本世界理论以语言的概念化为线索，探讨语篇参与者如何参与语篇世界的构建、语篇建立和推进的心理过程、文本世界的多层次性（即在线加工的层次性）、语篇特征的概念化、语篇参与者知识系统的参与、隐喻等语篇认知加工机制等，为语篇概念化的各个侧面做了较为系统的阐释。

文本世界理论为语篇翻译提供了一些有启发性的观点。首先是参与者知识与文本世界构建的互动性观点。文本世界理论认为，交际实质上就是知识在人们之间传递的方式，人们通过交际把获得的新知识与原有的信仰、感知和经验联系起来（Gavins, 2007: 24）。在语篇推进过程中，参与者的知识结构和经验的选择由文本世界生成的文本限定，即"文本驱动原则"（the principle of text-driven）。在翻译活动中，参与者及其知识的作用变得更为复杂，原文作者、原文读者、译文读者和译者共同参与了文本的生成与理解，而且发生两次文本生成与文本理解，其中参与者的知识与经验以多重性互动参与跨语言文本世界的构建。其中的认知加工有待进一步深入探讨。

其次是文本世界多层次性问题。文本世界理论认为，在交际中，语篇的展开会产生无数新的文本世界，但这些文本世界在参与者大脑中的熟悉程度、可信度不尽相同，因而其文本地位也不同。文本世界的层次性和多重性，对译者提出了考验。译者兼作原文语篇的理解者和译文语篇的构建者，如何对文本世界的多重文本进行选择、如何处理多重文本的距离，是语篇翻译策略的重要体现。这不仅与源语言与目标语言在语篇模式上的异同有关，也受翻译目的、文化地位差异、诗学、意识形态等外在因素的影响。这些因素如何综合作用导致译文多重文本世界的构建，有何影响等，也有待做更深入分析。

12.2.2 认知语言学的语篇认知观

认知语言学的语篇认知观主要由认知语言学家提出，自20世纪90年代以来，不少认知语言学家以拓展认知语言学的研究领域为目标，将语篇纳入认知语言学研究范围，构建了认知语言学与功能语言学之间沟通的桥梁（王寅，2003: 84），其中的代表有 Goldberg（1996）、Sanders（1997）、Chafe（1994）、Tomlin（1994）、Givón（1995）、van Hoek（1999）、Ostman（1999）、Langacker（2001）等。

其中，Langacker（2001）用认知语法分析方法来分析语篇。他认为，语法研究对象为象征单位，即意义与语言表达的配对体，词汇、句法如此，语篇也如此。一个话语就相当于一个用法事件，具有双极性，即概念极（即所表达的概念意义）和音位—形式极（表达所用的语言形式）。在实际情境中，语篇作为象征单位，可以用语篇框架来分析，形式—音位极体现为语篇的整体特征和构建模式，概念极则是语言形式所能激活的信息。在 Langacker 看来，认知语言学的一些基本原则和认知机制同样适用于语篇，如语言单位的连续性、识解运作、注意与突显等。

第十二章 语篇认知与语篇翻译

国内学者王寅（2003，2005b，2006）用认知语言学的基本理论对语篇的认知语法观、语篇连贯等问题做了探索。朱长河、朱永生（2011）首次明确提出了"认知语篇学"的概念，为认知语言学的语篇认知观做了总览性概括，对认知视角的语篇研究以及认知视角的语篇翻译提供了有价值的观点。

12.2.2.1 语篇认知基本观点

朱长河、朱永生（2011: 36）认为，认知语篇学的总体目标是将语篇的生成与理解纳入人类的一般认知模式，也就是要在人类一般认知模式中寻找语篇生成与理解的心智表征对应物。在认知语言学的三个主张（Langacker, 1987）、两个承诺（Lakoff, 1990）、六个原则（文旭, 2002）的基础上，认知语篇学在语篇性质和意义问题上形成了两个更为具体的观点：语篇组织的认知理据性和语篇意义的互动性。

语篇组织的认知理据性是指语篇组织方式并非任意的，而是具有认知上的理据性，是语篇生成者认知活动的明现，反映了语篇构建者的认知模式。语篇意义的互动性指语篇意义不是先定的、等待语篇接受者去发现的客观存在，而是语篇接受者认知与语篇之间互动的结果。语篇意义的互动观强调语篇理解者的参与，即语篇意义来源于语篇接受者的认知方式在语境调节下与语篇本身之间的互动。因此，语境和语篇接受者认知方式的变量特性与语篇本身的常量特性之间产生的张力，使语篇的意义出现一定范围的波动。

12.2.2.2 语篇认知的核心话题

认知语篇学主要解决的核心问题是语篇的内部结构在心智中如何表征，包括语篇连贯、衔接和信息展开等。

Beaugrande & Dressler（1981）和 Neubert & Shreve（1992）都认为典型的语篇应具有以下七个特征：意图性（intensionality）、可接受性（acceptability）、情境性（situationality）、信息性（informativity）、连贯性（coherence）、衔接性（cohesion）和互文性（intertextuality）。在认知语篇学看来，这七个特征并不处于同一个层次。其中意图性可能处于统领地位，而连贯性处于比衔接性、信息性更高的地位，是语篇生成的主要目标，可接受性和情境性则是语篇生成的影响因素。

以认知观点看，语篇连贯要解决的是语篇所呈示的知识或所提供的信息如何作为一种心智操作指令激发语篇参与者对语篇建立起在意义上相互关联的、具有整体性的心智表征。也就是说，语篇连贯是语篇参与者心智表征所具有的连贯。

语篇衔接包括可以起到明示句间关系功能的语言形式的衔接资源以及句间在

语义上的关联，即语篇的衔接性。归根结底，语篇的衔接性还是衔接资源的使用如何促成心智上的关联，进而促成语篇接受者对语篇建立起具有连贯性的心智表征。这一心智上的关联能否实现，主要取决于句间意义衔接的可能性以及语篇接受者的认知背景。

语篇的信息展开主要涉及语篇中话语的可预测性、不可预测性，或已知、未知程度。语篇的信息结构、主位结构和话题结构，分别从语篇接受者视角和生成者视角以及两者互动视角对信息展开模式性分析，但这些结构本身都是语篇生成者选择的结果。主位选择即语篇出发点的选择，反映语篇生成者的动机。新旧信息地位的赋予相当于记忆激活程度的选择，反映语篇生成者对语篇接受者推理能力的假设，以及对其推理方向的监控；话题则相当于双方共同兴趣的选择，反映语篇生成者对接受者的理解以及希望与对方合作的心理（Ostman & Virtanen，1999）。总而言之，信息性同样属于心理现象，信息展开结构相当于语篇生成者发出的心智操作指令，要求接受者对语篇建立起相应的信息性，进而实现具有连贯性的表征。

12.3 语篇翻译的认知视角

基于认知语篇的基本观点、研究问题和研究方法，我们可尝试性探索语篇翻译的认知观、认知语篇翻译要解决的核心问题和主要分析方法。

12.3.1 认知语篇翻译核心思想

在认知语言学视野下，语篇翻译遵循语篇组织的认知理据性和语篇意义的互动性。张美芳（2002：4）提出，区别于传统语言学的翻译观，语篇翻译研究侧重于语篇和交际层次，研究对象不仅包括语言系统和言内因素，还包括言外因素，如情境语境和文化语境。认知语篇翻译观将这一思想进一步推进，将语篇组织的理据性与互动性纳入中心考量。

首先，语篇理据性与语篇翻译问题。

语篇认知观所持的理据性源于人类语言符号的非任意性思想，因为语言与人类的认知密切相关。既然单语语篇组织体现理据性，那么作为跨语言的翻译活动，既涉及译者对源语言文本的理据性解读，也涉及目标语言文本理据性构建，从解读到构建的过程是否会发生理据性的变化？发生何种变化？受制于何种因素？有何影响？译者如何把握理据性的选择与构建？这些都是认知语篇翻译要解决的核心问题。

其次，语篇意义互动性与语篇翻译。

语篇意义的互动性是认知语篇翻译观的核心思想，即语篇意义的生成与构建依赖语篇接受者的参与，主要体现在语篇接受者的认知与语篇资源的潜在性的互动。从语篇翻译来看，译者不仅是原文语篇的接受者，而且又是译文语篇的生成者，其自身的认知参与，是语篇翻译成效的最终保障。在翻译中，译者阅读原文时激活认知资源，获得原文语篇意义的解读性生成，然后基于对目标读者认知资源（包括所具有的背景知识、认知习惯、接受度等）进行预判，通过目标语言的语篇形式构建起目标语篇潜势，此时，跨语言的语篇意义传递尚未实现，只有当目标读者通过认知参与，在大脑里生成目标文本的意义，才实现语篇意义的跨语言传递。这里需要解决的问题是，源语言文本的语篇意义与目标语言文本的语篇意义有何差异？语篇组织发生了何种变化？译者的认知操作对其产生了何种影响？目标读者如何参与语篇意义的生成等，都是认知语篇翻译研究要解决的问题。

12.3.2 认知语篇翻译例示

从认知的角度出发，可以为语篇翻译提出解决一些核心问题的思路和方法，主要体现在语篇组织在跨语言转换中的译者认知操作问题，包括语篇连贯的心智表征与译者认知操作问题、语篇衔接的心智表征与译者操作问题、语篇信息展开结构中的译者认知操作问题。

12.3.2.1 语篇组织转换的认知操作

从传统视角看，翻译被看做一个自下而上的过程，而语篇语言学则将翻译看做一个自上而下的过程，即先决定译文在目的语文化中的属性或类型及其交际功能，再通过一个个的语言结构来体现预定的语篇。相反，从认知语篇观来看，翻译中要重组一个适用于目的语语境的语篇，并非取决于表层结构的转换，而是自上而下地、有目的地选择语言资源，对整个语篇进行重写。Neubert & Shreve(1992: 24)认为，在动手翻译之前，译者的脑子里首先有一个虚构的译本，在翻译过程中，他"对语言的选择受控于脑子里的'虚构译本'；目的语中的资源为虚构译本转变为真实译本提供了材料"。因此，他对语言的选择受控于脑子里的虚构译本。

12.3.2.2 翻译中对语篇衔接与连贯的认知操作

无论是传统语言学,还是功能语言学,都将语篇连贯视为语言形式手段的效果,也即语言形式实现的语义连贯。但是从语篇意义生成与理解两者结合的视角来看,语篇连贯的最终实现还是要靠语篇接受者获得心智上的连贯(mental coherence),也就是Givön(1995)所说的"the coherence in mental text"才是生成连贯语篇的前提条件,也是语篇构建者确定选用哪一种衔接手段和语篇结构的心理基础。

在语篇翻译过程中,译者通过阅读原文语篇获得基于原文的心智连贯,再根据对译文读者所能建立心智连贯可能性的预判,通过认知操作,实现为适应目标语读者认知习惯的语篇连贯潜势,等待目标读者在阅读译文时建立自己的心智连贯。

从认知视角看,语篇只是为语篇接受者提供了语篇意义的潜势,意义的获取要靠语篇理解者结合自己的认知资源的激活与调动来获取。在语篇翻译过程中,译者既要通过自己的认知资源获取对原文的理解,又要构建新的语篇意义潜势。因此,译者的认知解读因其对认知资源调动的不同而构建为不同的语篇形式,产生不同的语篇连贯潜势。如:

(1)原文: I love my love with an E, because she's enticing; I hate her with an E, because she is engaged; I took her to the sign of the exquisite, and treated her with an elopement; her name's Emily, and she lives in the east.(Charles Dickens, *David Copperfield*)

译文1: 我爱我的所爱,因为她长得实在招人爱。我恨我的所爱,因为她不回报我的爱。我带着她到挂着浮荡子招牌的一家,和她谈情说爱。我请她看一出潜逃私奔,为的是我和她能长久你亲我爱。她的名字叫爱弥丽,她的家住在爱仁里。(张谷若 译)

译文2: 我爱我的爱人为了一个E,因为她是Enticing(迷人的);我恨我的爱人为了一个E,因为她是Engaged(订了婚了)。我用我的爱人象征Exquisite(美妙),我劝我的爱人从事Elopement(私奔),她的名字是Emily(爱弥丽),她的住处在East(东方)。(董秋斯 译)

译文3: 我爱我的心上人,因为她是那样地叫人入迷(Enticing);我恨我的心上人,因为她已订婚将作他人妻(Engaged)。我的心上人花容月貌无可比拟（Exquisite），我劝她离家出走跟我在一起（Elopement），她的名字叫爱米莉（Emily），她的家就在东城里（East）。（陆乃圣译）

此例的原文利用英语字母 E 与一系列词汇构成语篇主题意义的潜势，构建有关主人公与 Emily 小姐的一段爱情故事，语篇意义的最终生成，需要依赖语篇接受者以字母 E 激活 Enticing, Engaged, Exquisite, Elopement, Emily, East 这几个词汇以及贯穿故事线索的姑娘的美貌、婚姻状况、我谋划的策略（私奔）、姑娘的名字、家庭住址等信息。语篇开头的 E 点出了语篇的主题，也形成了概念参照点，而语篇接受者从该参照点出发，激活相关认知资源，并能形成通向故事主要情节意义的心智路径，形成心智上的连贯（coherence in mental text），从而获得语篇意义的理解。

从三个译文来看，三位译者通过线索 E 激活了相似而又不同的东西，或者说三个译文构建了不同的意义潜势。在译文 1 里，作为参照点的 E 被更换为汉语的"爱"字，然后后续的情节都以"爱"连贯，为读者激活相关联系、建立心理通道提供概念参照。译文 2 则是保留原文的参照点 E，并保留所有英文单词，在译者看来，原文的参照点和心理通道的建立，靠的是英语词汇形态上的联系，转换语言之后便切断了这种联系，因而予以保留。这种译法，必然以译文读者有一定英语知识作为前提，这种联系的建立，需要译文读者激活大脑中有关英语字母 E 与后面一系列单词的联系，才能建立这种连贯心理通道。译文 3 则是将这种认知参照点联系转换为汉语的尾韵，"迷""妻""拟""起""莉""里"都以韵"i"结尾，从而建立一种心理连贯。同时，译者在译文中还保留英文单词，为具有一定英文知识的读者保留原文连贯意义潜势，只要具有相应知识，便可激活并生成原文的连贯意义。

12.3.2.3 翻译中对语篇信息展开结构的认知操作

语篇信息展开结构主要指语篇信息结构、话题结构、主位—述位组织方式，体现语篇信息性特征。

信息结构即语篇构建者如何安排"新信息"和"已知信息"，新信息与已知信息的选择和顺序安排，体现语篇构建者对语篇接受者推理能力和激活认知资源的潜在可能性的预判。在语篇翻译中，由于不同语言中的语篇接受者具有认知差异，他们所能激活的信息顺序存在差异，因而译者有必要对新信息与已知信息的安排顺序做调整，以适应目标读者生成恰当的语篇意义，如：

(2) 原文：I marveled at the relentless determination of the rain.

译文：雨无情地下个不停，我感到惊讶！

原文中，"我感到惊讶"作为已知信息置前，而"雨下个不停"作为新信息放在后面，而汉语中则相反。汉语读者更倾向于先激活某件事情或某种情况，然后以该事情或情况为背景，激活说话人对该事情或情况的态度或评论。因而译者在译文里更换了两个信息的顺序，将事件（"雨无情地下个不停"）作为已知信息，将评论（"我感到惊讶"）作为新信息。

话题结构主要指语篇构建者基于表达意图所选取的语篇构建者与语篇接受者共同感兴趣的话题。由于英汉语言使用者在语篇识解中的差异，话题在语篇中的呈现方式不一致，因而译者在译文语篇组织中对话题位置进行重组，如：

(3) 原文：In the winter of 1879, *James Lecky*, exchequer clerk from Ireland, and privately interested in phonetics, keyboard temperament, and Gaelic, all of which subjects he imposed on me, *dragged me to a meeting of a debating society called The Zetetical*: a junior copy of the once well known Dialectical Society founded to discuss John Stuart Mill's *Essay on Liberty* when that was new.（Bernard Shaw, *How I Became a Public Speaker*）

译文：1879年冬天，詹姆斯·莱基拉我去参加一次辩论会。莱基是爱尔兰人，在财政部门当职员，有空喜欢研究语音，练习弹琴，学习盖尔语，他还让我也学这些东西。这次他带我去参加的辩论会是一个名叫"探索学会"的团体举办的。当年约翰·斯图尔特·米尔的文章"论自由"刚刚发表的时候，成立过一个"辩证学会"来讨论这篇文章，这个学会曾名噪一时。探索学会就是仿照这个学会建立起来的，只是没有那么有名罢了。（庄绎传 译）

例（3）原文中表达主要信息的是斜体部分 James Lecky dragged me to a meeting of a debating society called the Zetetical。原文话题被置于中间，借助于英语立体型句法结构的优势，语篇接受者可以通过对英语句法知识的激活，根据英语复合句中的主句、从句分离原则，激活出原文的话题信息，然后将其余信息生成为背景信息。也就是说,从英语语篇来看,主题与背景信息的分布并不完全依赖先后顺序,而是依靠句法的立体结构。而译文中,由于汉语句法的分布倾向于先后顺序,因而译者将主题信息提出,置于句首,其余作为背景的信息则置于之后。语篇主题和背景信息的不同分布,实际上体现了原文语篇读者与译文语篇读者在生成话题结构意义方面的认知差异。

语篇中的主位—述位结构与已知信息—新信息比较接近,具有对应性,不过新旧信息侧重于关注信息与语篇接受者认知资源被激活的可能性,而主位—述位关系则体现语篇构建者对于信息表达出发点的选择。主位—述位有时与句法形式中的主语—谓语结构对应,很多时候则并不对应,这本身就反映了认知方式对语篇意义生成的影响。如:

(4)原文:One month before my high school graduation, my father died of a heart attack. My feelings ranged from grief to abandonment, fear and overwhelming anger that *my dad was missing some of the most important events in my life. I became completely uninterested in my upcoming graduation, the senior class play and the prom.* But my mother, in the midst of her own grief, would not hear of my skipping any of those things.

译文:再有一个月我就要高中毕业了。偏偏在这时父亲因心脏病离开人世。我的情绪随之波动起伏,时而悲哀凄凉、自暴自弃,时而又恐惧万分、怒气冲天,<u>我一生中最重要的一些大事父亲是无缘亲眼目睹了。对于临近的毕业盛典,还有毕业班的演出和舞会,我变得一点都没兴趣</u>。母亲虽然依然沉浸在悲恸之中,却执意不许我置身于那些活动之外。

例(4)原文的斜体两句基本按照英语句法中的主语—谓语顺序安排主位—述位关系,原文中的主位分别为 my dad 和 I,而译文则对主位—述位顺序做了更换,主位分别换为"我一生中最重要的一些大事"和"临近的毕业盛典,还有毕业班的演出和舞会"。翻译中的这些主位—述位改换,体现于句法形式的组织上,以认知理据的思维来看,实际体现出了英、汉语语篇意义构建与生成中出发点选择的差异。

12.4 小结

本章以认知语言学观点和分析方法对语篇意义的构建与生成做了阐述，然后提出了认知语篇翻译的基本思想。从认知视角看，语篇作为一种类似于词汇与语法的象征单位，具有两极性和理据性。语篇意义是动态生成的，语篇接受者与语篇的认知互动在语篇意义生成中起着重要作用。

本章以语篇认知观为基础，提出了语篇翻译的认知观。既然语篇意义是动态生成的，依赖语篇接受者的认知参与，那么跨语言转换的语篇意义生成，则是经历了译者的认知操作的结果。本章最后以语篇衔接与连贯、语篇信息展开结构等为观测点，通过一些翻译案例，对语篇翻译的一些具体问题做了认知阐释。应该说，这些阐释只是对语篇认知翻译的初步尝试。我们认为，语篇作为一个象征符号，只是为意义的生成提供了潜势。译文语篇也同样是译者为目标读者提供的意义潜势，其意义的最终生成要靠目标读者的认知参与。译者如何调用自己的认知资源获得原文语篇意义的理解，又如何对目标读者的认知做出语篇然后在译文语篇中构建意义潜势，译文读者如何通过语篇线索的激活，构建其心智上的文本世界，生成语篇意义，对于这些问题的探索还有待更深入研究，认知语篇翻译研究还有更多可供探索的空间。

第十三章 展望

13.1 引言

过去三四十年里,翻译学研究最为引人注目的便是认知翻译学研究的飞速发展。来自翻译学领域以及其他临近学科(如心理学、认知语言学、神经科学、二语习得等)领域的学者从不同的角度关注翻译的认知过程以及译者的翻译行为,探索译者大脑这个黑匣子之谜。2010 年,Muñoz 提出了"认知翻译学"(Cognitive Translatology)这一术语,用以涵盖所有从认知视角出发的翻译研究。Muñoz 当时指出,认知翻译学尚处于前范式阶段,并未形成学界普遍接受的研究范式。最近几年,随着认知翻译学的飞速发展,研究问题逐渐集中,研究方法不断演进,研究领域逐渐清晰,认知翻译学作为翻译学的一个分支学科属性逐渐形成。

13.2 作为跨学科的认知翻译学

认知翻译学,是以认知科学及相关学科理论为基础,借用认知科学的理论和方法,来解释翻译现象,揭示笔译、口译的认知过程,进而揭示翻译的本质和规律(卢卫中、王福祥,2013:606—607)。因此,从认知科学的各分支学科以及邻近学科借用理论模式和研究方法,是认知翻译学研究的首要特点。翻译认知研究目前不仅是翻译学研究的重要领域,而且也受到多个领域学者的关注和研究,来自认知语言学、认知心理学、心理语言学、二语习得、人工智能等领域的学者从所在学科出发,从事以双语活动的认知机制为目标的研究(如 Shreve & Angelone, 2010; O'Brien, 2011; Ehrensherger-Dow et al., 2015 等)。因此,认知翻译学首先是一个以跨学科为基础的交叉学科,集合了心理学、语言学、神经科学、二语习得、语言技术等领域的理论模式和研究方法。

心理学,特别是认知心理学对认知翻译学的影响最大,这两个领域的结合产生了如下研究话题：翻译专长、译者人格、元认知与翻译策略、翻译中的问题解决与迟疑应对、长短时记忆与翻译中的信息加工、翻译中的眼—心协调（eye-mind coordination）等，以心理学为基础的认知翻译研究主要通过行为实验方法，探究译者的心智活动及其对翻译行为、翻译策略的影响。

语言学是认知翻译学的重要理论基础。不过，与先前以结构主义语言学、系统功能语言学为主要分析工具和研究方法的语言学派翻译研究不同的是，认知翻译学与认知语言学及语料库语言学的结合更为紧密。认知语言学以体验哲学为其理论基础，认为语言是人基于对现实世界进行互动体验和认知加工而形成的。也就是说，语言与现实并非直接相连，而是通过"认知"联系起来的。人的体验认知在语言理解、语言表达中起着至关重要的作用。那么作为双语活动的翻译，必然也要受制于认知的影响。译者在理解源语言文本和生成目标语言文本过程中，对于"如何受认知的影响，经历了怎样的认知加工"等问题可通过认知语言学的理论模型和研究方法进行探索。认知语言学视角出发的翻译研究包括（但不限于）以下研究话题：认知语义学视角的翻译研究、认知语法视角的翻译研究、翻译中的语言认知机制（如隐喻、转喻、概念整合、主观性与主观化等）、语言与非语言知识表征与翻译认知操作（如框架、图式、脚本等）、文化认知与翻译等。应该说，认知语言学既提供了新的翻译语言观，同时也为构建翻译认知理论模型提供了理论灵感和阐释方式。语料库语言学侧重以统计方法，研究可对比文本和平行文本语言普遍规律，特别是通过翻译语言与自然语言的对比，发现翻译的普遍性特征。语料库语言学与认知翻译研究的结合，能帮助我们对翻译过程中不同阶段的翻译产品进行系统描述（O'Brien, 2015: 6），比如将翻译语料库与翻译认知过程实证研究相结合，研究翻译单位、译者认知努力等问题（如 Alves et al., 2010; Alves & Vale, 2011 等）。

神经科学作为认知科学的重要分支，为认知翻译学提供了更为丰富的实证研究方法和理论模型，这些研究方法能够有效地弥补早期认知翻译研究主要采用口头报告法之不足，通过监测译者翻译时的心智活动，观察译者认知活动，包括脑电图（EEG）记录、功能磁共振成像（fMRI）、事件相关电位（ERP）、正电子断层扫描（PET）、脑磁图（MEG）等。

技术进步在翻译职业领域的深刻影响，也将引起认知翻译学的关注。翻译工具的大量使用对翻译管理、翻译行为和翻译生产方式带来深刻变革，这对译文生成、翻译管理、译者工作形态有何影响，以及自动翻译、机器翻译、计算机辅助翻译、大数据技术如何引发翻译新形态、翻译中的人机互动（HCI）中的诸多问题，也是认知翻译学关注的对象（肖开容，2018）。

由此可见，认知翻译学的跨学科属性较之以前的翻译学研究更为突出，呈现出多学科、跨学科、超学科的特点（O'Brien，2015：12）。多学科指认知翻译研究受到多个学科的共同关注，跨学科指翻译认知研究主要依靠其他认知科学及相关学科的理论模式和研究方法构建而成。认知翻译学的未来发展，应当吸收容纳邻近学科的理论观点和研究方法，生成符合翻译认知特点而又可为翻译研究提供研究设计的研究范式，包括认知翻译研究的理论模式、研究话题、话语体系和方法论体系，从而既能丰富翻译学的发展，又能为其他学科提供有益的参考和借鉴，这便是认知翻译学超学科属性的基本含义，也是认知翻译学应当树立的学科目标。

13.3 认知翻译学主要研究领域

认知翻译学的基本立足点为认知，而认知又有狭义与广义之分。狭义的认知主要指人脑信息加工过程，广义的认知则包括"获得知识的行为与过程以及通过思想、经验和感官获得理解的过程"（Risku & Windhager，2015）。因此，认知翻译学研究主要应涵盖基于体验认知的内部认知翻译研究和基于情景认知的社会认知互动翻译研究，前者包括译者翻译行为认知过程研究和语言认知翻译研究，后者主要指译者与社会及物理环境互动的认知研究。在此意义上，我们认为，认知翻译学研究大体包括（但并不限于）以下领域：翻译认知过程研究、语言认知翻译研究、社会认知翻译研究。

13.3.1 翻译认知过程研究

目前，多数学者在谈到认知翻译学时，多指翻译"过程"研究，这主要源于Holmes（1972）对描述翻译学三大领域的界定：结果、功能与过程研究。翻译过程研究主要是对译者的大脑活动进行认知研究（Lörscher，2005）。该领域的研究者认为，翻译本质上就是一个信息加工过程，因此翻译认知过程研究的对象主要包括翻译过程中的信息加工模式、加工策略、加工单位。除此以外，翻译认知过程研究还涉及翻译能力及其习得、翻译专长、译者认知努力等问题（Albir et al.，2015）。

翻译认知过程研究的主要方法包括口头报告法、行为实验法和神经影像法。口头报告法主要包括有声思维法（TAPs）、对话法（dialogue protocols）、反思法（retrospection）、问题与决策综合报告法（Integrated Problem and Decision Reporting，简称IPDR）。这些方法还常常与问卷调查（如Youssef，1989）、访谈（如Shih，2006）、翻译日记（如Bergen，2006；Fox，2000）等方法相结合，通过译者翻译中或翻译后的陈述，描绘翻译过程中的心理过程和对翻译问题的解决过程。口头报告根据获取数据的时间分为即时报告与反思报告，即时报告由译者在翻译过程中做出，而反思报告在翻译任务完成后做出。这些方法各有利弊，House（2015：51—52）将其统称为内省和反思翻译过程研究，并提出了五大质疑，其中最主要的问题在于：口头报告并不一定能真实并完整地反映译者心智活动，口头报告可能会对翻译思维活动构成干扰。在新的技术条件下，这些方法的部分弊端可通过行为实验和神经影像法进行弥补。

行为实验法主要通过受控实验，追踪翻译的线性与非线性进程，监测时间进程和延迟（停顿等）、修改的数量与类型、译者认知努力、注意焦点、注意力分配与转换、译者情绪表现等，主要研究方法包括击键记录（key-logging）、视频与屏幕记录（video and screen recording）、视线跟踪（eye-tracking）等（详见Shreve & Angelone，2010；O'Brien，2011等）。这类研究的优势在于通过实验方法获得直观、客观的数据，不过House（2015：53）认为，这类研究所观测到的行为不一定能真实反映译者的认知活动，注意焦点、停顿时间、自我修正等译者行为可能并非正常翻译认知活动的神经表现，而是解决翻译难点的表现而已。

于是，部分研究者又转向另外的研究思路，采用神经成像法，如功能磁共振成像（fMRI）、事件相关电位（ERP）、正电子断层扫描（PET）、脑磁图（MEG）等，通过译者的神经官能反应来考察译者翻译时的心智活动。然而，正如House（2015：55）所说，这些实验研究因为经过人为设计而存在缺乏生态有效性的问题，也就是说，实验环境下的翻译活动与真实翻译存在本质的区别。

应该看到，翻译认知过程研究目前仍然是认知翻译学的重点领域，在研究者数量、研究方法、研究成果和受关注程度方面都超过其他两个领域。我们想强调的是，虽然翻译认知过程研究是目前认知翻译学最令人瞩目的领域，但并非唯一领域。

13.3.2 语言认知翻译研究

翻译研究从关注语言、文本到关注翻译影响和功能以及译者的主观创造,再到如今探索译者翻译认知过程,似乎缺失了另外一个重要方面,即对语言认知的关注,因为翻译毕竟是一项语言活动。根据认知语言学的观点,认知是语言的基础,是语言与现实相连接的"窗口"。正是基于这样的思考,House(2015:49—62)呼吁构建"翻译的语言—认知"理论,研究译者在双语心智活动中如何实现对语言和文本的理解、问题的解决和决策的选择。

语言认知翻译研究以语言背后的认知机制为切入点,主要关注以下问题:认知与源语言文本理解、认知与目标语言文本生成、翻译转换过程中的译者认知操作以及译文接受中的认知问题。

在源语言文本理解中,译者借助于语言知识(包括语音、语义、形态等)与非语言知识(包括情景记忆与百科知识),在体验认知和源语言语用机制作用之下,形成概念系统,形成翻译转换的前提。

而译者作为双语者,在源语言文本理解中与单语读者的不同在于,译者形成的概念系统,是一个集合了源语言与目标语言的综合概念系统(a joint conceptual system),这一综合概念系统,实际上就是译者进行认知操作的结果,这种操作可能是从源语言概念系统与目标语言概念系统的直接对应、对目标语言概念系统的顺应或从源语言概念系统的改造或移植。

在认知操作基础上,译者将综合概念系统结合目标语言知识和目标语言文化中的非语言知识,在体验认知和目标语言语用机制作用下,生成为目标语言文本。

总之,语言认知翻译研究以语言的认知机制为基础,研究译者作为双语者在文本理解、文本生成、翻译转换中的认知操作以及译文读者对译文接受的认知活动。本书便是围绕这一思路,以认知语言学的理论为基础,对翻译作为一种双语活动开展的研究。根据House(2015)的观点,只有将语言与认知结合,才能抓住认知翻译研究的核心和本质,因为翻译从本质上讲是一种语言与认知互动的双语活动。

13.3.3 社会认知翻译研究

根据前述对广义认知的解释,认知不仅包括人脑信息加工过程,还包括嵌入人体的情景化行为(contextulized action),即社会文化语境中的情景认知。以情景认知为基础的认知翻译研究，便是社会认知翻译研究。

社会认知翻译研究的理论基础为情景认知（situated cognition），Hutchins（1995）称之为扩展认知（extended cognition），他通过对飞机驾驶座舱如何记忆飞行速度的研究，指出"认知是一个动态复合系统的综合作用"，环境和情景因素在认知中不仅是外围因素，而且是重要的核心组成部分。社会认知是人工制品（artefacts）、工作场所、空间语境以及社会文化环境的动态互动，通过人脑的信息加工和信息技术手段连接起来。

社会认知翻译研究的对象为真实环境下的翻译活动及翻译文化，即在翻译工作环境（如翻译公司、企事业单位翻译部门、自由译者的工作室等）下翻译项目如何被处理和完成。Risku & Windhager（2015）基于行动者网络理论（Actor-network Theory）和活动理论（Activity Theory），考察了翻译实践活动中的译者、其他参与者（如客户、领域专家、译员同事）、翻译工具（文本处理软件、网络搜索工具、翻译记忆软件等）之间的互动以及在翻译工作中的作用机制。通过对一家翻译公司的追踪研究，发现当前的翻译活动呈现以下特点：翻译公司人头数和办公面积不断增长，翻译业务更集中核心业务，引入项目管理体系（包括人员管理和信息化管理），由此总结出翻译活动的专业化、网络化和数字化特点。

这些研究发现给翻译研究的惯有思维提出了挑战。翻译不再是个体行为，而是以项目组形式集体完成，其中的参与角色不仅仅是个体译员，还包括项目经理、翻译记忆、自由译者、光纤线缆等。也就是说，翻译是不同角色人员与各类型工具，借助于网络共同参与完成的工作。翻译活动也不一定是在同一个时间和空间里完成，而是多线程、远程协作完成。

社会认知翻译研究主要采用民族志（enthography）、参与观察、田野调查等研究方法，深入译者工作现场，采用观察、调研、参与、合作等方式，特别关注在翻译发生的真实语境下参与者角色的互动以及现代技术工具的使用等问题。该领域的研究目前处于起步阶段，但却最为接近当前真实发生的翻译工作方式。我们相信，随着翻译活动的日趋技术化、网络化、协作化，注重翻译中人与工具互动的社会认知翻译研究将受到越来越多的重视。

13.4 认知翻译学研究趋势展望

基于前述对认知翻译学作为交叉学科属性和对认知翻译学主要研究领域的描述，结合学界研究热点和认知翻译学发展需要，未来认知翻译学将呈现学科界定更加清晰、理论模式研究和实证研究并驾齐驱、方法论研究更加突出、研究对象不断扩大、与邻近学科结合更加紧密等趋势。

首先，学科界定会更加清晰。虽然近期学界对认知翻译学的讨论非常热烈，欧美（如英国、西班牙、巴西等）等国家和地区从事翻译认知过程研究的学者较多，而中国以认知语言学为视角进行语言认知翻译者更多，近期德国部分学者（如 Risku & Windhager, 2015 等）则从社会认知角度研究译者与工作环境、社会文化语境和技术设备的互动，不过很多学者认为，认知翻译学仍然处于"婴儿期"（O'Brien, 2015: 12）。我们认为，认知翻译学的学科属性需要做更加明确而清晰的界定。关于该学科的名称问题，中文一般称为"认知翻译学"，有的称为"认知翻译研究"，也有学者采用心理学视角，提出翻译心理学。从学科领域来看，我们认为认知翻译学将沿着翻译认知过程研究、语言认知翻译研究、社会认知翻译研究三大主线发展，每一个主线下面将发展出更加细化的分支，形成一个系统的学科领域。未来需要进一步对学科定位、研究领域、研究话题、研究目标等进行界定，特别是要着力解决研究对象如何更集中、研究目标如何既为本领域提供理论和实践指导，也要为邻近学科和其他学科提供具有可借鉴和参考价值的研究发现和研究成果。

其次，理论模式建构和实证研究并驾齐驱。学界一个基本共识是，当前认知翻译学研究尚未形成能被普遍认可的理论模式和理论假设（参见 Shreve & Angelone, 2010; O'Brien, 2015; 肖开容、文旭, 2012）。卢卫中、王福祥（2013: 613）也指出："认知翻译学理论研究的最终目标是构建一个普遍接受或切实可行的翻译过程描写模式，以便更合理地解释翻译过程及其相关要素。"我们认为，有关翻译过程的理论模式可能不止一个，不同的学者从不同视角出发，从不同的侧面，针对不同的阶段和不同的问题，可提出不同的理论模式，这些理论模式可作为实证研究的理论假设，作为研究设计的出发点，作为实证研究的验证或证伪目标。另外，实证研究将成为认知翻译研究的主要形态，研究设计需要进一步细化，研究假设在理论模式指导下更加有针对性，得出更有价值和普遍意义的研究发现。实证研究的一个挑战是如何克服现有研究方法，特别是实验研究本身的缺陷和不足，让实验更接近真实翻译活动。

同时，方法论研究的重要性更加突出。实证研究是翻译学研究方法的重大突破，借用认知心理学、心理学、神经科学等研究方法，使翻译学研究走出主观推断和定性推理研究的限制，得出了一些更加直观、可观测的研究发现。另外，近两年来，在社会认知的推动下，一些社会学、人类学的研究方法，如人种志研究、参与观察研究等方法，大大拓展了翻译学的研究方法体系，也因此得出了一些较为新颖的研究发现。不过，学科的成熟发展离不了研究方法的不断完善。认知翻译学研究方法的日新月异，需要学界对研究方法做出反思性批判研究。一方面是研究方法的有效性问题，即这些研究方法是否直观、真实、准确、全面地反映译者认知活动。House（2015）批判性地指出，目前实证研究采用的内省和反思报告得出的结论不过是可观察到的译者行为而已，恐怕并非译者的认知活动，因为外在行为表现是否是内在神经机制和大脑活动的直接反映尚存质疑。另一方面是研究方法对译者翻译活动的干扰性问题。因为实验条件下的翻译与真实语境下的翻译存在很大差异，环境条件、实验设备和任务设定都使研究对象发生了变化，这样得出的结论自然不能反映翻译的真实面貌。所以，需要对认知翻译研究方法做出批判性研究，并在此基础上对研究方法进行完善，并开拓更多的研究方法，形成适合更广泛的认知翻译研究、能更接近反映真实翻译活动的方法论体系。

总之，随着认知科学的迅速发展与翻译形态和翻译技术的不断演化，神经科学、脑科学等实证研究工具和研究方法的引入，基于人类对人脑机制、心智活动，特别是双语活动中的心智活动的探索，认知翻译学取得了较快发展。认知翻译学作为翻译学分支学科的地位逐渐显现。随着学科属性界定更加清晰、理论模型不断建构、研究领域逐渐集中、研究问题和研究对象不断扩大、批判性方法论研究逐渐得到重视，认知翻译学作为翻译学和认知科学分支学科的地位将逐渐成形，其研究成果也将为翻译学和认知科学提供有价值的理论贡献。

参考文献

Albir, A. H. et al. (2015). A retrospective and prospective view of translation research from an empirical, experimental, and cognitive perspective: The TREC network. *Translation & Interpreting*, 7(1), 19-31.

Alves, F. (Ed.). (2003). *Triangulating translation: Perspectives in process oriented research*. Amsterdam and Philadelphia: John Benjamins.

Alves, F., & Vale, D. C. (2011). On drafting and revision in translation: A corpus linguistics oriented analysis of translation process data. *Translation: Computation, Corpora, Cognition*, 1(1), 105-122.

Alves, F. et al. (2010). Translation units and grammatical shifts: Towards an integration of product- and process-based translation research. In G. Shreve & E. Angelone (Eds.), *Translation and cognition* (pp.109-142). Amsterdam and Philadelphia: John Benjamins.

Apresjan, J. D. (1974). Regular polysemy. *Linguistics*, 12, 5-32.

Austin, J. L., & Warnock, G. J. (1962). Sense and sensibilia. Oxford: Clarendon Press.

Baker, M. (1992). *In other words: A coursebook on translation*. London and New York: Routledge.

Baker, M. (1993). Corpus linguistics and translation studies: implications and application. In M. Baker et al. (Eds.), *Text and technology: In honour of John Sinclair.* Philadelphia/Amsterdam: John Benjamins.

Barbiers, S. et al. (2002). *Modality and its interaction with the verbal system*. Amsterdam & Philadelphia: John Benjamins.

Barcelona, A. (2000). Introduction: The cognitive theory of metaphor and metonymy. In A. Barcelona (Ed.), *Metaphor and metonymy at the crossroads: A cognitive perspective* (pp. 1-28). Berlin & New York: Mouton de Gruyter.

Barcelona, A. (2003). Metonymy in cognitive linguistics: An analysis and a few modest proposals. In H. Cuyckens, T. Berg, R. Dirven & K.-U. Panther (Eds.), *Motivation in language: Studies in honor of Günter Radden* (pp. 223-255). Amsterdam & Philadelphia: John Benjamins.

Barsalou, L. (1992). Frames, concepts, and conceptual fields. In E. Kittay & A. Lehrer (Eds.), *Frames, fields, and contrasts: New essays in semantic and lexical organization* (pp. 21-74). Hillsdale: Lawrence Erlbaum Associates.

Bassnett, S. (1990). *Translation, history and culture.* London and New York: Pinter.

Beaugrande, R. & W. Dressler. (1981). *Introduction to text linguistics.* London: Longman.

Bednarek, M. (2005). Frames revisited—the coherence-inducing function of frames. *Journal of Pragmatics,* 37, 685-705.

Bell, R. T. (1991). *Translation and translating: Theory and practice.* London, New York: Longman.

Benveniste, E. (1971). Subjectivity in language. In M. E. Meek, & C. Gables (trans.), *Problems in general linguistics.* FL: University of Miami Press.

Bergen, D. (2006). Learner strategies and learner autonomy in translator training. In J. Tommola & Y. Gambier (Eds.), *Translation and interpretation-training and research* (pp. 119-126). Turku: University of Turku.

Berlin, B., & Kay, P. (1969). *Basic color terms: Their universality and evolution.* Berkeley and Los Angeles: University of California Press.

Berlin, B. et al. (1974). *Principles of Tzeltal plant classification.* New York: Academic Press.

Biber, D. et al. (1999). *Longman grammar of spoken and written English.* New York: Longman.

Blank, A., & Koch, P. (1999). *Historical semantics and cognition.* Berlin and New York: Mouton de Gruyter.

Catford, J. C. (1965). *A linguistic theory of translation.* Oxford: OUP.

Chafe, W. (1994). *Discourse, consciousness and time.* Chicago: University of Chicago Press.

Chesterman, A. (1996). On similarity. *Target,* 8(1), 159-164.

Clark, E. V., & Clark, H. H. (1979). When nouns surface as verbs. *Language,* 55(4), 767-811.

Croft, W. (1990). *Typology and universals.* Cambridge: Cambridge University Press.

Croft, W. (1993). The role of domains in the interpretation of metaphors and metonymies. *Cognitive Linguistics,* 4(4), 335-337.

Croft, W. (2006). On explaining metonymy: Comment on Peirsman and Geeraerts, "Metonymy as a prototypical category". *Cognitive Linguistics,* 17(3), 269-316.

Croft, W., & Cruse, D. (2004). *Cognitive linguistics.* Cambridge: Cambridge University Press.

Dirven, R. (2002). Metonymy and metaphor: Different mental strategies of conceptualization. In R. Dirven & R. Pörings (Eds.), *Metaphor and metonymy in comparison and contrast.* Berlin and

New York: Mouton de Gruyter.

Ehrensherger-Dow, M. et al. (2015). *Interdisciplinarity in translation and interpreting process research*. Amsterdam and Philadelphia: John Benjamins Publishing Company.

Ericsson, K. A. (2000). Expertise in interpreting: An expert-performance perspective. *Interpreting, 5* (2), 187-220.

Evans, V., & Green, M. (2006). *Cognitive linguistics: An introduction*. Edinburgh: Edinburgh University Press.

Facchinetti, R. et al. (Eds.), (2003). *Modality in contemporary English*. Berlin and New York: Mouton de Gruyter.

Fasold, R. (1990). *The sociolinguistics of language*. Oxford: Blackwell.

Fauconnier, G. (1997). *Mappings in thought and language*. Cambridge: Cambridge University Press.

Fauconnier, G., & Turner, M. (1996). Blending as a central process of grammar. In A. Goldberg (Ed.), *Conceptual structure, discourse and language* (pp. 113-129). Stanford: CSLI Republication.

Fauconnier, G., & Turner, M. (2002). *The way we think*. New York: Basic Books.

Feyaerts, K. (2000). Refining the inheritance hypothesis: Interaction between metaphoric and metonymic hierarchies. In A. Barcelona (Ed.), *Metaphor and metonymy at the crossroads: A cognitive perspective* (pp. 59-78). Berlin and New York: Mouton de Gruyter.

Fillmore, C. (1975). An alternative to checklist theories of meaning. *BLS* 1, 123-131.

Fillmore, C. (1976). Frame semantics and the nature of language, In S. Harnad, H. Steklis & J. Lancaster (Eds.), *Origins and evolution of language and speech* (pp. 20-32). New York: New York Academy of Sciences.

Fillmore, C. (1977). Scenes-and frames semantics. In A. Zampolli (Ed.), *Linguistic structure processing* (pp. 55-88). Amsterdam: North-Holland Publishing Company.

Fillmore, C. (1985). Frames and the semantics of understanding. *Quaderni di Semantics, 6*, 222-254.

Finegan, E. (1995). Subjectivity and subjectification: An introduction. In D. Stein & S. Wright (Eds.), *Subjectivity and subjectification* (pp. 1-15). Cambridge: Cambridge University Press.

Fox, O. (2000). The use of translation diaries in a process-oriented translation teaching methodology. In C. Schaffner & B. Adab (Eds.), *Developing translation competence* (pp. 115-352). Amsterdam and Philadelphia: John Benjamins.

Gavins, J. (2007). *Text world theory: An introduction*. Edinburgh: Edinburgh University Press.

Gavins, J., & Gerard, S. (Eds.). (2003). *Cognitive poetics in practice*. London and New York: Routledge.

Gentzler, E. (1993). *Contemporary translation theories*. London: Routledge.

Geeraerts, D. & Cuyckens, H. (Eds.) (2007). *Handbook of cognitive linguistics*. Oxford: Oxford University Press.

Gerloff, P. (1988). *From French to English: A look at the translation process in students, bilinguals, and professional translators*. Cambridge: MA: Harvard University Press.

Ghazala, H. (2011). *Cognitive stylistics and the translator*. London: Sayyab Books Ltd.

Gile, D. (1995). *Basic concepts and models for interpreter and translator training*. Amsterdam and Philadelphia: John Benjamins.

Givón, T. (1995). Coherence in text vs. coherence in mind. In M. A. Gernsbacher & T. Givón (Eds.), *Coherence in spontaneous text* (pp.). Amsterdam and Philadelphia: John Benjamins Publishing Company.

Goldberg, A. E. (1996). *Conceptual structure, discourse and language*. Stanford: CSLI Publications.

Göpferich, S. et al. (2011). Exploring translation competence acquisition: Criteria of analysis put to the test. In S. O'Brien (Ed.), *Cognitive explorations of translation* (pp. 57-85). London: Continuum.

Göpferich, S. et al. (Eds.). (2008). *Looking at eyes: Eye-tracking studies of reading and translation processing*. Copenhagen: Samfundslitteratur.

Grady, J. (1999). A typology of motivation for conceptual metaphor: Correlations vs. resemblance. In R. W. Gibbs & G. Steen. (Eds.), *Metaphor in cognitive linguistics* (pp. 79-100). Amsterdam and Philadelphia: John Benjamins.

Greenberg, J. (1963). *Universals of language*. Cambridge, MA: MIT Press.

Greenberg, J. (1966). *Language universals, with special reference to feature hierarchies*. The Hague: Mouton.

Grice, H. (1975). Logic and conversation. In P. Cole & J. L. Morgan (Eds.), *Syntax and semantics 3: Speech acts* (pp. 41-58). New York: Academic Press.

Gutt, E.-A. (1991). *Translation and relevance: Cognition and context*. Oxford: Blackwell.

Haiman, J. (1983). Iconic and economic motivation. *Language*, 59, 781-819.

Halliday, M.A.K. (1985). *An introduction to functional grammar* (1st Ed.). London: Arnold.

Halliday, M.A.K. (1994). *An introduction to functional grammar* (2nd Ed.). London: Arnold.

Halliday, M.A.K. (2004). *An introduction to functional grammar* (3rd Ed.). London: Arnold.

Hansen, G. (Ed.). (1999). *Probing the process in translation: Methods and results*. Copenhagen: Samfundslitteratur.

Hartmann, R., & Stork, F. (1972). *Dictionary of language and linguistics*. London: Applied Science Publishers Ltd.

Haser, V. (2005). *Metaphor, metonymy, and experientialist philosophy: Challenging cognitive semantics*. Berlin and New York: Mouton de Gruyter.

Hatim, B. & Mason, I. (2001). *Discourse and the translator*. Shanghai: Shanghai Foreign Language Education Press.

Hatim, B. (2001). *Communication across cultures: Translation theory and contrastive text linguistics*. Shanghai: Shanghai Foreign Language Education Press.

Hawkes, D. (Trans.). (1973), (1976), (1980). *The story of the stone*. London: Penguin Books.

Herman, D. (2003). *Narrative theory and the cognitive sciences*. CSLI Publications: Center for the Study of Language and Informations.

Hickey, L. (1998). *The pragmatics of translation*. Clevedon: Multilingual Matters LTD.

Holmes, J. (1972/1988). The name and nature of translation studies. In J. Holmes (Ed.), *Translated! Papers on literary translation and translation studies* (pp. 66-80). Amsterdam: Rodopi.

Holmes, J. (1988). *Translated! Papers on literary translation and translation studies*. Amsterdam: Rodopi.

House, J. (1981). *A model for translation quality assessment*. Tubingen: Narr.

House, J. (2015). Towards a new linguistic-cognitive orientation in translation studies. In M. Ehrensherger-Dow, S. Gopferich & S. O'Brien (Eds.), *Interdisciplinarity in translation and interpreting process research* (pp.49-62). Amsterdam and Philadelphia: John Benjamins Publishing Company.

Hutchins, E. (1995). *Cognition in the wild*. Cambridge, MA: MIT Press.

Hymes, D. (1964). *Language in culture and society: A reader in linguistics and anthropology*. New York: Harper & Row.

Jakobson, A. L. (1994). Starting from the (other) end: Integrating translation and text production. In C. Dollerup & A. Lindegarrd. *Teaching translating and interpreting: Insights, aims, visions*. Amsterdam and Philadelphia: Benjamins.

Jakobson, R. (1956). Two aspects of language and two types of aphasic disturbances. In L. R. Waugh

& M. B. Monville (Eds.), *On language: Roman Jakobson* (pp. 115-133). Cambridge, MA: Harvard University Press.

Jakobson, R. (1959). On linguistic aspects of translation. In R. A. Brower (Ed.). *On Translation*. Cambridge, MA: Harvard University Press.

Jakobson, R. (1965). Quest for the essence of language. In *Selected writings* II, 51 (pp. 345-359). The Hague: Mouton de Gruyter.

Kiraly, D. (1995). *Pathways to translation: Pedagogy and process*. Kent: The Kent State University Press.

Koch, P. (1999). Frame and contiguity: On the cognitive bases of metonymy and certain types of word formation. In K.-U. Panther & G. Radden (Eds.), *Metonymy in language and thought* (pp. 139-168). Amsterdam & Philadelphia: John Benjamins.

Koller, W. (1979). *Einfuhrung in die Ubersetzungswissens chaft*. Heidelberg: Quelle und Meyer.

Kövecses, Z. (2002). *Metaphor: A practical introduction*. New York: Oxford University Press.

Kövecses, Z., & Radden, G. (1998). Metonymy: Developing a cognitive linguistic view. *Cognitive Linguistics*, 9(1), 37-77.

Krings, H. P. (1986). *Was in den Köpfen von Übersetzern vorgeht. Eine empirische Untersuchung zur Struktur des Übersetzungsprozesses an Fortgeschrittenen*. Tübingen: Narr.

Kristeva, J. (1969). *Sèméiotikè: Recherches pour une sémanalyse*. Paris: Seuil.

Lakoff, G. & Johnson, M. (1999). *Philosophy in the flesh: The embodied mind and its challenge to western thought*. New York: Basic Books.

Lakoff, G. (1987). *Women, fire and dangerous things: What categories reveal about the mind*. Chicago and London: The University of Chicago Press.

Lakoff, G. (1990). The Invariance hypothesis: is abstract reason based on image-schemas? *Cognitive Linguistics* 1(1): 39-74.

Lakoff, G. (2006). *Whose freedom?: The battle over America's most important ideas*. New York: Farrar, Straus & Giroux.

Lakoff, G., & Johnson, M. (1980). *Metaphors We Live By*. Chicago and London: University of Chicago Press.

Lakoff, G., & Turner, M. (1989). *More than cool reason: A field guide to poetic metaphor*. Chicago and London: The University of Chicago Press.

Langacker, R. W. (1987). *Foundations of cognitive grammar. Vol I: Theoretical prerequisites*.

Stanford, CA: Stanford University Press.

Langacker, R. W.（1988）. An overview of cognitive grammar. In B. Rudzka-Ostyn（Ed.）, Topics in *cognitive linguistics*（pp. 49-90）. Amsterdam and Philadelphia: John Benjamins.

Langacker, R. W.（1990a）. *Concept, image and symbol.* Berlin and New York: Mounton de Gruyter.

Langacker, R. W.（1990b）. *Settings, participants, and grammatical relations.* In S. Delancy & R. Tomlin（Eds.）. Proceedings of the second annual meeting of the Pacific linguistics conference（pp. 1-31）.

Langacker, R. W.（1993）. Reference-point constructions. *Cognitive Linguistics,* 4, 1-38.

Langacker, R. W.（1999）. *Grammar and conceptualization.* Berlin and New York: Mouton de Gruyter.

Langacker, R. W.（2001）. Discourse in cognitive grammar. *Cognitive Linguistics,* 12, 143-222.

Langacker, R. W.（2008）. *Cognitive grammar: A basic introduction.* Oxford: Oxford University Press.

Langacker, R. W.（2009）. Metonymic grammar. In K.-U. Panther, L. Thornburg & A. Barcelona（Eds.）, *Metonymy and metaphor in grammar*（pp. 45-71）. Amsterdam and Philadelphia: John Benjamins.

Lederer, M.（1981）. *La traduction simultanée.* Paris: Minard.

Legge J.（Trans.）.（2011）. *Chinese classics.* (Vd. II) Shanghai: East China Normal University Press.

Lörscher, W.（2005）. Process-oriented translator training and the challenge for e-learning. *Meta,* 50（2）, 626-633.

Lyons, J.（1977）. *Semantics.* Cambridge: Cambridge University Press.

Lyons, J.（1995）. *Linguistic semantics: An introduction.* Cambridge, England: Cambridge University Press.

Malone, J. L.（1988）. *The science of linguistics in the art of translation: Some tools from linguistics for analysis and practice of translation.* New York: State University of New York Press.

Muñoz Martín, R. (2017). Looking toward the future of cognitive translation studies. In J. W. Schwieter & A. Ferreira（Eds.）, *The handbook of translation and cognition*（pp. 556-572）. Hoboken, NJ: Wiley Blackwell.

Mey, J.（1993）. *Pragmatics: An introduction.* Oxford: Blackwell.

Minsky, M.（1975）. A framework for representing knowledge. In P. Winston（Ed.）, *The psychology of computer vision* (pp. 211-217). New York: McGraw-Hill.

Munday, J. (2008). *Introducing translation studies: Theories and applications.* London and New York: Routledge.

Neubert, A., & Shreve, G. M. (1992). *Translation as text.* Kent: Kent State University Press.

Newmark, P. (1981). *Approaches to translation.* London: Pergamon Press.

Nida, E. A. (1964). *Toward a science of translating.* Leiden: E. J. Brill.

Nida, E.A. (1993). *Language, culture, and translating.* Shanghai: Shanghai Foreign Language Education Press.

Nord, C. (1991). *Text analysis in translation.* Amsterdam and Atlanta: Rodopi.

Nuyts, J. (2001). *Epistemic modality, language, and conceptualization: A cognitive-pragmatic perspective.* Amsterdam and Philadelphia: John Benjamins.

O'Brien, S. (2011). *Cognitive explorations of translation: Eyes, keys, taps.* London and New York: Continuum.

O'Brien, S. (2015). The borrowers: Researching the cognitive aspects of translation. In M. Ehrensherger-Dow, S. Gopferich & S. O'rien (Eds.), *Interdisciplinarity in translation and interpreting process research* (pp. 5-17). Amsterdam and Philadelphia: John Benjamins.

Östman, J. O. (1999). Coherence through understanding through discourse patterns: focus on news reports. In W. Bublitz, U. lenk & E. Ventola (Eds.), *Coherence in spoken and written discourse, How to create it and how to describe it.* (pp.77-100). Amsterdam and Philadelphia: John Benjamins.

Östman, J. O., & T. Virtanen. (1999). Theme, comment and newness as figures in information structuring. In K. Van Hoek, et al. (Eds.), *Discourse studies in cognitive linguistics* (pp. 91-110). Amsterdam and Philadelphia: John Benjamins Publishing Company.

PACTE. (2003). Building a translation competence model. In F. Alves (Ed.), *Triangulating translation: Perspectives in process oriented research* (pp. 43-66). Amsterdam and Philadelphia: John Benjamins Publishing Company.

PACTE. (2011). Results of the validation of the PACTE translation competence model: translation problems and translation competence. In C. Alvstad, A. Hild & E. Tiselius (Eds.), *Methods and strategies of process research: Integrative approaches in translation studies* (pp. 317-343). Amsterdam and Philadelphia: John Benjamins Publishing Company.

Palmer, F. R. (2001). *Mood and modality* (2nd Ed.). Cambridge: CUP.

Panther, K.-U. (2005). The role of conceptual metonymy in meaning construction. In I. F. J. Ruiz de Mendoza (Ed.), *Cognitive linguistics—Internal dynamics and interdisciplinary interaction* (pp. 353-386). Berlin and New York: Mouton de Gruyter.

Panther, K.-U., & Thornburg, L. (2006). Metonymy and the way we speak. In Réka Benczes & Szilvia Csábi (Eds.), *The metaphors of sixty: Papers presented on the occasion of the 60th birthday of Zoltán Kövecses* (pp. 183-195). Budapest: Eötvös Loránd University, Department of American Studies.

Panther, K.-U., & Thornburg, L. (2007). Metonymy. In D. Geeraerts & H. Cuyckens (Eds.), *Handbook of cognitive linguistics* (pp. 236-263). Oxford: Oxford University Press.

Papafragou, A. (2003). *Modality: Issues in the semantics-pragmatics interface. Current research in the semantics/pragmatics interface.* Oxford: OUP.

Peirsman, Y., & Geeraerts, D. (2006). Metonymy as a prototypical category. *Cognitive Linguistics*, 17(3), 330.

Pustejovsky, J. (1995). *The generative lexicon.* Cambridge: MIT Press.

Radden, G. (2005). The ubiquity of metonymy. In C. J. L. Otal, et al. *Cognitive and discourse approaches to metaphor and metonymy* (pp. 17-28). Publications de la Universitat Jaume I.

Radden, G., & Z. Kövecses. (1999). Towards a Theory of Metonymy. In K.-U. Panther & G. Radden (Eds.), *Metonymy in language and thought* (pp. 17-59). Amsterdam and Philadelphia: John Benjamins.

Radden, G. et al. (2007). The construction of meaning in language. In G. Radden, K.-M. Köpcke, T. Berg & P. Siemund (Eds.), *Aspects of meaning construction* (pp. 1-15). Amsterdam and Philadelphia: John Benjamins.

Recanati, F. (1995). The alleged priority of literal interpretation. *Cognitive Science*, 19, 207-232.

Redeker, G., & T. Janssen. (1991). Introduction. In T. Janssen & G. Redeker (Eds.), *Cognitive linguistics: Foundations, scope, and methodology* (pp. 1-12). Berlin and New York: Mouton de Gruyter.

Retsker, J. (1993). The theory and practice of translation. In Zlateva (Ed.), *Translation as social action* (pp. 18-31). London and New York: Routledge.

Richards, A. (1936). *The philosophy of rhetoric.* Oxford: Oxford University Press.

Richards, J. C., et al. (1992). *Longman dictionary of language teaching & applied linguistics.* London: Longman.

Risku, H., & F. Windhager, (2015). Extended translation: A sociocognitive research agenda. In M. Ehrensherger-Dow, S. Gopferich & S. O'Brien (Eds.), *Interdisciplinarity in translation and interpreting process research* (pp. 35-48). Amsterdam and Philadelphia: John Benjamins Publishing Company.

Rojo, A., & Ibarretxe-Antuñano, I. (2013). *Cognitive linguistics and translation: Advances in Some theoretical models and applications.* Berlin and New York: Mouton de Gruyter.

Rosch, E, et al. (1976). Basic objects in natural categories. *Cognitive Psychology*, 8(3), 382-439.

Rosch, E. (1977). Human categorization. In N. Warren (Ed.), *Advances in cross-cultural psychology* (pp. 1-49). London: Academic.

Rosch, E. (1978/1999). Principles of categorization. In B. Lloyd & E. Rosch (Eds.), *Cognition and categorization* (pp. 27-48). Hillsdale, NJ: Erlbaum, Reprinted in E. Margolis and S. Laurence (Eds.), *Concepts: Core readings* (pp. 189-206). Cambridge, MA: MIT Press.

Ruiz de Mendoza, I. F. J. (2007). High level cognitive models: In search of a unified framework for inferential and grammatical behavior. In K. Kosecki (Ed.), *Perspectives on metonymy* (pp. 11-30). Poland: Peter Lang.

Ruiz de Mendoza, I. F. J., & Otal, J. L. (2002). *Metonymy, grammar and communication.* Granda: Comares. Colección Estuduis de Lengua Inglesa.

Saeed, J. (1997). *Semantics.* Oxford: Blackwell.

Sanders, T. (1997). Psycholinguistics and the discourse level: Challenges for cognitive linguistics. *Cognitive Linguistics*, 8, 243-265.

Savory, T. (1957/1988). *The art of translation.* New York: Prentice Hall

Schleiermacher, F. D. E. (1831/1992). From "On the different methods of translating". In R. Schulte & J. Biguenet (Eds.), *Theories of translation: An anthology of essays from Dryden to Derrida* (pp. 36-54). Chicago and London: The University of Chicago Press.

Schwieter, J. W. & Ferreira, A. (Eds.). (2017). *The handbook of translation and cognition.* Malden: Wiley Blackwell.

Searle, J. (1969). *Speech acts: An essay in the philosophy of language.* Cambridge: Cambridge University Press.

Seleskovitch, D. (1968/1978). *Interpreting for international conferences.* Washington: Pen and Booth.

Seleskovitch, D. (1975). *Langage, langues et mémoire: étude de la prise de notes en interprétation consécutive*. Paris: Minard.

Shih, C. Y. (2006). Revision from translators' point of view. *Target* (2), 295-312.

Shreve, G. M., & Angelone, E. (Eds.). (2010). *Translation and Cognition*. Amsterdam and Philadelphia: John Benjamins.

Spencer, H. (1892). *The principles of ethics*. London: Williams and Northgate.

Sperber, D., & Wilson, D. (1986/1995). *Relevance: Communication and cognition*. Oxford: Blackwell.

Stockwell, P. (2002). *Cognitive poetics in practice*. London and New York: Routledge.

Stockwell, P. (2002). *Cognitive poetics: An introduction*. London and New York: Routledge.

Sweetser, E. (1990). *From etymology to pragmatics: Metaphorical and cultural aspects of semantic structure*. Cambridge: Cambridge University Press.

Tabakowska, E. (1993). *Cognitive linguistics and the poetics of translation*. Tubingen: Gunter Narr.

Talmy, L. (2000). *Toward a cognitive semantics*. 2 Vols. Cambridge, Mass.: MIT Press.

Tannen, D., & C. Wallat. (1993). Interactive frames and knowledge schemas in interaction: Examples from a medical examination/interview. In D. Tannen (Ed.), *Framing in discourse* (pp. 57-76). Oxford: Oxford University Press.

Taylor, J. (1995). *Linguistic categorization: Prototypes in linguistic theory*. Oxford: Clarendon Press.

Taylor, J. (2002). *Cognitive grammar*. Oxford: Oxford University Press.

Tirkkonen-Condit, S., & Jääskeläinen, R. (Eds.). (2000). *Tapping and mapping the processes of translation and interpreting: Outlooks on empirical research*. Amsterdam and Philadelphia: John Benjamins.

Tomlin, R. (1994). Focal attention, voice and word order: An experimental cross-linguistic study. In P. Downing & M. Noonan (Eds.), *Word order in discourse* (pp. 517-552). Amsterdam and Philadelphia: John Benjamins.

Toury, G. (1980). *In search of a theory of translation*. Tel Aviv: Porter Institute.

Traugott, E. C. (1989). On the rise of epistemic meanings in English: An example of subjectification in semantic change. *Language,* 65(1), 31 - 55.

Traugott, E. C. (1995). Subjectification in grammaticalisation. In D. Stein & S. Wright (Eds.), *Subjectivity and subjectification in language* (pp.31-54). Cambridge: Cambridge University Press.

Tsohatzidis, S. L. (Ed.)(1990). *Meaning and prototypes: Studies in linguistic categorization.* London and New York: Routledge.

Turner, M. (1991). *Reading mind: The study English in the age of cognitive science.* Princeton: Princeton University Press.

Tymoczko, M. (1999). *Translation in a postcolonial context: Early Irish literature in English translation.* Manchester: St. Jerome Publishing.

Tytler, A. F. (1978). Essay on the principles of translation. In J. Huntsman (Ed.). *Alexander Tytler: Essay on the principles of translation.* Amsterdam: John Benjamins.

Ullmann, S. (1962). *Semantics: An introduction to the science of meaning.* Oxford: Blackwell.

Ungerer, F., & Schmid, H.-J. (2006/2008). *An introduction to cognitive linguistics.* Beijing: Foreign Language Teaching and Research Press.

van Hoek, K. et al. (Eds.). (1999). *Discourse studies in cognitive linguistics.* Amsterdam and Philadelphia: John Benjamins.

Venuti, Li (1995). *The Translator's invisibility: A history of translation.* London and New York: Routledge.

Warren, B. (2004). Anaphoric pronouns of metonymic expressions. *Metaphorik De*, 7, 105-114.

Watson, B. (1986). *The Columbia book of Chinese poetry: From early times to the thirteenth century.* New York: Columbia University Press.

Werth, P. (1999). *Text worlds: Representing conceptual space in discourse.* London: Longman.

Wilson, D., & Sperber, D. (1988). Representaion and relevance. In R. M. Kempson (Ed.), *Mental representations* (pp. 133-153). Cambridge: CUP.

Wilss, W. (1982). *The science of translation: Problems and methods.* Tübingen: Narr.

Wilss, W. (1996). *Knowledge and skills in translator behaviour.* Amsterdam and Philadelphia: John Benjamins.

Wilss, W. (2001). *The science of translation: Problems and methods.* Shanghai: Shanghai Foreign Language Education Press.

Wittgenstein, L. (1953). *Philosophical investigation.* Oxford: Blackwell.

Wittgenstein, L. (1958). *Philosophische untersuchungen,* Trans. G. E. M. Anscombe as *Philosophical investigation* (3rd Ed.). 1999. Harlow, London: Prentice Hall.

Yang Xianyi & Yang Gladys. (1994). *A Dream of Red Mansions.* Beijing: Foreign Language Press.

Youssef, A. F. (1989). *Cognitive process in written translation.* (Unpublished doctoral dissertation). University Microfilms International, Ann Arbor, Michigen.

参考文献

阿恩海姆,1998,《视觉思维:审美直觉心理学》(滕守尧译)。成都:四川人民出版社。

曹雪芹、高鹗,1982,《红楼梦》。北京:人民文学出版社。

陈道明,2002,隐喻与翻译——认知语言学对翻译理论研究的启示,《外语与外语教学》(9):40—43。

陈茂,2007,概念整合理论与翻译认知过程,《郑州航空工业管理学院学报(社会科学版)》(1):124—126。

陈小慰,1993,试论"合作原则"在翻译理解中的作用,《外国语》(1):36—38。

陈忠华,1992,翻译过程中的语用分析,《中国翻译》(6):5—9。

崔永禄,2001,《文学翻译佳作对比赏析》。天津:南开大学出版社。

戴浩一、黄河,1988,时间顺序和汉语的语序,《国外语言学》(1):10—19。

德·索绪尔,1916 [2007],《普通语言学教程》(高名凯译)。北京:商务印书馆。

邓国栋,2007,转喻认知机制及其翻译策略探析,《广东工业大学学报》(社会科学版)(1):75—77。

邓炎昌、刘润清,1989,《语言与文化:英汉语言文化对比》。北京:外语教学与研究出版社。

狄更斯,1978,《大卫·科波菲尔》(董秋斯译)。北京:人民文学出版社。

狄更斯,1980,《大卫·考坡菲》(张谷若译)。上海:上海译文出版社。

丁国旗,2008,认知语法视角下的意象分析与翻译(博士学位论文),上海交通大学。

丁国旗,2011,《认知语法视角下的意象分析与翻译》。杭州:浙江大学出版社。

范家材,1996,《英语修辞赏析》。上海:上海交通大学出版社。

方梦之,2004,《译学词典》。上海:上海外语教育出版社。

冯庆华、穆雷,2008,《英汉翻译基础教程》。北京:高等教育出版社。

龚光明,2004,《翻译思维学》。上海:上海社会科学院出版社。

辜正坤,2010,《中西诗比较鉴赏与翻译理论》。北京:清华大学出版社。

古今明,1997,《英汉翻译基础》。上海:上海外语教育出版社。

郭建中,2000,《当代美国翻译理论》。武汉:湖北教育出版社。

郭建中,2010,《翻译:理论、实践与教学——郭建中翻译研究论文选》。杭州:浙江大学出版社。

郭著章、李庆生,2003,《英汉互译:实用教程》。武汉:武汉大学出版社。

韩启毅,2000,汉英借代辞格的理解及翻译,《襄樊学院学报》(1):68—71。

何自然,1997,《语用学与英语学习》。上海:上海外语教育出版社。

何自然、段开诚,1988,汉英翻译中的语用对比研究,《现代外语》(3):61—65。

何自然、冉永平,1998,关联理论——认知语用学基础,《现代外语》(3):95—109。

洪堡特,1836［1999］,《论人类语言结构的差异及其对人类精神发展的影响》。北京:商务印书馆。

胡牧,2006,主体性、主体间性抑或总体性——对现阶段翻译主体性研究的思考,《外国语》(6):66—72。

胡文仲、高一虹,1997,《外语教学与文化》。长沙:湖南教育出版社。

胡壮麟,2004,《语言学教程(第四版)》。北京:北京大学出版社。

霍克斯·特伦斯,1992,《论隐喻(高丙中译)》。北京:昆仑出版社。

贾德霖,1988,合译、分译与分合交叉——英语定语从句汉译谈,《外语教学》(4):65—70。

加达默尔,2004,《哲学解释学》(夏镇平、宋建平译)。上海:上海译文出版社。

江晓红、何自然,2010,转喻词语识别的语境制约,《外语教学与研究》(6):411—417。

姜望琪,2001,关联理论质疑,《外语研究》(4):26—31。

姜治文、文军,2000,《翻译标准论》。成都:四川人民出版社。

金立鑫,2000,《语法的多视角研究》。上海:上海外语教育出版社。

康旭平,2001,汉语借代和英语 Metonymy 的对比与翻译,《井冈山师范学院学报》(4):109—112。

科米萨诺夫,2006,《当代翻译学》,汪嘉斐等译。北京:外语教学与研究出版社。

蓝纯,2005,《认知语言学与隐喻研究》。北京:外语教学与研究出版社。

李国南,2001,《辞格与词汇》。上海:上海外语教育出版社。

李映霞,1990,英语定语从句的基本译法,《中国翻译》(3):23—25。

李运兴,2001,《语篇翻译引论》。北京:中国对外翻译出版公司。

李运兴,2003,论语篇翻译教学——《英汉语篇翻译》第二版前言,《中国翻译》(4):58—62。

李战子,2001,学术话语中认知型情态的多重人际意义,《外语教学与研究》(5):353—358。

李战子,2002,《话语的人际意义研究》。上海:上海外语教育出版社。

李战子,2002,语气作为人际意义的"句法"的几个问题,《外语研究》(4):33—39。

李战子,2005,从语气、情态到评价,《外语研究》(6):14—19。

梁倩、范祥涛,2010,认知取向的转喻翻译研究—以小说《老人与海》的汉译为例,《南京理工大学学报:社会科学版》(3):45—51。

梁晓波,2001,情态的认知阐释,《山东外语教学》(4):33—37。

廖光蓉,2016,《认知语言学与汉语研究》。长沙:湖南师范大学出版社。

刘凤阁,2009,探析心理空间和概念整合理论在文学作品翻译中的应用,《贵州师范大学学报》(社会科学版)(4):131—135。

刘靖之,1996,《神似与形似——刘靖之论翻译》。台北:书林出版有限公司。

刘宓庆,1999,《当代翻译理论》。北京:中国对外翻译出版公司。

刘宓庆,2005,《翻译美学导论》。北京:中国对外翻译出版公司。

刘宓庆、章艳,2011,《翻译美学理论》。北京:外语教学与研究出版社。

刘念业,2015,"God"汉语译名之嬗变——兼论晚清《圣经》汉译活动中的"译名之争",《外国语文》31(4):116—122。

刘先刚,1989,文化翻译与语用学,《山东外语教学》(4):51—54。

刘正光,2001,莱柯夫隐喻理论中的缺陷,《外语与外语教学》(1):25—29。

刘祖慰,1989,语义学、语用学与翻译,《上海翻译》(4):1—5。

卢卫中,2003,《象似性与"形神皆似"翻译》,《外国语》(6):62—69。

卢卫中,2011,转喻的理解与翻译,《中国翻译》(2):64—67。

卢卫中、刘玉华,2009,小说叙事的转喻机制,《外语教学与研究》(1):11—17。

卢卫中、王福祥,2013,翻译研究的新范式——认知翻译学研究综述,《外语教学与研究》(4):606—616。

陆乃圣,1988,解释性翻译初探,《中国翻译》(02):18—19。

罗新璋,1984,《翻译论集》。北京:商务印书馆。

吕俊、侯向群,2001,《汉英翻译教程》。上海:上海外语教育出版社。

吕叔湘,1980,《英译唐人绝句百首》。长沙:湖南人民出版社。

吕叔湘,2002,《中诗英译比录》。北京:中华书局。

马红军,2000,《翻译批评散论》。北京:中国对外翻译出版公司。

彭宣维,2000,《英汉语篇综合对比》。上海:上海外语教育出版社。

彭卓吾,2000,《翻译学——一门新兴科学的创立》。北京:北京图书馆出版社。

钱歌川,2011,《翻译的基本知识》。北京:世界图书出版公司。

钱冠连,1997,翻译的语用观——以《红楼梦》英译本为案例,《现代外语》(1):33—38。

钱冠连,2005,《语言:人类最后的家园》。北京:商务印书馆。

邱文生,2010,《认知视野下的翻译研究》。厦门:厦门大学出版社。

冉永平、张新红,2007,《语用学纵横》。北京:高等教育出版社。

阮红梅、高然,2009,妙喻之中见根本——佛经翻译译论新议,《首都师范大学学报(社会科学版)》(3):143—146。

单继刚,2007,翻译话题与20世纪几种哲学传统,《哲学研究》(2):78—83。

沈家煊,1993,句法的象似性问题,《外语教学与研究》(1):2—8。

沈家煊,1994,R.W. Langacker 的"认知语法",《当代语言学》(1):12—20。

沈家煊,1999,《不对称与标记论》。南昌:江西教育出版社。

沈家煊,2001,语言的"主观性"和"主观化",《外语教学与研究》(4):268—275。

束定芳,2000,《现代语义学》。上海:上海外语教育出版社。

束定芳,2002,论隐喻的运作机制,《外语教学与研究》34(2):98—106。

束定芳,2004,《语言的认知研究》。上海:上海外语教育出版社。

束定芳,2008,《认知语义学》。上海:上海外语教育出版社。

司显柱,2001,对近二十年中国译学界对翻译单位命题研究的述评,《外语学刊》(1):96—101。

孙亚,2008,《语用和认知概论》。北京:北京大学出版社。

孙致礼,1999,《翻译:理论与实践探索》。南京:译林出版社。

索绪尔,1916/1980,高名凯(译),《普通语言学教程》。北京:商务印书馆。

谭业升,2010,转喻的图示——例示与翻译的认知路径,《外语教学与研究》(6):465—467。

谭载喜,1999,《新编奈达论翻译》。北京:中国对外翻译出版公司。

汪立荣,2005,从框架理论看翻译,《中国翻译》26(3):27—32。

汪榕培,1998,《汉魏六朝诗三百首》。长沙:湖南人民出版社。

王斌,2001,概念整合与翻译,《中国翻译》(3):17—20。

王斌,2002,隐喻系统的整合翻译,《中国翻译》(2):24—28。

王斌,2006,解构与整合的比较研究,《中国翻译》(1):11—14。

王东风、章于炎,1993,英汉语序的比较与翻译,《外语教学与研究》(4):36—44。

王冬梅,2001,现代汉语动名互转的认知研究,中国社会科学院研究生院博士论文。

王国维,1998,《人间词话》。上海:上海古籍出版社。

王力,1954,《中国语法理论》。北京:中华书局。

王明树,2009,"主观化"对文本对等的制约——以古诗英译为例,《外国语文》(1):140—144。

王明树,2009,翻译中的"主观性识解"—反思中国传统译论意义观,重庆大学学报(社会科学版)(4):143—147。

王明树,2010,《"主观化对等"对原语文本理解和翻译的制约:以李白诗歌英译为例》。汕头:汕头大学出版社。

王寅,2003,认知语言学与语篇分析——Langacker 的语篇分析观,《外语教学与研究》35(2):83—88。

王寅,2005a,认知语言学的翻译观,《中国翻译》(5):19—20。

王寅,2005b,语篇连贯的认知世界分析方法——体验哲学和认知语言学对语篇连贯性的解释,《外语学刊》(4):16—23。

王寅,2006,《认知语法概论》。上海:上海外语教育出版社。

王寅,2008,认知语言学的"体验性概念化"对翻译主客观性的解释力——一项基于古诗《枫桥夜泊》40篇英语译文的研究,《外语教学与研究》(3):211—217。

王寅,2011,《什么是认知语言学》。上海:上海外语教育出版社。

王玉樑,1993,实践性、客观性、主观性与主体性,《人文杂志》(1):4—8。

王正元,2009,《概念整合理论及其应用研究》。北京:高等教育出版社。

王治河,2006,作为一种生活方式的后现代主义,《北京大学学报(哲学科会科学版)》(3):17—27。

王治奎,2001,《大学汉英翻译教程》。济南:山东大学出版社。

王宗炎,1985,《语言问题探索》。上海:上海外语教育出版社。

王佐良,1989,《翻译:思考与试笔》。北京:外语教学与研究出版社。

威廉·冯·洪堡特,1836/1999,姚小平(译),《论文类语言结构的差异及其对人类精神发展的影响》。北京:商务印书馆。

韦努蒂,2009,《译者的隐形:翻译史论》(张景华、白立平、蒋骁华译)。北京:外语教学与研究出版社。

文旭,1996,语义模糊与翻译,《中国翻译》(2):6—9。

文旭,1999,国外认知语言学研究综观,《外国语》(1):34—40。

文旭,2001,词序的拟象性探索,《外语学刊》(3):32—38。

文旭,2007,语义、认知与识解,《外语学刊》(6):35—39。

文旭,2010,英汉语的顺序象似性:对比与翻译,《东方翻译》(3):20—23。

文旭,2018,认知翻译学:翻译研究的新范式,《英语研究》(第八辑):103—113。

文旭、陈治安,2005,《句法、语用、认知》。重庆:重庆大学出版社。

文旭、伍倩,2007,话语主观性在时体范畴中的体现,《外语学刊》(2):59—63。

沃尔夫拉姆·威尔斯,1989,《翻译学——问题与方法》(祝珏、周智谟节译)。北京:中国对外翻译出版公司。

吴钧陶,1997,《唐诗三百首》。湖南:湖南出版社。

吴为善,2011,《认知语言学与汉语研究》。上海:复旦大学出版社。

肖开容,2017,《诗歌翻译中的框架操作:中国古诗英译认知研究》。北京:科学出版社。

肖开容,2018,"遭遇"第四范式的浪潮:大数据时代的翻译研究,《外语学刊》(2):90—95。

肖开容、文旭，2012，翻译认知过程研究的新进展，《中国翻译》(6)：5—10。

肖开容、文旭，2013，框架与翻译中的认知操作，《广译》(8)：57—87。

肖坤学，2005，论隐喻的认知性质与隐喻翻译的认知取向，《外语学刊》(5)：101—105。

肖坤学，2006，以认知理据分析为基础的转喻翻译，《中山大学学报论丛》(8)：216—219。

萧立明，2001，《新译学论稿》。北京：中国对外翻译出版公司。

谢天振，1999，《译介学》。上海：上海外语教育出版社。

徐珺，2010，汉文化经典误读误译现象解析：以威利《论语》译本为例，《外国语》(6)：61—69。

徐晓东，2006，《英文观止》。北京：世界图书出版公司。

许渊冲，1992，《中诗英韵探胜》。北京：北京大学出版社。

许渊冲，2003，《文学与翻译》。北京：北京大学出版社。

许渊冲，2006，《翻译的艺术》。北京：五洲传播出版社。

亚里士多德，2003，《修辞术·亚历山大修辞学·论诗》(颜一、崔延强译)。北京：中国人民大学出版社。

杨庆华、任姹婷，2007，从概念合成理论看翻译过程，《长沙大学学报》21(4)：97—99。

杨晓荣，2002，《小说翻译中的异域文化特色问题》。北京：军事谊文出版社。

杨自俭、刘学云，1994，《翻译新论》。武汉：湖北教育出版社。

姚小平，1988，基本颜色调理论述评——兼论汉语基本颜色词的演变史，《外语教学与研究》，(1)：19—28。

叶家莉，2001，《苔丝》两个译本的比较，载崔永禄(编)，《文学翻译佳作对比赏析》。天津：南开大学出版社。

叶维廉，1983，《比较诗学》。中国台湾：东大图书公司。

叶子南，2001，《高级英汉翻译》。北京：清华大学出版社。

于连江，2007，概念合成理论对翻译过程的多维解读，《齐齐哈尔大学学报》(哲学社会科学版)(3)：17—19。

余立三，1985，《英汉修辞比较与翻译》。北京：商务印书馆。

詹朋朋，2000，英汉翻译的思维切换模式，《天津外国语学院学报》(3)：23—26。

曾文雄，2007，《语用学翻译研究》。武汉：武汉大学出版社。

张楚楚，2007，论英语情态动词道义情态的主观性，《外国语》(5)：23—30。

张德禄，1998，《功能文体学》。济南：山东教育出版社。

张光明，2010，《认知隐喻翻译研究》。北京：国防工业出版社。

张广林、薛亚红,2009,隐喻的认知观与隐喻翻译策略,《东北师大学报(哲学社会科学版)》(4):185—188。

张辉、卢卫中,2010,《认知转喻》。上海:上海外语教育出版社。

张美芳,2002,语言的评价意义与译者的价值取向,《外语与外语教学》(7):15—18。

张敏,1998,《认知语言学与汉语名词短语》。北京:中国科学出版社。

张润田,2010,浅谈认知语言学视角下的隐喻翻译,《海外英语》(9):172—173。

张翁荟,2009,《认知视域下英文小说汉译中隐喻翻译的模式及评估》。北京:中国文联出版社。

张志慧,2009,奥巴马获胜演讲中转喻的解读与翻译,《中国科技翻译》(2):52—55。

张志毅、张庆云,2005,《词汇语义学(第2版)》。北京:商务印书馆。

章振邦,2009,《新编英语语法教程(第5版)》。上海:上海外语教育出版社。

赵艳芳,2001,《认知语言学概论》。上海:上海外语教育出版社。

赵振才,2009,《英语常见问题解答大辞典》。西安:世界图书出版公司西安有限公司。

郑雅丽,2004,《英汉修辞互译导引》。广州:暨南大学出版社。

周红民,2004,翻译中的认知观照,《外语与外语教学》(4):49—52。

周煦良,1959,翻译中时间的顺序和逻辑的顺序,《外语教学与翻译》(3):1—11。

周仪、罗平,2005,《翻译与批评》。武汉:湖北教育出版社。

朱波,2001,论翻译中隐喻化思维的重要性,《外语研究》(4):63—66。

朱丽娅·克里斯蒂娃,1969 / 2015,《符号学:符义分析探索集》(史忠义等译)。上海:复旦大学出版社。

朱燕,2007,《关联理论与文体翻译研究》。长沙:国防科技大学出版社。

朱永生,2006,试论现代汉语的言据性,《现代外语》(4):331—337。

朱永生、郑立信、苗兴伟,2001,《英汉语篇衔接手段对比研究》。上海:上海外语教育出版社。

朱长河、朱永生,2011,认知语篇学,《外语学刊》(2):35—39。

朱光潜,2009,《诗论》。北京:北京出版社。

庄绎传,1984,《英汉翻译练习集》。北京:中国对外翻译出版公司。